내게는 특별한

독일어

문법을 부탁해

다락원

독일어는 흔히 문법이 복잡한 언어로 알려져 있습니다. 격 변화, 동사 위치, 분리 동사와 같은 낯선 용어들은 학습자에게 부담으로 다가오기 쉽고, 이러한 인식 때문에 배우기도 전에 "독일어는 어려워."라고 결론지어 버리기도 합니다. 그러나 복잡해 보이는 독일어 문법은 명확한 규칙과 기능적 역할에서 비롯됩니다. 문장 안에서 각 요소의 역할과 문장이 어떻게 만들어지는지를 이해하면, 오히려 독일어는 그 어떤 언어보다 형태와 의미 관계가 분명한 언어라는 것을 알 수 있습니다.

이 책은 여러분이 독일어 문법의 구조를 이해하는 데까지 무리 없이 도달할 수 있도록 돕는 안내서가 되고자 합니다. 독일어 초·중급 학습자를 위해 꼭 필요한 문법만을 선별하여, 실제로 자주 사용되는 예문과 함께 제시했습니다. 딱딱하고 어려운 문법 공부에 대한 부담을 덜고자 목표 문법을 그림과 함께 소개하고 있으며, 원어민의 정확한 발음으로 학습 문법이 쓰인 도입 대화문을 들으면서 쉽게 독일어 문법 공부를 시작할 수 있습니다.

학습자들이 많이 어려워하거나 자주 막히는 부분에는 주의점과 학습 전략을 덧붙여, 혼자 공부하더라도 문법의 흐름을 놓치지 않도록 구성했습니다. 독일어 문장 구조를 한 눈에 볼 수 있도록 문장을 도식화하여 설명했으며, 문법 설명은 간결하게 정리했습니다. 또한 다양한 예문과 연습 문제를 통해 해당 문법이 문장 안에서 어떻게 쓰이는지 살펴볼 수 있도록 했습니다. 이를 통해 여러분은 독일어 문법 규칙을 암기하는 데서 그치지 않고, 스스로 문장을 분석하고 확장해 나갈 수 있을 것입니다.

집필 과정 전반에 걸쳐 많은 가르침과 조언을 주신 서울대학교 독어교육과 교수님들, 특히 한국인 학습자를 위한 독일어 교육의 방향과 수업 운영에 대해 많은 통찰을 나누어 주신 이미영 교수님께 깊이 감사드립니다. 아울러 기획부터 출간까지 세심한 도움을 주신 다락원 편집진께도 진심으로 감사드립니다. 끝으로 변함없는 지지와 응원을 보내 주신 존경하는 부모님과 남편께도 고마운 마음을 전합니다.

이 책은 단순히 독일어 문법을 정리해 놓은 '어려운 장벽'이 아니라, 여러분의 독일어 학습 과정을 차분히 뒷받침하는 교재입니다. 이 교재와 함께 독일어를 여러분의 언어로 만들어 가는 여정이 보다 수월해지기를 바랍니다.

이혜진

예비과

독일어 문법을 본격적으로 학습하기에 앞서, 가장 기본적으로 알아야 하는 독일어 알파벳, 발음과 모음, 자음, 강세 규칙과 독일어의 기본 문장 구조와 기본 동사에 대해 정리하였습니다.

본문

각 단원별 목표 문법이 적용된 간단한 대화를 삽화와 더불어 제시함으로써 학습 내용을 쉽고 재미있게 파악할 수 있게 하였습니다.

원어민이 녹음한 음성 파일을 QR코드로 제공하여 눈으로만 보는 것이 아니라 귀로 듣고 따라할 수 있도록 했습니다.

목표 문법에 대한 기본적인 핵심 내용을 표나 도식을 이용해서 설명하고, 다양한 예문을 제시하여 학습자들이 보다 쉽고 명확하게 이해할 수 있도록 하였습니다.

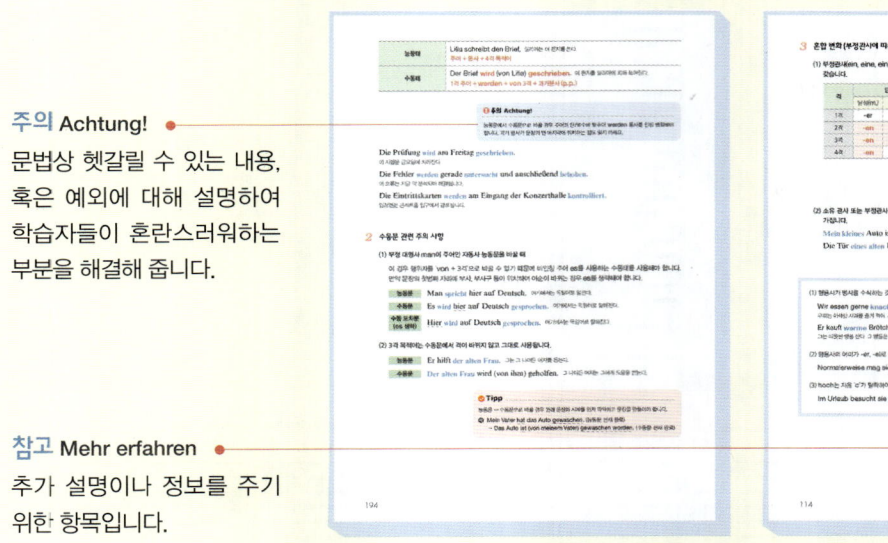
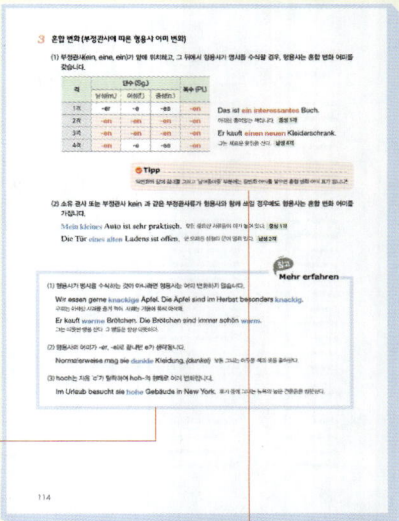
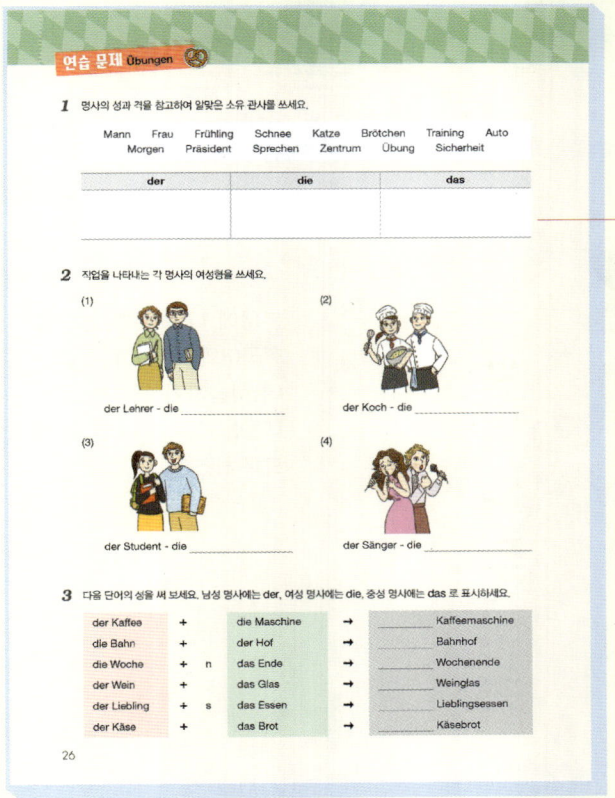

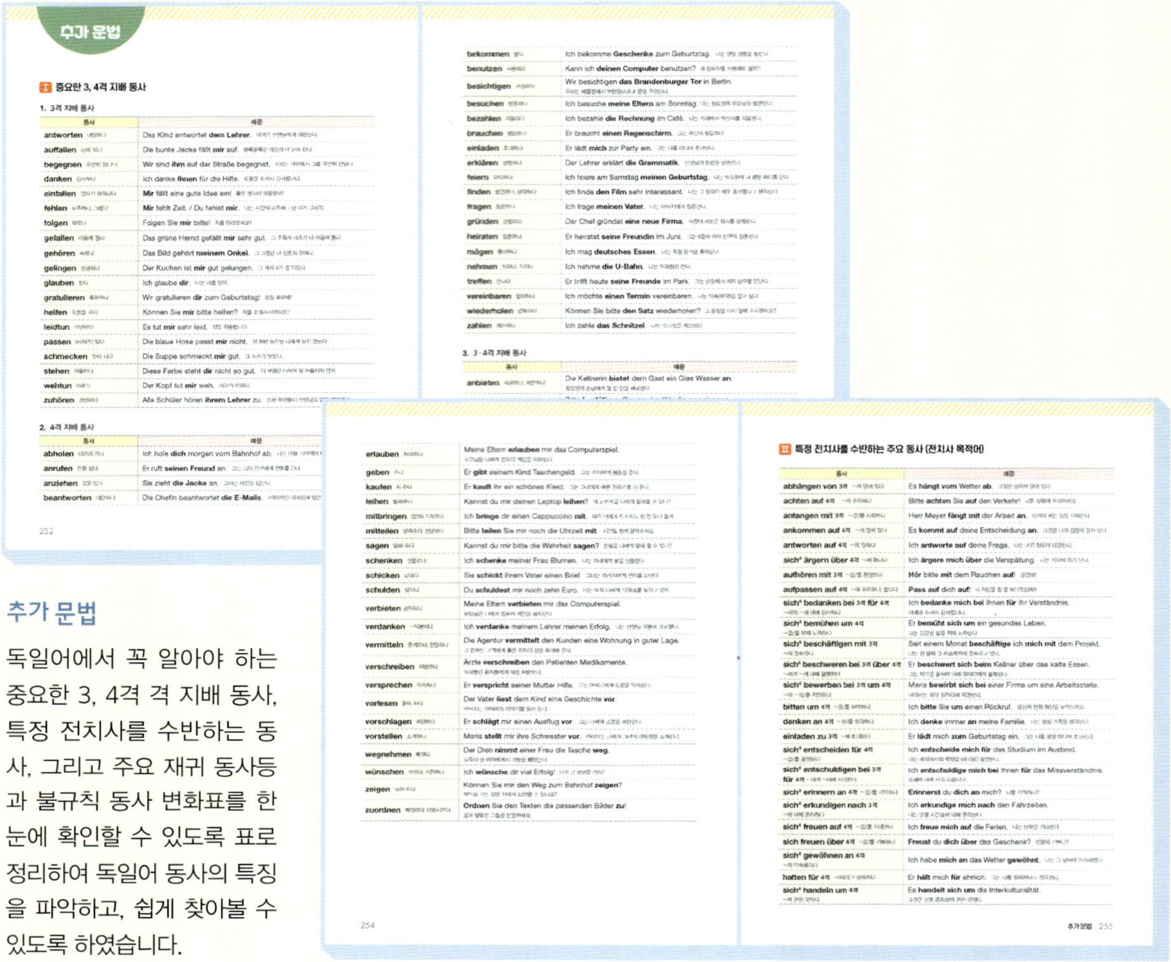

추가 문법

독일어에서 꼭 알아야 하는 중요한 3, 4격 격 지배 동사, 특정 전치사를 수반하는 동사, 그리고 주요 재귀 동사등과 불규칙 동사 변화표를 한 눈에 확인할 수 있도록 표로 정리하여 독일어 동사의 특징을 파악하고, 쉽게 찾아볼 수 있도록 하였습니다.

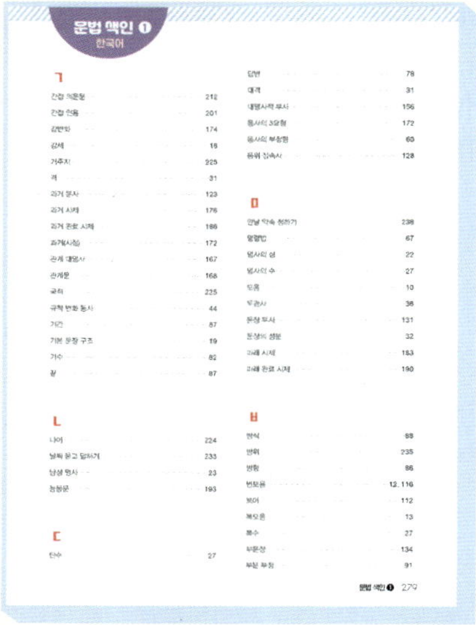

색인

본문에 나온 문법 용어를 한국어와 독일어로 정리하여 학습자가 원하는 문법 내용을 쉽게 찾아볼 수 있도록 하였습니다.

차례

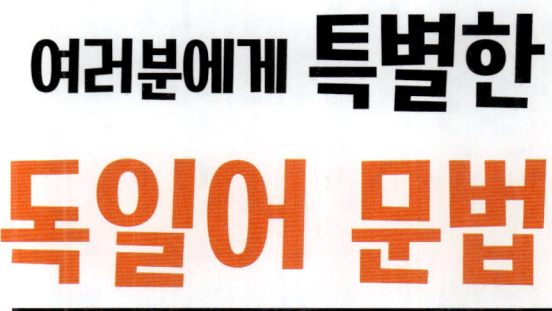

여러분에게 **특별한**

독일어 문법

공부를 시작해 볼까요?

1 알파벳(Alphabet)과 발음

MP3 **001**

독일어의 알파벳 수는 기본적으로 영어와 같이 26개로 구성되며, 여기에 **ä, ö, ü, ß**의 네 가지 특수 문자가 추가로 사용됩니다. 독일어는 철자와 발음의 관계가 비교적 일관되어, 대부분의 경우 철자 대로 읽습니다

A a 아-	**B** b 베-	**C** c 체-	**D** d 데-	**E** e 에-	**F** f 에프
G g 게	**H** h 하	**I** i 이	**J** j 요트	**K** k 카	**L** l 엘
M m 엠	**N** n 엔	**O** o 오	**P** p 페	**Q** q 쿠	**R** r 에어
S s 에스	**T** t 테	**U** u 우	**V** v 파우	**W** w 베	**X** x 익스
Y y 웹실론	**Z** z 체트	**Ä** ä 애-	**Ö** ö 외-	**Ü** ü 위-	**ß** ß 에스체트

2 모음의 발음 (Vokale)

독일어의 모음은 대체로 알파벳을 쓰는 대로 발음하며 장음과 단음의 구별에 주의해서 발음해야 합니다.

장음	• 모음 뒤 자음 한 개 : Name [나-메] 이름 • 모음 뒤 자음 **h** : Bahn [반-] 기차 (이때 h는 묵음 처리 됩니다) • 모음 뒤 자음 **ß** : Fuß [푸스-] 발 • 이중 모음 **aa**, **oo**, **ee** : Tee [테-] 차 • 자음 ch 앞에 오는 모음 **a, ä, u, ü, o** : hoch [호-흐] 높은, Buch [부-흐] 책
단음	• 모음 뒤 자음 두 개 이상 : Apfel [압펠] 사과 • 모음 뒤 자음 x : Taxi [탁시] 택시

10

(1) 단모음

모음			
A a	장음	**[a:] [아–]** 입을 자연스럽게 벌린 상태에서 길게 '아' 소리 내기	Name [나-메] 이름 Tag [타-앜] 하루 nah [나-] 가까운 **예외** 뒤에 자음 두개가 오더라도 해당 모음 뒤에 바로 자음 r이 오는 경우에는 장음으로 발음함. Arzt [아-츠트] 의사
	단음	**[a] [아]** 입을 자연스럽게 벌린 상태에서 짧게 '아' 소리 내기	Mann [만-] 남자, Tasse [타쎄] 컵, Apfel [압펠] 사과, Apotheke [아포테-케] 약국
E e	장음	**[e:] [에–]** 입을 반 정도 열고 '이'에 가까운 '에' 길게 소리 내기	lesen [레-즌] 읽다, Fehler [펠-러] 오류 **예외** 뒤에 자음 두개가 오더라도 해당 모음 뒤에 바로 자음 r이 오는 경우에는 장음으로 발음함. Erdgeschoss [에-어트게쇼쓰] 1층, zuerst [추에-어스트] 우선
	단음	**[ɛ] [에]** 입을 반 정도 열고 혀 끝을 앞쪽에 두고 짧게 어두운 '에' 소리 내기	Text [텍스트] 글, Fenster [펜스터] 창문, Bett [벹] 침대
		[ə] [으] 입을 반 정도 열고 혀를 뒤쪽으로 당기듯 가운데 두고 '으'에 가깝게 소리 내기	helfen [헬픈] 돕다, lernen [레어는] 공부하다, Name [나-므] 이름, Farbe [파브] 색깔, (주로 동사의 어미나 단어 끝에 있는 강세 없는 e는 '으'에 가깝게 발음 됩니다.)
I i	장음	**[i:] [이–]** 입술을 옆으로 평평하게 당기고 혀를 앞에 두어 길게 '이' 소리 내기	Kino [키-노] 영화관, ihr [이-어] 너희들, Kilo [킬-로] 킬로그램
	단음	**[ɪ] [이]** '이'에서 혀를 살짝 아래로 내려 'ㅢ'에 가까운 '이' 소리 내기	immer [임머] 항상, Mitte [밑테] 중심, Firma [피어마] 회사
O o	장음	**[o:] [오–]** 입술을 둥글게 모아 '오'를 길게 소리 내기	Ohr [오-어] 귀, Note [노-테] 성적, groß [그로-쓰] 큰, Monat [모-낱트] 월 **예외적 장음** hoch [호-흐] 높은, Mond [몬-트] 달, Obst [옵-스트] 과일, Ostern [오-스턴] 부활절
	단음	**[ɔ] [오/어]** 입술을 오므리고 턱을 아래로 당기며 입을 반정도 열고 '어'에 가까운 '오' 소리 내기	Kopf [콥프] 머리, Post [포스트] 우체국, Sonne [존네] 태양, kommen [콤믄] 오다

U u	장음	[u:] [우-] 입술을 오므리고 '우'를 길게 소리 내기	Uhr [우-어] 시계 Fuß [푸-씨] 발 gut [굿-] 좋은 **예외적 장음** Buch [부-흐] 책 Geburtstag [게부어-츠탁] 생일
	단음	[ʊ] [우] '우'에서 혀를 살짝 내려서 짧게 소리 내기	Kunst [쿤스트] 예술 Butter [부터] 버터 Musik [무직] 음악
Y y	장음	[y:] [위-] 입술을 둥글게 오므려 고정시킨 채 길게 단모음 '위' 소리 내기. 이중 모음 '위 (우이)'처럼 소리내지 않도록 주의!	Typ [튑] 종류 Analyse [아날뤼-제] 분석
	단음	[y] [위] 입술을 둥글게 오므려 고정시킨 채 짧게 '위' 와 '외' 사잇소리 내기	System [쥐스템] 시스템 Symbol [쥠볼] 상징
		[i] [이] 주로 외래어에서 사용되므로 영어의 '이 [i]' 소리 내기	Baby [베이비] 아기 Hobby [호비] 취미 Handy [핸디] 휴대폰

(2) 변모음, 이중 모음, 복모음의 발음

✔ Tipp
변모음은 모음의 장, 단음에 따른 발음의 변화는 없으므로
같은 음성으로 각각 길고 짧게 발음하면 됩니다.

● 변모음 (Umlaute)

Ä ä	장음	[ɛ:] [애]	Universität [우니베어지탵-] 대학교 später [슈팯-터] 나중에 Gerät [게랱-] 기계
	단음	[a] [애]	kämpfen [캠픈] 싸우다 hängen [행은] 걸다 Getränk [게트랭크] 음료
	입을 반 정도 벌리고 입술을 양쪽으로 당기며 맑은 소리로 길거나 짧게 '애' 소리 내기		
Ö ö	장음	[ø:] [외-]	hören [회어-른] 듣다 mögen [뫼-근] 좋아하다 Öl [욀-] 기름 Möbel [뫼-블] 가구
	단음	[œ] [외]	Löffel [뢰플] 숟가락 Wörterbuch [뵈어터부흐] 사전
	입술을 둥글게 오므려 고정시킨 채 모음 '외'소리 내기. 입술이 풀어지지 않게 주의!		
Ü ü	장음	[y:] [위-]	grün [그륀-] 초록색의 über [위-버] ~위 Gemüse [게뮈-제] 채소
	단음	[ʏ] [위]	fünf [퓐프] 5 müssen [뮈쓴] ~해야만 한다 Glück [글뤽] 행운
	입술을 둥글게 오므려 고정시킨 채 모음 '위'소리 내기. 입술이 풀어지지 않게 주의!		

● 이중 모음 (Doppelvokale)

이중 모음은 같은 모음 두 개가 연달아 쓰이는 모음을 뜻합니다. 이중 모음의 발음은 장음과 같습니다.

aa	[a:]	Haar [하-] 머리카락 Staat [슈탈-트] 국가 Saal [잘-] 강당
	입을 자연스럽게 벌린 상태에서 길게 '아-' 소리 내기	
ee	[e:]	Idee [이데-] 아이디어 Kaffee [카페-] 커피 See [제-] 호수, 바다 Tee [테-] 차(음료)
	입을 반 정도 열고 '이'에 가까운 '에'를 어둡고 길게 소리 내기	
oo	[o:]	Zoo [초-] 동물원 Boot [보-트] 보트
	입술을 둥글게 오므려 고정시킨 채 길게 '오-' 소리 내기	

● 복모음 (Diphthonge)

복모음은 두 개 이상의 모음이 결합하여 형성되며, 발음 규칙에도 영향을 미칩니다. 복모음 **ie**는 단어에서 강세의 위치에 따라 발음이 달라집니다. **ie** 자체에 강세가 있으면 ①과 같이 장음으로 발음되며, 강세가 있는 모음 뒤에 오는 **ie**는 ②처럼 발음됩니다. ③의 경우, **ie** 음절 뒤에 강세가 위치하여 짧게 발음됩니다.

au	[aʊ] [아우]	Frau [프라우] 여자 Auto [아우토] 차(car) Baum [바움] 나무
ai, ay, ei, ey	[aɪ] [아이]	Mai [마이] 5월 Bayern [바이언] 바이에른 Eis [아이스] 아이스크림/얼음 klein [클라인] 작은
äu, eu	[ɔɪ] [오이]	Bäume [보이메] 나무들 Häuser [호이저] 집들 aufräumen [아우프ㄱ로이믄] 정리하다 Freund [프ㄱ로인트] 친구 neu [노이] 새로운 heute [호이테] 오늘 예외 Museum [무제움] 박물관, Friseur [프ㄱ리죄어] 미용사
ie	①[i:] [이-]	hier [히-어] 여기 Klavier [클라비-어] 피아노 fliegen [플리-근] 날다 Liebe [리-베] 사랑 studieren [슈튜디-어ㄱ른] 전공하다
	②[iə] [이에]	Ferien [페어ㄱ리엔] 방학 Familie [파밀-리에] 가족 Italien [이탈-리엔] 이탈리아 Linie [리-니에] 라인, 노선
	③[ɪ] [이]	vielleicht [필라히트] 아마

3 자음의 발음 (Konsonanten)

(1) 자음 (Konsonanten)

대체로 알파벳을 쓰는 대로 발음하며 자음의 위치와 조합에 주의해서 발음해야 합니다.

B b	[b] [ㅂ] 단어의 시작에 위치하거나 모음 바로 앞에 위치할 경우	Ball [발] 공 Brille [브ㄱ릴레] 안경 Baum [바움] 나무 leben [레-븐] 살다
	[p] 받침 ㅂ 단어의 끝에 위치하거나 자음 바로 앞에 위치할 경우	Urlaub [우얼라웁] 휴가 deshalb [데스할ㅍ] 따라서 Herbst [헤웁스트] 가을
C c	[k] [ㅋ] a, o, u 앞에 올 때	Computer [콤퓨-터] 컴퓨터 Café [카페] 커피 Cola [콜-라] 콜라
	[s] [ㅅ] e, i, y 앞에 올 때	Cent [센트] 센트(화폐) Chance [슝-스] 기회

• C로 시작하는 단어는 대부분 외래어이며, 대부분 원어 발음대로 읽는다: Cello [첼로] 첼로   Campus [캄푸스] 캠퍼스

D d	[d] [ㄷ] 단어의 처음이나 모음 사이에 위치할 때	danken [당큰] 감사하다 draußen [드ㄱ라우쎈] 밖에 Laden [라-든] 상점
	[t] [ㅌ] 단어의 끝에 위치할 때 혹은 중간에 위치하는 경우 그 다음에 자음이 올 때	Hand [한트] 손 Kind [킨트] 아이 Nordkorea [노어트코ㄱ레아] 대한민국
F f	[f] [ㅍ] 위치에 상관없이 동일하게 발음 됨	Fest [페스트] 축제 Farbe [파-브] 색깔 schlafen [슐라-픈] 자다
G g	[g] [ㄱ] 단어의 처음, 모음 앞, 모음 사이에 위치할 경우	Geld [겔트] 돈 Glas [글라쓰] 유리 sagen [자-근] 말하다
	[k] [ㅋ] 단어의 끝에 위치하거나 자음 앞에 위치할 경우	Tag [탁] 하루 Weg [벡] 길 Zeugnis [초익니스] 성적표
	[ç] [히] -ig 어미일 때	zwanzig [츠반치히] 20 billig [빌리히] 값 싼 richtig [ㄱ리히티히] 옳은

	[h] [ㅎ]	Hand [한트] 손 heute [호이테] 오늘
H h	단어의 처음이나 비분리 전철 뒤에 위치할 경우	gehören [게회어ㄱ른] ~에 속하다
	[-] [묵음]	gehen [게-엔] 가다 froh [프ㄱ로] 기쁜 Bahnhof [반-훕] 기차역
	모음 뒤에 위치할 경우	
J j	[j]	jung [융] 젊은 Jacke [약케] 재킷 Japan [야-판] 일본
	뒤에 오는 모음과 결합하여 이중 모음을 형성함.	
	[ʤ] [ㅈ/쥬]	Journalist [죠날리스트] 기자 Job [죱] 직업
	외래어의 경우	Jogging [죠깅] 조깅
K k	[k] [ㅋ]	kalt [칼트] 추운 Kunst [쿤스트] 예술 Kiosk [키오스크] 매점
	위치와 상관없이 동일하게 발음	
L l	[l] [ㄹ]	Lampe [람페] 전등 Ball [발] 공 Lust [루스트] 의욕. 흥미
	혀끝이 잇몸에 닿으며 짧고 명확하게 발음	
M m	[m] [ㅁ]	Musik [무직] 음악 Mutter [무터] 엄마 Morgen [모어-근] 아침
	위치와 상관없이 동일하게 발음	
N n	[n] [ㄴ]	Nase [나제] 코 Name [나-므] 이름 nett [넽] 친절한
	위치와 상관없이 동일하게 발음	
P p	[p] [ㅍ]	Post [포스트] 우체국 parken [파-큰] 주차하다
	단어의 끝에서는 약하게 발음	Stopp [슈톱] 정지
Q u	[kv] [ㅋㅂ]	bequem [베크벰] 편안한 Quittung [크비퉁] 영수증
	모음 u와의 조합에서 입술 소리로 발음	Quelle [크벨레] 우물
	[r/ʁ] [ㄱㄲ]	reisen [ㄱ라이즌] 여행하다 Bruder [브ㄱ루더] 남자형제
R r	단어의 처음, 모음 앞에서 목젖에서 마찰하며 [ㄹ] 발음	
	[ɐ] [어]	Mutter [무터] 어머니 Uhr [우-어] 시계 sehr [제-어] 매우
	모음 뒤, 특히 -er 어말일 때	
	[s] [ㅅ]	Maus [마우스] 쥐 Ausflug [아우스플룩] 소풍
S s	단어의 끝, 자음 앞에 위치할 경우	
	[z] [ㅈ]	Sohn [존-] 아들 besuchen [베죽-흔] 방문하다
	단어의 처음, 모음 앞에 위치할 경우	

T t	[t] [ㅌ]	Tennis [테니스] 테니스　Tee [테-] 차(tea)
	[ts] [ㅊ] -tion 어말일 경우	Information [인포마치온] 정보　Station [슈타치온] 정류장
V v	[f] [ㅍ] 독일어 고유 단어일 경우	Vater [파-터] 아버지　Vogel [포-글] 새　von [폰] ~의
	[v] [ㅂ] 모음 사이에 위치할 경우나 외래어, 라틴어계 차용어 일 경우	November [노벰버] 11월　Klavier [클라비어] 피아노 Vase [바-제] 꽃병
W w	[v] [ㅂ] 위치에 상관 없이 동일하게 발음되며 입술 소리로 발음	was [v바스] 무엇　Wald [v발트] 숲　Wurst [v부어스트] 소시지
X x	[ks] [ㅋㅅ]	Taxi [탁시] 택시　Text [텍스트] 글
Z z	[ts] [ㅊ]	zusammen [추잠믄] 함께　Zug [축] 기차　Zucker [축커] 설탕

(2) 복자음의 발음

ch	[x] [흐] 모음 a, o, u, au 뒤에 위치할 때 목에서 나는 소리로 발음	Fach [팍흐] 과목　Koch [콕흐] 요리사
	[ç] [히] 입천장에서 바람 나는 듯한 소리로 발음, [흐]로 나는 경우를 제외한 대부분의 경우	leicht [라이히트] 쉬운　manchmal [만히말] 가끔
	[ʃ] [슈] 프랑스계 외래어일 때 앞 쪽에서 바람 소리를 내는 듯이 발음	Chef [셰프] 상사　Chance [슝-스] 기회
	[k] [ㅋ] 라틴계 외래어일 때	der Chor [코어] 합창단　das Chaos [카오스] 혼돈
chs	[ks] [ㅋ] 소리를 낸 후 [ㅅ] 소리로 짧게 연결	sechs [젝스] 6　Fuchs [푹스] 여우　wachsen [박슨] 자라다 예외 nächst [내히스트] 다음의　machst [막흐스트] ~하다

ck	[ks] [ㅋ] 짧고 강하게 소리냄.		Deckel [덱클] 뚜껑 Ecke [엑케] 모퉁이 dick [딕] 뚱뚱한
ds, ts, tz	[ts] [ㅊ] 혀끝이 윗잇몸에 닿았다 떼면서 나는 소리		abends [아벤츠] 저녁 sitzen [짓촌] 앉아 있다
dt, th	[t] [ㅌ] 강하게 발음		Stadt [슈탈트] 도시 Thema [테마] 주제 Bibliothek [비블리오텍] 도서관
ng	[ŋ] [ㅇ(받침)] 코로 공기를 내보내며 비음 소리		Zunge [충에] 혀 Zeitung [차이퉁] 신문 Hunger [훙어] 배고픔
nk	[ŋk] [ㅇㅋ] [ㅇ(받침)] 소리를 낸 후 [ㅋ] 소리		Danke [당케] 감사 denken [뎅큰] 생각하다 Bank [방크] 은행
pf	[pf] [ㅍㅍ] 입술을 맞대고 살짝 떼는 동시에 [fㅍ] 발음		Pferd [페어트] 말(동물) Apfel [압플] 사과
ph	[f] [ㅍ] 윗니와 아랫입술을 맞대고 바람이 새어 나오듯 [ㅍ] 발음		Physik [퓌직] 물리 Phonetik [포네틱] 음성학
ss, ß	[s] [ㅅ] 혀끝을 윗잇몸 가까이 두고 발음		heiß [하이쓰] 뜨거운 Fluss [플루쓰] 강
sch	[ʃ] [슈] 혀를 평평하게 두고 앞 쪽에서 바람 소리를 내뱉듯이 발음		Tasche [타쉐] 가방 Schule [슐레] 학교
sp-	[ʃp] [ㅅㅍ] 단어의 앞에 위치할 경우 앞 쪽에서 바람소리를 내고 [ㅍ] 발음		Sprache [슈프락헤] 언어 spielen [슈필-른] 놀다, 연주하다
st-	[ʃt] [ㅅㅌ] 단어의 앞에 위치할 경우 앞 쪽에서 바람소리를 내고 [ㅌ] 발음		Straße [슈트ㄱ라쎄] 길 stehen [슈테-은] 서 있다
tsch	[tʃ] [ㅊ] 혀 끝을 윗잇몸에 붙였다 떼며 강하게 바람소리가 섞인 [ㅊ] 발음		Deutsch [도이취] 독일어 Tschüs [츄쓰] (인사) 잘 가

4 강세의 규칙 (Akzent)

(1) 독일어는 대체로 첫 음절에 강세가 있습니다.

Áuto [아우토] 자동차   Náme [나-메] 이름   Zímmer [침머] 방   árbeiten [아-바이튼] 일하다

(2) 하지만 외래어는 마지막 또는 뒤에서 두 번째 음절에 강세가 있습니다.

Studént [슈투덴트] 대학생   Bibliothék [비블리오텍] 도서관   Natión [나치온] 국가   Natúr [나투어] 자연

(3) 순수 독일어 단어이지만 강세가 첫 음절에 있지 않은 단어도 있습니다.

alléin [알라인] 홀로   vielléicht [필라히트] 아마도   zusámmen [추잠믄] 함께   zufriéden [추프리-든] 만족한

(4) '-ei, -ie, -ier, -ieren' 와 같이 특정 어미에 강세가 있는 단어도 있습니다.

Bäckeréi [백커라이] 빵가게   Polizéi [폴리차이] 경찰   studíeren [슈투디어ㄹ른] 전공하다
reparíeren [레파리어ㄹ른] 수리하다   Klavíer [클라비어] 피아노

(5) 두 개의 명사가 결합하여 새로운 의미가 형성되는 합성 명사는 첫 단어(명사)에 강세가 있습니다.

Háusaufgabe [하우스아우프가베] 숙제   Táschengeld [타셴겔트] 용돈   Kíndergarten [킨더가튼] 유치원

(6) 비분리 전철을 가진 동사와 그 파생어(명사, 형용사)는 비분리 전철 다음 음절에 강세가 있습니다.

비분리 전철 be-, ge-, ent-, emp-, er-, ver-, zer-, miss-

besúchen [베죽-흔] 방문하다   empféhlen [엠펠-른] 추천하다   verstéhen [페어슈테-은] 이해하다
Geschénk [게솅크] 선물   Gespräch [게슈프ㄹ레히] 대화   Besúch [베죽-흐] 방문

5 기본 문장 구조 (Satzkonstruktion)

(1) 평서문 (Aussage)

독일어 평서문에서 동사는 항상 두 번째 자리에 옵니다. 일반적으로 문장은 주어–동사–목적어 순서로 구성됩니다. 그러나 문장의 첫 번째 자리에 올 수 있는 성분은 다양하며 (예 부사, 시간/장소 부사구, 전치사구 등) 이 경우에도 동사는 변함 없이 두 번째 자리에 위치합니다. 이 때 첫 번째 자리에 놓인 성분은 특별한 강조 효과를 갖습니다.

주어	동사			
Ich	**lerne**	heute	Deutsch.	나는 오늘 독일어를 공부한다.
Heute	**lerne**	ich	Deutsch.	오늘 나는 독일어를 공부한다.

(2) 의문문 (Ja/Nein-Frage)

의문사가 없는 의문문: 긍정, 부정의 대답을 요구하는 질문에서 동사는 문장의 첫 번째 자리에 위치합니다.

동사	주어			
① **Lernst**	du	heute	Deutsch?	너 오늘 독일어를 공부하니?
② **Kommst**	du	aus	Korea?	한국에서 오셨나요? (한국 출신인가요?)

대답은 아래와 같습니다.

① **Ja,**	ich	lerne	heute	Deutsch.	응, 나 오늘 독일어 공부 해.
① **Nein,**	ich	lerne	heute	Englisch.	아니, 난 오늘 영어 공부 해.
② **Ja,**	ich	komme	aus	Korea.	응, 나는 한국 출신이야.
② **Nein,**	ich	komme	aus	Japan.	아니, 나는 일본 출신이야.

의문사가 있는 의문문: 구체적인 대답을 요구하는 질문에서 동사는 문장의 두 번째 자리에 위치합니다.

의문사	동사	주어		
① **Warum**	lernst	du	Deutsch?	독일어를 왜 공부하니?
② **Woher**	kommst	du?		어디에서 왔어?

대답은 아래와 같습니다.

① **Ich**	möchte	in	Deutschland	studieren.	나는 독일에서 대학에 다니고 싶어.
② **Ich**	komme	aus	Deutschland.		나는 독일 출신이야.

6 독일어의 기본 동사 (sein, haben, werden)

독일어의 **sein, haben, werden** 동사는 보통 명사나 형용사와 함께 쓰이며, 주어에 따라 인칭 변화가 일어납니다. 따라서 먼저 '주격 인칭 대명사'를 학습하는 것이 중요합니다. 특히 sein 동사는 모든 인칭에서 불규칙 변화하고, **haben**과 **werden** 동사도 부분적으로 불규칙 변화를 하므로 주의해야 합니다. 또한, 독일어에는 상대를 공손하게 지칭하는 존칭 '**Sie**' (당신/당신들)가 있으며, 이 경우 첫 알파벳은 반드시 대문자로 써야 합니다.

	인칭 대명사 (1격)	**sein** ~이다	**haben** ~을/를 가지고 있다	**werden** ~이/가 되다
단수 1인칭	ich 나	**bin**	habe	werde
단수 2인칭	du 너	**bist**	**hast**	**wirst**
단수 3인칭	er/sie/es 그 / 그녀 / 그것	**ist**	**hat**	**wird**
복수 1인칭	wir 우리들	**sind**	haben	werden
복수 2인칭	ihr 너희들	**seid**	habt	werdet
복수 3인칭	sie 그들	**sind**	haben	werden
단/복수 2인칭	Sie 당신(들)	**sind**	haben	werden

Ich **bin** Jonas.	나는 요나스입니다.
Wir **sind** müde.	우리들은 피곤합니다.
Sie **hat** Angst.	그녀는 두렵다.
Er **wird** bald Vater.	그는 곧 아버지가 됩니다.

> ✅ **Tipp**
>
> 독일에서 공손하게 상대를 부를 때는 남자는 'Herr + 성', 여자는 'Frau + 성'이라 칭합니다. 이는 영어의 호칭인 **Mr. / Ms.** 에 해당합니다.
>
> 📌 Herr Kim 김 선생님 (남), Frau Kim 김 선생님 (여)

1

명사와
관사

명사의 성
Genus

MP3 **002**

A Ist das der Tasche?

가방은 남성 명사야?

B Nein, das ist die Tasche.

아니, 가방은 여성 명사야.

문법 Grammatik

독일어의 명사는 남성, 여성, 중성 중의 하나의 성(Genus)을 가집니다. 이 때 성은 각각 정관사인 der, die, das 로 표기합니다. 명사의 첫 알파벳은 항상 대문자로 표기합니다.

der Rock 치마 | **die Jacke** 재킷 | **das Hemd** 셔츠

명사의 성은 단어를 이해하고 문장을 만드는데 아주 중요한 역할을 합니다. 그래서 단어를 외울 때는 그 단어의 의미만 기억하는 것이 아니라, 반드시 성을 같이 외워야 합니다. 명사의 성 구분에 있어 완벽한 규칙이 있는 것은 아니지만, 성을 알 수 있는 몇 가지 공통적인 특징이 있습니다. 이 특징을 알고 있으면 단어의 성을 더 쉽게 기억할 수 있습니다.

1 남성 명사 (Maskulinum, der)의 종류

(1) 의미에 따른 구분

자연성 및 신분/직업 명사	der Vater 아버지, der Mann 남자, der Junge 소년, der Lehrer 교사(남자), der Student 대학생(남자), der Sänger 가수(남자) 등
대부분의 동물	der Hund 개, der Löwe 사자, der Tiger 호랑이, der Vogel 새, der Fisch 물고기 등
계절	der Frühling 봄, der Sommer 여름, der Herbst 가을, der Winter 겨울
월	der Januar 1월, der Februar 2월, der März 3월, der April 4월, der Mai 5월, der Juni 6월, der Juli 7월, der August 8월, der September 9월, der Oktober 10월, der November 11월, der Dezember 12월
요일	der Montag 월요일, der Dienstag 화요일, der Mittwoch 수요일, der Donnerstag 목요일, der Freitag 금요일, der Samstag 토요일, der Sonntag 일요일 예외 die Woche 주, das Wochenende 주말
하루의 시간대	der Tag 하루, der Morgen 아침, der Vormittag 오전, der Mittag 낮, der Nachmittag 오후, der Abend 저녁 등 예외 die Nacht 밤
방위	der Osten 동쪽, der Westen 서쪽, der Süden 남쪽, der Norden 북쪽 등
날씨	der Regen 비, der Schnee 눈, der Sturm 폭풍 등 예외 die Sonne 태양, die Wolke 구름, das Gewitter 악천후
술	die Katze 고양이, die Kuh 암소, die Banane 바나나, die Tomate 토마토 등

(2) 형태에 따른 구분

동사에서 파생된 명사 (어미가 없음.)	der Anfang 시작, der Besuch 방문, der Versuch 시도, der Tanz 춤 등 예외 das Spiel 게임
특정한 어미(후철)를 가진 명사	① **-ant**, **-ent**, **-ist**, **-ich**, **-ig**, **-or**, **-ismus**, **-ling**, **-ee** 로 끝나는 명사 der Praktikant 실습생, der Präsident 대통령, der Polizist 경찰관, der Teppich 카페트, der König 왕, der Doktor 박사, der Sozialismus 사회주의, der Zwilling 쌍둥이, der Kaffee 커피, der Tee 차(음료) 등 예외 die Idee 아이디어 ② **-el**, **-er**로 끝나는 많은 명사 der Himmel 하늘, der Mantel 외투, der Computer 컴퓨터, der Kalender 달력 등 예외 die Ampel 신호등, die Mutter 엄마, das Messer 칼, das Zimmer 방

동사의 어미 *6*과 참고 ▶

2 여성 명사 (Femininum, die)의 종류

(1) 의미에 따른 구분

자연성 및 신분/직업 명사	die Mutter 엄마, die Frau 여자, die Dame 숙녀, die Lehrerin 교사(여자), die Studentin 대학생(여자), die Sängerin 가수(여자) 등 **예외** das Mädchen 소녀
동물의 암컷 및 식물	die Katze 고양이, die Kuh 암소, die Banane 바나나, die Tomate 토마토 등

> ✅ **Tipp**
> 남성 신분 명사 뒤에 -in 을 붙이면 여성형 신분 명사가 됩니다. 이 때 명사의 모음이 하나일 경우 변모음을 추가하여 씁니다.
> **예** der Arzt 의사(남) → die Ärztin 의사(여)

(2) 형태에 따른 구분

동사에서 파생된 명사 + t	die Arbeit 일, die Abfahrt 출발, die Fahrt 주행 등
형태상 특정한 어미 (후철)를 가진 명사	① **-e, -ik**로 끝나는 많은 명사 die Frage 질문, die Reise 여행, die Sprache 언어, die Musik 음악, die Politik 정치 등 **예외** der Käse 치즈, das Auge 눈(신체) ② **-ung, -heit, -keit, -ion, -schaft, -ei, -ät, -ur**로 끝나는 명사 die Rechnung 영수증, die Übung 연습, die Gesundheit 건강, die Sicherheit 안전, die Information 정보, die Freundschaft 우정, die Bäckerei 빵가게, die Universität 대학교 등

3 중성 명사 (Neutrum, das)의 종류

(1) 의미에 따른 구분

다수의 외래어	das Auto 자동차, das Telefon 전화기, das Hobby 취미, das Baby 아기, das Hotel 호텔 등

(2) 형태에 따른 구분

동사원형에서 생겨난 명사 (명사형 부정사)	das Leben 삶, das Essen 식사/음식, das Trinken 마시는 것, das Sprechen 말하는 것 등
축소형 어미 "-chen, -lein"	das Brötchen (작은) 빵, das Mädchen 소녀, das Büchlein 작은 책자
형태상 특정한 어미 (후철)를 가진 명사	**-ment, -um, -o, -ing, -ma**로 끝나는 많은 명사 das Dokument 서류, das Zentrum 시내, das Gymnasium 김나지움(중/고등학교), das Foto 사진, das Jogging 조깅, das Training 훈련, das Thema 주제, das Klima 기후 **예외** die Firma 회사

4 동음이의어 – 한 개 이상의 성을 가진 명사

일부 명사들 가운데는 같은 철자지만 성(관사)에 따라 의미가 달라지는 경우도 있으니 유의해야 합니다.

der Band (책의) 권   **die** Band (음악) 밴드*   **das** Band 끈, 띠

der See 호수   **die** See 바다

der Leiter 관리자   **die** Leiter 사다리

> ✔ **Tipp**
>
> 음악을 하는 Band의 경우, 발음이 der Band, das Band과 다르며 영어 band(밴드)와 같습니다.

5 합성 명사 (Komposita)

독일어는 합성 명사가 발달한 것으로 잘 알려져 있습니다. 합성 명사는 두 개 또는 두 개 이상의 명사가 합쳐져 만들어진 명사로 성은 뒤에 위치한 명사를 기준으로 정해집니다.

명사 ①		명사 ②		새로운 합성 명사
die Bahn 기차	+	der **Hof** 마당	→	der Bahn**hof** 기차역
der Wein 와인	+	das **Glas** 잔	→	das Wein**glas** 와인 잔

경우에 따라 합성되는 명사들 사이에 발음상의 이유 또는 의미의 명확성을 위해 -n, -s와 같은 연결 요소가 삽입됩니다. 이 중에서도 규칙이 존재하는데, 만약 -ling, -tum 및 -ung, -heit, -keit, -schaft, -ion, -tät으로 끝나는 여성 명사 또는 명사형 부정사 (예: das Essen) 뒤에 명사가 추가되면 명사 ①, ② 사이에 -s가 추가되어 새로운 합성 명사가 만들어집니다.

명사 ①			명사 ②		새로운 합성 명사
der Liebling 가장 좋아하는	+ **s** +		das Essen 음식	→	das Liebling**s**essen 좋아하는 음식
die Wohnung 집	+ **s**		die Suche 검색	→	die Wohnug**s**suche 집 찾기
die Woche 주	+ **n** +		das Ende 끝, 마침	→	das Woche**n**ende 주말

합성 명사는 형용사, 전치사, 부사 같은 다른 품사와 결합되어 만들어지기도 합니다.

형용사 ①	명사 ①		새로운 합성 명사
neu 새로운	das Jahr 해	→	das Neujahr 새해
hoch 높은	das Haus 집	→	das Hochhaus 고층 건물
klein 작은	der Wagen 차		der Kleinwagen 소형차

전치사	명사 ①		새로운 합성 명사
unter 아래에	das Geschoss 층	→	das Untergeschoss 지하층
hinter 뒤	der Hof 뜰, 마당	→	der Hinterhof 뒤뜰
aus ~에서	der Gang 복도		der Ausgang 출구

합성 명사의 강세는 대부분 첫번째 단어에 위치합니다.

die Wóhnungssuche 집 찾기   das Hóchhaus 고층 건물   das Úntergeschoss 지하층

1 명사의 성과 격을 참고하여 알맞은 소유 관사를 쓰세요.

| Mann | Frau | Frühling | Schnee | Katze | Brötchen | Training | Auto |
| Morgen | Präsident | Sprechen | Zentrum | Übung | Sicherheit | | |

der	die	das

2 직업을 나타내는 각 명사의 여성형을 쓰세요.

(1)

der Lehrer - die _____

(2)

der Koch - die _____

(3)

der Student - die _____

(4)

der Sänger - die _____

3 다음 단어의 성을 써 보세요. 남성 명사에는 **der**, 여성 명사에는 **die**, 중성 명사에는 **das** 로 표시하세요.

der Kaffee	+		die Maschine	→	_____ Kaffeemaschine
die Bahn	+		der Hof	→	_____ Bahnhof
die Woche	+	n	das Ende	→	_____ Wochenende
der Wein	+		das Glas	→	_____ Weinglas
der Liebling	+	s	das Essen	→	_____ Lieblingsessen
der Käse	+		das Brot	→	_____ Käsebrot

Kapitel

02 ★ 명사의 수
Numerus

🔊 MP3 **003**

A Hier ist ein Buch.
여기 책 한 권이 있어.

B Hier sind zwei Bücher.
여기 책 두 권이 있어.

문법 Grammatik

1 복수형 어미

명사의 수에는 단수(Singular, Sg.)와 복수(Plural, Pl.)가 있습니다. 복수는 정관사 die로 표기합니다. 독일어에서 명사의 복수형을 만드는 유형은 크게 다섯 가지가 있는데 경우에 따라 변모음이 추가될 수 있으니 유의하세요.

유형	복수형 어미	단수	복수	의미	해당 명사
I	단수-복수 동형 또는 + 변모음	der Schüler das Zimmer	die Schüler die Zimmer	학생 방	• -er, -el, -en 으로 끝나는 많은 남성, 중성 명사
		der Vater der Apfel die Mutter die Tochter	die Väter die Äpfel die Mütter die Töchter	아버지 사과 어머니 딸	• -er, -el 로 끝나는 많은 단음절(a, o, u) 명사 (소수의 여성 명사 포함)
		das Brötchen das Männlein	die Brötchen dis Männlein	빵 남자아이	• -chen, -lein 으로 끝나는 중성 명사

Kapitel 02 27

II	-e (+ 변모음)	der Freund der Beruf *der Sohn *der Fisch **die Maus	die Freunde die Berufe die Söhne die Fische die Mäuse	친구 직업 아들 물고기 쥐	• 대부분의 남성 명사 • *모음이 하나인 대부분의 남성, 소수의 중성 명사 • **동물 명칭 (여성일 경우 변모음이 추가됨.)
III	-er (+ 변모음)	das Kind das Buch *der Mann *der Wald	die Kinder die Bücher *die Männer *die Wälder	아이 책 남자 숲	• 대부분의 중성 명사 • *모음이 하나인 소수의 남성 명사 (변모음 추가됨.)
IV	-(e)n	die Wohnung die Frau	die Wohnungen die Frauen	집 여자	• 대부분의 여성 명사
		der Student der Junge	die Studenten die Jungen	대학생 소년	• N-변화 남성 명사
V	-s	das Hotel das Kino das Hobby *das Taxi **der Kuli **der PKW	die Hotels die Kinos die Hobbys *die Taxis **der Kulis **die PKWs	호텔 영화관 취미 택시 볼펜 승용차	• 대부분의 외래어 • *모음, -a, -i, -o, -y으로 끝나는 명사 • **축약형 명사

> ✅ **Tipp** ⎯⎯⎯⎯⎯⎯⎯⎯⎯⎯⎯⎯⎯⎯
> 복수형을 만드는 기준이 항상 절대적인 것은 아니므로 단어를 외울 때는 복수형을 함께 익히는 것이 좋습니다.
> 예 das Brot – die Brote 빵

2 불규칙한 복수 형태

일부 명사들은 불규칙한 방식으로 복수형이 형성됩니다.

복수형 어미	단수	복수	의미	특징
-se	das Zeugnis die Kenntnis	die Zeugnisse die Kenntnisse	성적표, 증명서 지식	• -nis로 끝나는 명사는 -se를 추가하여 복수형을 만듭니다.
-en	das Museum die Firma das Thema	die Museen die Firmen die Themen	박물관 회사 주제	• -um, -a로 끝나는 많은 명사는 해당 후철을 -en으로 바꾸어 복수형을 만듭니다.
-nen	die Lehrerin die Studentin	die Lehrerinnen die Studentinnen	교사(여자) 대학생(여자)	• -in으로 끝나는 여성 신분/직업 명사는 -nen을 추가하여 복수형을 만듭니다.

3 항상 단수 또는 복수로만 사용하는 명사

항상 단수형으로만 쓰이는 명사들은 대부분 셀 수 없는 명사로 추상 명사, 물질 명사 그리고 집합 명사가 여기에 속합니다. 반면 항상 복수형으로 쓰이는 명사에는 일부 지역과 국가명, 그리고 범주적 의미를 지닌 몇몇 집합 명사가 포함됩니다.

특징	구분	예시
단수형 사용	추상 명사	das Glück 행운, die Liebe 사랑, die Gesundheit 건강, das Wetter 날씨, das Alter 나이 등
	물질 명사	das Gold 금, die Milch 우유 등
	집합 명사	das Obst 과일, das Gemüse 채소, die Polizei 경찰, die Kleidung 옷 등
	명사형 부정사	das Essen 식사/음식, das Sprechen 말하기 등
복수형 사용	지형 및 국가	die Alpen 알프스, die USA 미국, die Niederlande 네덜란드
	다수의 사람 및 기간	die Eltern 부모님, die Leute 사람들, die Ferien 방학

이러한 명사들 중 일부는 합성 명사를 사용하여 단수와 복수를 개별적으로 표현할 수 있습니다.

단수로만 쓰이는 명사		셀 수 있는 명사 추가		단수형	복수형
der Sport 스포츠	+	die Art 종류	→	die Sportart 운동 종목	die Sportarten 운동 종목들
der Käse 치즈	+	die Sorte 품종	→	die Käsesorte 치즈 품종	die Käsesorten 치즈 품종들
die Kleidung 옷	+	das Stück 개수	→	das Kleidungsstück 옷 한 벌	die Kleidungsstücke 옷 여러벌

Ich mag Kleidung, aber nicht alle Kleidungsstücke. Ich trage nicht gern Jeans.
나는 옷을 좋아하지만 모든 옷을 다 좋아하는 것은 아니다. 나는 청바지를 잘 입지 않는다.

4 동음이의어의 복수

동음이의어는 의미에 따라 복수형이 달라질 수 있으므로, 사용할 때 주의해야 합니다.

단수	복수		단수	복수
der Band (책의) 권	die Bände		die Leiter 사다리	die Leitern
die Band (음악) 밴드	die Bands		die Bank 은행	die Banken
das Band 끈, 띠	die Bänder		die Bank 벤치	die Bänke
der See 호수, die See 바다	die Seen		das Wort 단어	die Wörter
der Leiter 관리자	die Leiter		das Wort 연설, 말	die Worte

1 다음 명사들을 복수형으로 쓰세요.

(1) der Schüler ➔ die _____
(2) das Kind ➔ die _____
(3) die Mutter ➔ die _____
(4) das Mädchen ➔ die _____
(5) der Vater ➔ die _____
(6) der Freund ➔ die _____
(7) die Wohnung ➔ die _____
(8) die Lehrerin ➔ die _____
(9) das Buch ➔ die _____
(10) das Auto ➔ die _____
(11) der Sohn ➔ die _____
(12) das Museum ➔ die _____

2 아래 문장에서 괄호 안의 단어를 알맞은 복수형으로 바꾸세요.

(1) Ich habe drei _____ (das Kind). 나는 세 자녀가 있다.

(2) Wir kaufen frische _____ (der Apfel). 우리는 신선한 사과들을 산다.

(3) Ich sehe zwei _____ (die Frau) 나는 두 여자들을 본다.

(4) Alle _____ (der Lehrer) sind nett. 모든 선생님들은 친절하다.

(5) Meine Mutter hat zwei _____. (das Handy) 내 어머니는 두 개의 휴대폰이 있다.

(6) Ich habe zwei _____. (der Bruder) 나는 두 오빠들이 있다.

3 아래 문장에서 틀린 복수형을 찾아 올바르게 수정하세요.

(1) Ich habe zwei **Fisches** im Aquarium. 나는 어항에 물고기 두 마리가 있다.

➔ _____

(2) Die **Manne** sitzen im Restaurant. 남자들은 식당에 앉아 있다.

➔ _____

(3) Sebastian besucht drei **Museums** in Berlin. 세바스티안은 베를린에서 박물관 세 곳을 방문한다.

➔ _____

(4) Er hat drei **Stuhls**. 그는 의자 세 개가 있다.

➔ _____

(5) Ich bekomme zwei **Zeugnisser**. 나는 증명서 두 개를 받는다.

➔ _____

(6) Sie kauft drei **Brötchens**. 그녀는 빵 세 개를 산다.

➔ _____

03 정관사
★ **Bestimmter Artikel**

🔊 MP3 **004**

A **Die Frau kauft den Apfel!**
저 여자가 저 사과를 사네!

B **Ja, aber der Apfel ist zu teuer!**
응 그런데 저 사과 너무 비싸다!

 **문법 Grammatik**

관사는 명사의 성, 수, 격을 나타내는 문법 요소이며 정관사, 부정관사,
소유 관사, 지시 관사 등으로 구분됩니다.

> **✔ Tipp**
> 부정 표현(Negation)을 나타내는 kein-은 관사와 유사한 형태를 가지지만 18과 부정문에서 별도로 다룹니다.

1 명사의 '격(Kasus)'변화

독일어에서 명사는 문장에서의 역할에 따라 네 가지 격으로 구분됩니다. 명사의 격은 문장에서 술어인 동사가 요구하는 격이나 특정 전치사가 요구하는 격에 의해 결정되며, 각 격은 기본적으로 다음과 같은 의미를 지닙니다.

격	한국어 명칭	의미	독일어 명칭	독일어 약칭
1격	주격	은/는/이/가	Nominativ	N. / Nom.
2격	소유격/속격	~의	Genitiv	G. / Gen.
3격	여격	~에게	Dativ	D. / Dat.
4격	대격	~을/를	Akkusativ	A. / Akk.

관사는 명사와 함께 사용되어 명사의 앞에 위치하기 때문에 관사를 통해서 문장의 성분(예: 주어 및 목적어 등)을 구분할 수 있습니다.

Ich	gebe	der Frau	den Apfel.
주어 (Subjekt)	술어(동사) (Prädikat)	3격 목적어 (Dativobjekt)	4격 목적어 (Akkusativobjekt)
나는	준다	그 여자에게	그 사과를

> ✓ **Tipp** ··
> 전치사가 요구하는 격일 경우, 명사는 해당 격의 형태를 따르지만 의미는 격의 기본 의미와 직접적으로 연결되지 않습니다.
> 예 Ich fahre mit dem Fahrrad. 나는 자전거를 타고 간다.
> 여기서 dem Fahrrad(자전거)는 3격으로 쓰였지만, '~에게'로 해석하는 것이 아니라 전치사 mit ('~을/를 타고')의 의미를 따릅니다.

2 정관사의 격변화

정관사는 이미 알려진 특정한 정보, 즉 문맥상 이미 언급 되었거나 대화의 참여자가 이미 알고 있는 상황과 관련되어 사용됩니다. 또는 die Sonne (태양), der Mond (달) 처럼 세상에 하나 뿐이거나 유일한 개념을 의미하는 경우에도 사용되며 die Demokratie (민주주의), das Internet (인터넷) 과 같은 보편적인 사회적 범주를 언급할 때도 사용됩니다. 관사 또한 명사가 격변화할 때 명사의 성, 수에 따라 함께 격변화 하기 때문에 사용에 유의해야 합니다.

격	의미	단수(Sg.)			복수(Pl.)
		남성(m.)	여성(f.)	중성 (n.)	
1격	은/는/이/가	**der** Vater	**die** Mutter	**das** Kind	**die** Kinder
2격	~의	**des** Vater**s**	**der** Mutter	**des** Kind**es**	**der** Kinder
3격	~에게	**dem** Vater	**der** Mutter	**dem** Kind	**den** Kinder**n**
4격	~를	**den** Vater	**die** Mutter	**das** Kind	**die** Kinder

Der Mann kennt **den** Lehrer.
↳ 남성 단수 1격 ↳ 남성 단수 4격

그 남자는 그 남자 선생님을 안다.
'Ⓥ kennen: ~를 알다'에 의해 목적어가 4격으로 표기됨.

Ich helfe **der** Frau.
↳ 여성 단수 3격

나는 그 여자를 돕는다.
'Ⓥ helfen: ~에게 도움을 주다'에 의해 목적어가 3격으로 표기됨.

Ich gebe **der** Frau **den** Mantel.
↳ 남성 단수 4격
↳ 여성 단수 3격

나는 그 여자에게 그 코트를 준다.
'Ⓥ geben: ~에게 ~를 주다'에 의해 목적어가 3,4격으로 표기됨.

3 명사의 격 변화에 따른 명사 어미 추가

(1) 관사와 명사가 격 변화할 때 단수 남성, 중성 2격 명사에 '-(e)s'를 추가합니다.

규칙	1격	2격	해당 명사
2격 명사 끝에 -es추가	das Kind	des Kindes	명사의 모음이 한 개일 경우
2격 명사 끝에 -s추가	der Vater	des Vaters	명사의 모음이 두 개 이상일 경우

Das ist das Auto des Vaters. 이것은 그 아버지의 자동차이다.

Das ist das Fahrrad des Kindes. 이것은 그 아이의 자전거이다.

> ✔ **Tipp** --
> 우리에게 익숙한 영어의 구조와 비교하자면 'of + 명사' 구조와 대응됩니다.
> 독일어에서는 이 구조를 2격 명사구로 표현하는 것이죠.
> 예 Die Farbe des Autos. (The color of the car.)

(2) 복수 명사일 경우 3격에 -n을 추가해야 합니다. 하지만 명사의 복수형이 -n, -s로 끝났을 경우에는 명사 어미를 추가하지 않습니다.

규칙	1격	3격	해당 명사
3격 복수 명사 끝에 -n추가	die Kinder	den Kindern	복수형 자체가 -n/s로 끝나지 않음.
3격 복수명사를 그대로 사용함	die Frauen	die Frauen	복수형 자체가 -n으로 끝남.

Der Vater gibt **den Kindern** die Bücher. 아버지는 아이들에게 책들을 준다.
'Ⓥ geben: ~에게 ~을/를 주다'에 의해 사람이 3격으로 표기됨.

Das Kind schenkt **den Frauen** Blumen. 그 아이는 그 여자들에게 꽃을 선물한다.
'Ⓥ schenken: ~에게 ~을/를 선물하다'에 의해 사람이 3격으로 표기됨.

4 N-변화 명사 (N-Deklination)

위에서 배운 일반적인 격 변화 규칙이 적용되지 않는 명사가 있습니다. 이러한 명사를 'N-변화 명사'라고 하며 다음과 같은 특징을 가집니다.

① 대부분의 남성 명사
② 사람, 국적, 동물, 특정 외래어 등을 나타내는 -e, -ant/-and, -ent, -ist, -oge 로 끝나는 명사
der Junge 소년, der Kunde 고객, der Elefant 코끼리, der Student 대학생, der Journalist 기자, der Biologe 생물학자 등

N-변화 명사는 단수 1격을 제외하고 모든 격과 복수형에서 명사 어미로 -(e)n이 추가됩니다.

격	의미	남성 명사 I		남성 명사 II	
		단수(*Sg.*)	복수(*Pl.*)	단수(*Sg.*)	복수(*Pl.*)
1격	은/는/이/가	der Student	die Studenten	der Junge	die Jungen
2격	～의	des Studenten	der Studenten	des Jungen	der Jungen
3격	～에게	dem Studenten	den Studenten	dem Jungen	den Jungen
4격	～를	den Studenten	die Studenten	den Jungen	die Jungen

남성 명사는 아니지만 N-변화를 따르는 특수한 명사들이 있습니다. 또한 격 변화를 할 때 단수 2격에 추가적인 변화가 있을 수 있으니 주의해야 합니다.

der Name 이름

격	단수(*Sg.*)	복수(*Pl.*)
1격	der Name	die Namen
2격	des Namens	der Namen
3격	dem Namen	den Namen
4격	den Namen	die Namen

der Nachbar 이웃

격	단수(*Sg.*)	복수(*Pl.*)
1격	der Nachbar	die Nachbarn
2격	des Nachbarn	der Nachbarn
3격	dem Nachbarn	den Nachbarn
4격	den Nachbarn	die Nachbarn

der Herr 신사

격	단수(*Sg.*)	복수(*Pl.*)
1격	der Herr	die Herren
2격	des Herrn	der Herren
3격	dem Herrn	den Herren
4격	den Herrn	die Herren

das Herz 심장

격	단수(*Sg.*)	복수(*Pl.*)
1격	das Herz	die Herzen
2격	des Herzens	der Herzen
3격	dem Herzen	den Herzen
4격	das Herz	die Herzen

der Mensch 인간

격	단수(*Sg.*)	복수(*Pl.*)
1격	der Mensch	die Menschen
2격	des Menschen	der Menschen
3격	dem Menschen	den Menschen
4격	den Menschen	die Menschen

der Friede 평화

격	단수(*Sg.*)	복수(*Pl.*)
1격	der Friede	
2격	des Friedens	
3격	dem Frieden	
4격	den Frieden	

Das ist das Buch **des Jungen**. 이것은 그 소년의 책이다.

Der Lehrer lobt **den Studenten**. 선생님은 그 학생을 칭찬한다.

Sie gibt **dem Herrn** ein Geschenk. 그녀는 그 신사에게 선물 하나를 준다.

1 괄호 안의 명사를 참고하여 알맞은 격을 사용하여 빈칸을 채우세요.

(1) Ich gebe _____ ein Buch. *(die Lehrerin)* 나는 그 여선생님께 책 한 권을 준다.

(2) Das ist die Katze _____. *(der Vater)* 이것은 아버지의 고양이다.

(3) Wir besuchen am Wochenende _____ *(das Museum)* 우리는 주말에 박물관을 방문한다.

(4) Ich sehe _____. *(der Mann)* 나는 그 남자를 본다.

(5) Wir schenken _____ einen Topf. *(der Koch)* 우리는 그 요리사에게 냄비 하나를 선물한다.

2 독일어 격 변화를 참고하여 올바른 관사를 고르세요.

(1) Ich gebe (der / dem) Kind ein Eis. 나는 그 아이에게 아이스크림을 준다.

(2) (Der / Das) Auto meines Onkels ist rot. 내 삼촌의 자동차는 빨간색이다.

(3) Marianne kauft (den / die) Tasche. 마리안네는 그 가방을 산다.

(4) Mein Vater schenkt meiner Mutter (die / der) Blume. 내 아버지는 내 어머니에게 꽃을 선물한다.

(5) Der Junge empfiehlt (der / dem) Mädchen den Tisch. 그 소년은 그 소녀에게 이 책상을 추천한다.

(6) (Der / die) Journalist schreibt einen Artikel. 그 기자가 기사를 쓴다.

3 국적과 동물: N-변화에 해당 되는 명사에 밑줄을 긋고 빈칸에 4격 형태로 써 보세요.

(1) der Koreaner, _____ 한국 남자   (2) der Franzose, _____ 프랑스 남자

(3) der Spanier, _____ 스페인 남자   (4) der Chinese, _____ 중국 남자

(5) der Bär, _____ 곰   (6) der Affe, _____ 원숭이

(7) der Hund, _____ 개   (8) der Löwe, _____ 사자

4 한국어 설명을 참고하여 밑줄친 정관사와 명사의 격변화가 올바르게 사용되었으면 ○, 그렇지 않으면 ✕를 고르세요.

(1) Siehst du <u>den Polizisten</u>? 저 경찰관을 보니?   (○ | ✕)

(2) Das ist das Gehege <u>des Löwe</u>. 이것은 그 사자의 사육장이야.   (○ | ✕)

(3) Ich leihe <u>dem Nachbarn</u> mein Fahrrad. 나는 그 이웃에게 내 자전거를 빌려준다.   (○ | ✕)

(4) <u>Die Studente</u> sitzen im Hörsaal. 대학생들이 강의실에 앉아 있다.   (○ | ✕)

(5) Ich schreibe <u>den Namen</u> auf die Tafel. 나는 칠판에 그 이름을 쓴다.   (○ | ✕)

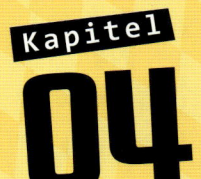

04 부정관사 및 무관사
★ Unbestimmter Artikel und kein Artikel

MP3 **005**

A Kaufst du einen Apfel und eine Gurke?
사과랑 오이 하나씩 살래?

B Ja, ich liebe Obst und Gemüse.
응, 나 과일과 채소를 정말 좋아해.

문법 Grammatik

부정관사는 문장에서 한정되지 않은, 즉 불특정한 사람이나 사물을 언급할 때 사용됩니다. 또는 처음 언급되는 새로운 정보가 되는 명사 앞에 사용되기도 합니다.

1 부정관사의 격 변화

부정관사 또한 정관사처럼 명사가 격 변화할 때 명사의 성, 수에 따라 함께 격 변화하기 때문에 사용에 유의해야 합니다. 부정관사는 '어떤' 또는 '하나의'라는 의미를 지니기 때문에 복수형이 존재하지 않습니다.

격	단수(Sg.)			복수(Pl.)
	남성(m.)	여성(f.)	중성 (n.)	
1격	**ein** Vater	**eine** Mutter	**ein** Kind	Kinder
2격	**eines** Vater**s**	**einer** Mutter	**eines** Kind**es**	Kinder
3격	**einem** Vater	**einer** Mutter	**einem** Kind	Kinder**n**
4격	**einen** Vater	**eine** Mutter	**ein** Kind	Kinder

Eine Frau kauft einen Apfel.
↳ 여성 단수 1격   ↳ 남성 단수 4격

한 여자가 사과 하나를 산다.
'ⓥ kaufen: ~을/를 사다'에 의해 목적어가 4격으로 표기됨.

Ich brauche eine Tasche.
↳ 여성 단수 4격

나는 가방 하나가 필요하다.
'ⓥ brauchen: ~을/를 필요로 하다'에 의해 목적어가 4격으로 표기됨.

Ich schenke einem Kind ein Buch.
↳ 중성 단수 4격
↳ 중성 단수 3격

나는 한 아이에게 책 한 권을 선물한다.
'ⓥ schenken: ~에게 ~를 선물하다'에 의해 목적어가 3,4격으로 표기됨.

> ✔ **Tipp**
>
> 부정관사를 격 변화할 때도 남성, 중성 명사의 2격과 복수 명사3격에도
> 각각 -(e)s, -n을 추가해야 한다는 것을 잊지 마세요. (3과 정관사 참고)
> 한 아버지의: eines Vaters   한 아이의: eines Kindes

부정관사는 처음 등장하는 새로운 명사를 말할 때 사용되며, 정관사는 이미 앞에서 언급되었거나 문맥상 알고 있는 정보를 나타낼 때 사용됩니다.

Eine Uhr steht auf dem Schreibtisch. Die Uhr ist rot und klein.
시계 하나가 책상 위에 있다. 그 시계는 빨갛고 작다.

2 무관사의 종류

일반적으로 명사를 사용할 때 관사를 함께 사용해야 하지만 그렇지 않은 경우도 있습니다. 일반적으로 사람과 관련된 신분, 국적, 추상 명사, 물질 명사 등의 경우가 그렇습니다.

신분/국적 명사	Koreaner/in 한국인, Deutsche/r 독일인(여/남), Japaner/in 일본인 등
불특정한 의미의 복수명사	Kinder 아이들, Hunde 개들, Tiere 동물들
불가산명사 (물질/추상명사)	Zeit 시간, Lust 의욕/기분, Geld 돈, Glück 행운, Hunger 배고픔, Durst 갈증, Freiheit 자유, Wasser 물, Obst 과일, Gemüse 채소, Gold 금

Ich habe Zeit. 나는 시간이 있다.

Er trinkt Wasser. 그는 물을 마신다.

Ich bin Lehrer von Beruf. 나는 (직업상) 교사이다.

Sie ist Koreanerin. 그녀는 한국인이다.

Ich kaufe gern Obst und Gemüse. 나는 과일과 채소를 즐겨 산다.

1 한국어 설명과 괄호 안 명사의 성을 참고하여 알맞은 부정관사를 쓰세요.

(1) Im Park sehe ich e_____ Hund. *(der)* 공원에서 나는 개를 본다.

(2) Er gibt e_____ Kind *(das)* e_____ Apfel. *(der)* 그는 한 아이에게 사과 하나를 준다.

(3) Das ist e_____ Tisch. *(der)* 이것은 책상이다.

(4) Ich gebe e_____ Frau *(die)* e_____ Blume *(die).* 나는 한 여자에게 꽃 하나를 준다.

(5) E_____ Auto *(das)* steht vor dem Haus. 자동차가 집 앞에 서 있다.

2 한국어 설명을 참고하여 밑줄친 부정관사 및 명사의 격 변화가 올바르게 사용되었으면 ○, 그렇지 않으면 ✕를 고르세요.

(1) Ich habe <u>einen Hund</u>. 나는 개 한마리가 있다. (○ │ ✕)

(2) Das ist <u>einer Buch</u>. 이것은 책이다. (○ │ ✕)

(3) Nina hat <u>ein Haus</u> am See. 니나는 호숫가에 집 한 채를 갖고 있다. (○ │ ✕)

(4) Das ist die Uhr <u>einen Lehrer</u>. 이것은 한 선생님의 시계이다. (○ │ ✕)

(5) <u>Eine Frau</u> sitzt im Café. 한 여자가 카페에 앉아 있다. (○ │ ✕)

3 한국어 설명을 참고하여 단어를 순서대로 배열하여 문장을 만들어 보세요.

(1) ein / Apfel / Ich / habe 나는 사과 하나를 갖고 있다. ➔ _____

(2) Tasche / ein / Mann / sucht / eine 한 남자가 가방 하나를 찾고 있다. ➔ _____

(3) hat / Anna / Schwester / eine 안나는 자매 한 명을 갖고 있다. ➔ _____

(4) Lampe / kaufen / Julian / eine 율리안이 전등 하나를 산다. ➔ _____

(5) eine / schwarz / Katze / ist 고양이는 까맣다. ➔ _____

4 아래 글에 쓰일 알맞은 정관사 또는 부정관사를 고르세요.

Mein Zimmer
Ich habe _____ (ein / das) großes Zimmer.
Da sind _____ (ein / das) Bett,
_____ (ein / der) Schreibtisch und _____ (ein / der) Stuhl.
Ich habe auch _____ (eine / die) Lampe.
_____ (ein / das) Bett ist sehr bequem.
Auf dem Schreibtisch liegt _____ (ein / das) Buch.

나의 방
나는 큰 방을 가지고 있다.
그곳에는 침대 하나, 책상 하나,
그리고 의자 하나가 있다.
나는 전등도 하나 있다.
그 침대는 매우 편안하다.
책상 위에는 책이 하나 놓여 있다.

 MP3 **006**

A **Ist das deine Mutter?**
이 분은 네 어머니셔?

B **Ja, das ist meine Mutter.**
응, 이 분은 내 어머니셔.

문법 Grammatik

소유 관사는 문장에서 '(누구)의'라는 의미로 명사 앞에서 해당 명사를 수식하며, 그 명사의 소유자를 나타냅니다.

1 소유 관사의 형태 및 활용

소유 관사는 소유자의 인칭에 따라 알맞은 형태를 사용해야 합니다.

수	단수					복수			단/복수
인칭	1인칭	2인칭	3인칭			1인칭	2인칭	3인칭	2인칭
인칭 대명사	ich	du	er	sie	es	wir	ihr	sie	Sie
소유 관사	**mein-** 나의	**dein-** 너의	**sein-** 그의	**ihr-** 그녀의	**sein-** 그것의	**unser-** 우리들의	**euer-** 너희들의	**ihr-** 그들의	**Ihr-** 당신(들)의

소유 관사는 꾸며지는 명사의 성, 수, 격에 따라 어미가 변화합니다. 따라서 수식을 받는 명사의 성, 수, 격을 정확히 파악하는 것이 중요합니다. 또한 소유 관사는 '부정관사류'에 속하므로 단수 명사 앞에서는 부정관사처럼, 복수 명사 앞에서는 정관사처럼 어미가 변화합니다.

앞에서 학습한 소유 관사의 기본형에 아래와 같이 어미를 넣어 활용합니다.

• 소유 관사 mein-의 어미 변화

격	단수 (Sg.)			복수 (Pl.)
	남성(m.)	여성(f.)	중성(n.)	
1격	*mein Vater	meine Mutter	*mein Kind	meine Kinder
2격	meines Vaters	meiner Mutter	meines Kindes	meiner Kinder
3격	meinem Vater	meiner Mutter	meinem Kind	meinen Kindern
4격	meinen Vater	meine Mutter	*mein Kind	meine Kinder

* 어미 없이 소유 관사 형태 그대로 사용

✓ Tipp ....

소유관사 'euer-'는 어미가 추가될 경우 'eur-'의 형태로 어미 변화 합니다.

예 euere Mutter (✕) | eure Mutter (○) 너희들의 어머니

　　euere Taschen (✕) | eure Taschen (○) 너희들의 가방

Das ist **mein** Rucksack. 이것은 내 백팩이다.

Sind das **ihre** Eltern? 이 분들은 그녀의 부모님이니?

Er hilft **seinem** Freund. 그는 그의 친구를 돕는다.

Sind das **eure** Jacken? 이것들은 너희들의 재킷이니?

Mehr erfahren

소유 관사와 2격의 구별

소유 관사는 명사 앞에서 사용되어 직접적으로 '(누구)의 것'을 나타낼 때 쓰입니다. 반면에 2격은 명사와 명사 사이의 소유 관계를 나타내며, 뒤에 오는 명사가 앞의 명사를 수식하는 구조입니다.

① Das ist der Kugelschreiber <u>des Kindes</u>. 이것은 그 아이의 볼펜이다.

② Das ist **sein** Kugelschreiber. 이것은 그의 볼펜이다.

①번 문장의 Kind의 소유 관계는 정관사 des 대신 다른 인칭의 소유 관사를 사용하여 표현할 수도 있습니다.

Das ist der Kugelschreiber **ihres Mannes**. 이것은 그녀의 남편의 볼펜이다.

연습 문제 Übungen

1 괄호 안 명사의 성과 수를 참고하여 알맞은 소유 관사를 쓰세요.

(1) Das ist _____ Bruder *(der)*. 이 사람은 내 형제이다.

(2) Ich treffe _____ Freunde *(die, Pl.)*. 나는 나의 친구들을 만난다.

(3) Er gibt _____ Schwester *(die)* das Buch. 그는 그의 자매에게 그 책을 준다.

(4) Wir verkaufen _____ Haus *(das)*. 우리는 우리의 집을 판다.

(5) Machst du _____ Hausaufgaben *(die, Pl.)*? 네 숙제를 하니?

2 밑줄 친 소유 관사가 올바르게 사용되었으면 ○, 그렇지 않으면 ✕를 고르세요.

(1) Was ist <u>dein</u> Hobby?　　　　　　　　　(○ ┃ ✕)

(2) Wie ist <u>Ihrer</u> Name?　　　　　　　　　(○ ┃ ✕)

(3) Wie ist <u>euere</u> Meinung?　　　　　　　　(○ ┃ ✕)

(4) Hier ist der Garten <u>meines</u> Onkels.　　　(○ ┃ ✕)

(5) Sie bringt <u>ihrem</u> Vater zum Flughafen.　　(○ ┃ ✕)

3 한국어 설명을 보고 단어를 배열해 문장을 만드세요. 소유 관사 어미도 알맞게 써 보세요.

(1) groß / Haus / mein- / ist / . 나의 집은 크다.

➜ _____

(2) Mutter / ist / sein- / Lehrerin / . 그의 어머니는 선생님이다.

➜ _____

(3) schön / Garten / euer- / ist / ? 너희들 정원은 예쁘니?

➜ _____

(4) Lehrerin / ist / ihr- / nett / . 그녀의 선생님은 친절하다.

➜ _____

(5) dein- / sehe / Vater / ich / . 나는 너의 아버지를 본다.

➜ _____

4 괄호 안의 소유 관사를 알맞은 형태로 고쳐 문장을 완성하세요.

Tinas Familie

Hallo! Ich bin Tina. Das ist ＿＿＿＿＿＿＿＿ (mein-) Familie.

＿＿＿＿＿＿＿＿ (mein-) Vater heißt Thomas und ＿＿＿＿＿＿＿＿

(mein-) Mutter heißt Julia. Ich habe einen Bruder.

＿＿＿＿＿＿＿＿ (Mein-) Bruder ist 10 Jahre alt und

＿＿＿＿＿＿＿＿ (sein-) Name ist Max.

티나의 가족

안녕! 나는 티나야. 여기는 내 가족이야.
내 아버지는 토마스이고, 어머니는 율리아야.
나는 형제가 한 명 있어.
내 형제는 10살이고 그의 이름은 막스야.

Melinas Haus

Wir wohnen in Hamburg. Das ist ＿＿＿＿＿＿＿＿ (unser-) Haus.

＿＿＿＿＿＿＿＿ (mein-) Vater hat auch ein Auto.

＿＿＿＿＿＿＿＿ (sein-) Auto ist blau.

Und du? Wie ist ＿＿＿＿＿＿＿＿ (dein-) Familie? Hast du

Geschwister?

멜리나의 집

우리는 함부르크에 살아. 이것은 우리의 집이야.
내 아버지는 차를 한 대 갖고 있어. 그의 차는 파란색이야.
그리고 넌? 너의 가족은 어때? 형제자매는 있어?

동사 I

06 규칙 변화 동사
★ Verben ohne Vokalwechsel

MP3 **007**

A Woher kommst du?

너는 어디에서 왔니?

B Ich komme aus Korea.

나는 한국에서 왔어.

문법 Grammatik

1 인칭 어미 변화의 일반적인 형태

독일어의 동사 원형은 어간(Verbstamm)과 어미(Verbendung)로 이루어져 있으며, 어미는 보통 -(e)n 으로 끝납니다.

동사 원형	어간	어미
kommen 오다	komm	**en**
wandern 걷다	wander	**n**

동사가 주어에 따라 어미가 변하는 것을 '인칭 어미 변화'라고 합니다. 동사가 인칭 변화할 때 어간은 변하지 않고 어미만 인칭에 따라 달라지는 동사를 '규칙 변화 동사'라고 하며, 이는 '약변화 동사'에 속합니다. 반대로 어간이 변하는 동사는 '불규칙 변화 동사' 또는 '강변화 동사'라고 합니다.

인칭 대명사	인칭 어미	kommen 오다	gehen 가다	lernen 배우다	wohnen 거주하다	hören 듣다	wandern 걷다
ich	-e	komme	gehe	lerne	wohne	höre	wandere
du	-st	kommst	gehst	lernst	wohnst	hörst	wanderst
er/sie/es	-t	kommt	geht	lernt	wohnt	hört	wandert
wir	-(e)n	kommen	gehen	lernen	wohnen	hören	wandern
ihr	-t	kommt	geht	lernt	wohnt	hört	wandert
sie/Sie	-(e)n	kommen	gehen	lernen	wohnen	hören	wandern

Ich **komme** aus China. 나는 중국에서 왔다.

Er **geht** nach Hause. 그는 집으로 간다.

Meine Mutter **wohnt** in Seoul. 내 어머니는 서울에 산다.

Wir **wandern** gern im Wald. 우리들은 숲에서 걷는 것을 좋아한다.

> ✅ **Tipp**
>
> 주어가 wir, sie (그들/그것들), Sie (당신/당신들)일 경우 동사의 인칭 변화형이 동사 원형과 같습니다.

2 규칙 동사의 특별 형태

규칙 변화 동사 중에서도 특별한 형태를 지닌 동사 유형이 있습니다.

규칙 변화 동사의 특별 형태					
인칭 대명사	인칭 어미	① arbeiten 일하다	① öffnen ~을/를 열다	② heißen ~라고 불리다	② tanzen 춤추다	③ sammeln 모으다
ich	-e	arbeite	öffne	heiße	tanze	sammle
du	-st	arbeitest	öffnest	heißt	tanzt	sammelst
er/sie/es	-t	arbeitet	öffnet	heißt	tanzt	sammelt
wir	-(e)n	arbeiten	öffnen	heißen	tanzen	sammeln
ihr	-t	arbeitet	öffnet	heißt	tanzt	sammelt
sie/Sie	-(e)n	arbeiten	öffnen	heißen	tanzen	sammeln

① 어간이 -d, -t, -fn, -gn, -chn으로 끝나는 동사에는 주어가 단수 2인칭 (du), 3인칭 (er, sie, es), 복수 2인칭 (ihr)일 때 발음상의 이유로 어간과 어미 사이에 **e**를 추가합니다.

② 어간이 -s, -ß, -z 로 끝나는 동사에서는 주어가 2인칭 단수인 du일 때 인칭 어미 st에서 s가 탈락하여 -t만 씁니다.

③ -eln 으로 끝나는 동사에서는 주어가 1인칭 단수인 ich에서 어간의 **e**가 탈락합니다.

Ich **arbeite** im Büro. 나는 사무실에서 일한다.

Er **öffnet** die Tür. 그는 문을 연다.

Wie **heißt** du? 네 이름이 뭐니?

Ich **sammle** gern Briefmarken. 그는 우표를 즐겨 모은다.

> ✅ **Tipp**
>
> Wie는 '어떻게'라는 독일어의 의문사입니다. 독일어로 개인 신상에 관한 질문을 할 때는 직업을 제외하고 대체로 의문사 wie를 사용합니다.

1 문장의 주어와 괄호 안의 동사 원형을 참고하여 빈칸에 알맞은 동사를 넣으세요.

(1) Mein Freund _____ aus Deutschland. *(kommen)*

(2) Ich _____ gern spazieren. *(gehen)*

(3) Martina _____ gern Tee. *(trinken)*

(4) Julian _____ einen Brief. *(schreiben)*

(5) Meine Schwester _____ in Busan. *(wohnen)*

(6) Mein Onkel _____ in Berlin. *(leben)*

(7) Wie _____ Sie? *(heißen)*

(8) Julia _____ gern im Wald. *(wandern)*

(9) Ich _____ gern Puppen. *(sammeln)*

2 문장의 주어를 파악하고 빈칸에 알맞은 동사 형태를 넣으세요.

(1) *kommen*

A Woher _____ du? 어디에서 왔니?

B Ich _____ aus Korea, aber mein Mann _____ aus Deutschland. 나는 한국에서 왔지만, 내 남편은 독일에서 왔어.

(2) *machen*

A Was _____ ihr am Wochenende? 너희들 주말에 뭐 해?

B Wir _____ unsere Hausaufgaben. 우리들은 우리의 숙제를 해.

(3) *arbeiten*

A Wo _____ du? 너 어디서 일해?

B Ich _____ bei Siemens. 난 지멘스에서 일해.

(4) *gehen*

A _____ du nach Hause? 너 집으로 가?

B Nein, ich _____ ins Restaurant. 아니, 나는 식당으로 가.

3 문장의 주어와 괄호 안의 동사 원형을 참고하여 빈칸에 알맞은 동사를 넣으세요.

Hallo! Ich bin Lisa und ich (1) _____ (wohnen) in München.

Morgens (2) _____ (stehen) ich um 7 Uhr auf und (3) _____

(frühstücken) mit meiner Familie. Mein Bruder Max (4) _____ (gehen) zur

Schule und ich (5) _____ (fahren) mit dem Bus zur Universität.

Dort (6) _____ (lernen) ich Deutsch.

안녕! 나는 리사고 뮌헨에 거주해.
아침에 나는 7시에 일어나고 가족들과 아침식사를 해. 내 형제인 막스는 학교로 가고 나는 버스를 타고 대학교로 가.
그곳에서 나는 독일어를 배워.

4 제시된 동사들을 인칭에 맞게 현재형으로 바꿔 빈칸을 채우세요.

tanzen	reisen	singen	wohnen	sammeln	hören

(1) A _____ du gern in der Disko?

   B Ja, ich _____ gern Hip-Hop.

(2) A _____ Sie oft nach Italien?

   B Nein, ich _____ lieber nach Spanien.

(3) A _____ Sie gern Musik?

   B Ja, ich _____ gern klassische Musik.

(4) A _____ du gern Briefmarken?

   B Ja, ich _____ sie sehr gern.

(5) A _____ du im Chor?

   B Nein, aber mein Bruder _____ im Chor.

(6) A _____ Sie in Seoul?

   B Nein, ich _____ in Busan.

불규칙 변화 동사
★ Verben mit Vokalwechsel

🔊 MP3 **008**

A Spricht er Koreanisch?
그는 한국어를 말하니?

B Ja, er liest auch Bücher auf Koreanisch.
응, 그는 한국어로 된 책도 읽어.

문법 Grammatik

현재 시제에서 동사를 활용할 때, 어미뿐 아니라 어간의 모음이 바뀌는 동사가 있습니다. 이러한 동사를 '불규칙 변화 동사' 또는 '강변화 동사'라고 하며, 모음 변화는 단수 2인칭과 단수 3인칭에서만 나타나는 것이 특징입니다.

1 a → ä

	fahren (타고) 가다	schlafen 자다	fangen 잡다	fallen 떨어지다	laufen 달리다	tragen 나르다	waschen 씻기다
ich	fahre	schlafe	fange	falle	laufe	trage	wasche
du	**fährst**	**schläfst**	**fängst**	**fällst**	**läufst**	**trägst**	**wäschst**
er/sie/es	**fährt**	**schläft**	**fängt**	**fällt**	**läuft**	**trägt**	**wäscht**
wir	fahren	schlafen	fangen	fallen	laufen	tragen	waschen
ihr	fahrt	schlaft	fangt	fallt	lauft	tragt	wascht
sie/Sie	fahren	schlafen	fangen	fallen	laufen	tragen	waschen

Er **fährt** gern Fahrrad. 그는 자전거를 즐겨 탄다.

Sie **schläft** schon. 그녀는 벌써 잔다.

48

2 e → i

	essen 먹다	sprechen 말하다	helfen 도움을 주다	treffen 만나다	vergessen 잊다	werfen 던지다
ich	esse	spreche	helfe	treffe	vergesse	werfe
du	isst	sprichst	hilfst	triffst	vergisst	wirfst
er/sie/es	isst	spricht	hilft	trifft	vergisst	wirft
wir	essen	sprechen	helfen	treffen	vergessen	werfen
ihr	esst	sprecht	helft	trefft	vergesst	werft
sie/Sie	essen	sprechen	helfen	treffen	vergessen	werfen

Sie **spricht** ein bisschen Deutsch. 그녀는 독일어를 조금 한다.

Maria **isst** gern Brot. 마리아는 빵을 즐겨 먹는다.

> **✔ Tipp** ──────────────────
> 어간의 모음이 e에서 i 또는 ie로 바뀌는 불규칙 변화
> 동사는 발음과도 관련이 있습니다. 어간의 모음이 단음
> 이면 i로, 장음이면 ie로 변합니다.

3 e → ie

	lesen 읽다	sehen 보다	empfehlen 추천하다	stehlen 훔치다
ich	lese	sehe	empfehle	stehle
du	liest	siehst	empfiehlst	stiehlst
er/sie/es	liest	sieht	empfiehlt	stiehlt
wir	lesen	sehen	empfehlen	stehlen
ihr	lest	seht	empfehlt	stehlt
sie/Sie	lesen	sehen	empfehlen	stehlen

Jens **liest** abends Bücher. 옌스는 밤마다 책을 읽는다.

Er **empfiehlt** gute Restaurants. 그는 좋은 식당을 추천한다.

4 불규칙 변화 동사의 특별 형태

불규칙 동사 중에서도 특별한 형태를 지닌 유형이 있는데, 이는 일정한 규칙 없이 어간과 어미가 모두 변화하는 동사입니다.

	wissen 알다	nehmen 고르다	treten 밟다	geben 주다	halten 정지하다	laden 짐을 싣다
ich	weiß	nehme	trete	gebe	halte	lade
du	weißt	nimmst	trittst	gibst	hältst	lädst
er/sie/es	weiß	nimmt	tritt	gibt	hält	lädt
wir	wissen	nehmen	treten	geben	halten	laden
ihr	wisst	nehmt	tretet	gebt	haltet	ladet
sie/Sie	wissen	nehmen	treten	geben	halten	laden
특징	어간의 모음, 자음이 변함.			어간이 장모음이지만 모음이 i로 변화	어간이 –d, –t로 끝나도 단수 2인칭, 3인칭에서 어간과 어미 사이에 e를 추가하지 않음.	

1 괄호 안의 동사 원형을 참고하여 빈칸에 알맞은 동사의 현재형을 넣으세요.

(1) Martina _____ *(fahren)* nach Berlin. 마티나는 베를린으로 (타고) 간다.

(2) Thomas _____ *(treffen)* gern Freunde im Park. 토마스는 공원에서 친구를 즐겨 만난다.

(3) Er _____ *(sehen)* einen Film. 그는 영화 한 편을 본다.

(4) Ich _____ *(wissen)* nicht genau. 나는 정확히는 모른다.

(5) Der Hund _____ *(laufen)* schnell. 그 개는 빨리 달린다.

2 다음 중 알맞은 동사 변화형을 찾아 표시해 보세요.

(1) Julia (lest / liest) gern Bücher, aber Julian (fährt / fahrt) gern Ski.

(2) Ich (nehme / nimme) Spaghetti und er (nimmt / nehmt) Pizza.

(3) Der Bus (haltet / hält) an der Bushaltestelle und Martin (lauft / läuft) schnell dorthin.

(4) Er (vergesst / vergisst) immer etwas.

(5) Maria (wäscht / wascht) die Jeans zu Hause.

3 규칙 동사, 불규칙 동사를 구분하여 각 동사 원형에 해당하는 동사 변화형을 써보세요.

(1) kommen ➡ er _____   (2) lese ➡ er _____

(3) wissen ➡ er _____   (4) laufen ➡ er _____

(5) machen ➡ er _____   (6) nehmen ➡ er _____

(7) kaufen ➡ er _____   (8) trinken ➡ er _____

(9) lernen ➡ er _____   (10) schlafen ➡ er _____

(11) treffen ➡ er _____   (12) geben ➡ er _____

4 아래의 한국어 문장을 독일어로 옮겨 보세요.

(1) 그녀는 독일어를 말한다. ➡ _____

(2) 그는 독서한다. ➡ _____

(3) 그녀는 잠을 잔다. ➡ _____

3

대명사 I

08 인칭 대명사의 3격 및 4격

★ Personalpronomen

MP3 **009**

A Maria, schreibst du mir eine Postkarte?

마리아, 나에게 엽서 하나 쓸래?

B Nein, ich rufe dich lieber an!

아니, 너에게 전화하는 것이 나을 것 같아!

문법 Grammatik

앞에서 배운 인칭 대명사는 동사나 전치사에 따라 격 변화를 받아 3격이나 4격 형태로도 사용됩니다. 한편 2격 인칭 대명사는 소유 의미를 나타내지 않으며, 문법적으로 2격이 필요한 특별한 경우에만 매우 드물게 쓰입니다.

1 인칭 대명사의 격 변화

	단수 (*Sg.*)					복수 (*Pl.*)			단/복수
	1인칭	2인칭	3인칭			1인칭	2인칭	3인칭	2인칭
1격	**ich**	**du**	**er**	**sie**	**es**	**wir**	**ihr**	**sie**	**Sie**
2격	(meiner)	(deiner)	(seiner)	(ihrer)	(seiner)	(unser)	(euer)	(ihrer)	(Ihrer)
3격	mir	dir	ihm	ihr	ihm	uns	euch	ihnen	Ihnen
4격	mich	dich	ihn	sie	es	uns	euch	sie	Sie

동사의 격 지배 *32-35*과 참고

Meine Lehrerin hilft **mir** immer. 내 여선생님은 언제나 나를 돕는다.

Bald besuche ich **dich**. 곧 내가 너를 방문할게.

Ihr Mitarbeiter empfiehlt **uns** den Computer. 당신의 직원이 우리에게 이 컴퓨터를 추천한다.

Jonas schenkt **ihr** ein Fahrrad. 요나스는 그녀에게 자전거 한 대를 선물한다.

> ✓ **Tipp** --
> 독일어의 **helfen** (돕다) 동사는 목적어로 3격을 요구하는 동사입니다.

일반 명사가 문장에서 다시 등장할 때는 이를 인칭 대명사로 바꾸어 표현합니다. 모든 명사는 인칭 대명사로 대체할 수 있으며, 이때는 대체되는 명사의 성·수·격에 맞는 인칭 대명사를 사용해야 합니다.

Das Mädchen gibt **mir** ein Buch und ich gebe **ihm** einen Bleistift.
그 소녀는 나에게 책 한 권을 주고 나는 그에게 연필 한 자루를 준다.

사물을 가리킬 때는 단수의 경우 er, sie, es 중 하나를, 복수의 경우에는 sie만 사용할 수 있습니다. 또한 인칭 대명사도 문장에서 요구하는 격에 맞추어 형태가 변한다는 점을 잊지 마세요.

der Baum 나무 → er	die Tasche 가방 → sie
das Mädchen 소녀 → es	die Bücher 책들 → sie (Pl.)

Ein Baum steht im Garten. **Er** ist groß und hat viele Früchte.
나무 하나가 정원에 서 있다. 그것은 크고 과실이 많이 열렸다.

2 인칭 대명사의 어순

목적어 자리에 대명사와 명사가 함께 있을 때는 대명사가 명사보다 앞에 옵니다. 그리고 3격 대명사와 4격 대명사가 모두 나올 경우에는 4격 대명사가 먼저 옵니다.

일반 명사 사용	Pia schenkt **dem Kind** ein Spielzeug. 피아는 그 아이에게 장난감 하나를 선물한다.
인칭 대명사 3격 사용	Pia schenkt **ihm** ein Spielzeug. 피아는 그에게 장난감 하나를 선물한다.
인칭 대명사 4격 사용	Pia schenkt es **dem Kind**. 피아는 그것을 그 아이에게 선물한다.
인칭 대명사 4격 〉3격	Pia schenkt es **ihm**. 피아는 그것을 그에게 선물한다.

1 알맞은 인칭 대명사를 넣어 빈칸을 채우세요.

(1) Der Schrank ist teuer. _____ kommt aus Deutschland. 이 장롱은 비싸다. 이 것은 독일산이다.

(2) Die Lampe ist klein. _____ ist günstig. 이 전등은 작다. 이것은 저렴하다.

(3) Das sind vier Stühle. _____ kosten 200 Euro. 이것들은 의자 4개다. 이것들은 200유로이다.

(4) Der Sessel ist schön, aber _____ ist teuer. 이 안락의자는 예쁘지만, 이 것은 비싸다.

(5) Das Buch ist interessant. _____ ist neu. 이 책은 흥미롭다. 이 것은 새 것이다.

2 우리말 뜻을 보고 괄호 안의 명사를 인칭 대명사로 바꾸세요. *(3격/4격)*

(1) Ich gebe _____ ein Geschenk. *(mein Bruder)* 나는 내 형제에게 선물 하나를 준다.

(2) Kannst du _____ ein Buch empfehlen? *(er)* 너 그에게 책 한 권을 추천할 수 있어?

(3) Wir kaufen _____ eine Blume. *(die Lehrerin)* 우리는 여선생님께 꽃 한 송이를 사 드린다.

(4) Ich liebe _____ . *(du)* 나는 너를 사랑해.

(5) Hilfst du _____ *(ich)* bitte? 나에게 도움을 줄래?

3 빈칸에 알맞은 인칭 대명사를 (3격/4격) 넣어 문장을 완성하세요.

(1) Die Mutter kauft den Kindern ein Eis. Sie kauft _____ auch Kuchen.
엄마는 그 아이들에게 아이스크림 하나를 사 준다. 그녀는 그들에게 케이크도 사 준다.

(2) Ich sehe meine Freundin jeden Tag. Ich sehe _____ heute Abend wieder.
나는 내 여자 친구를 매일 본다. 나는 그녀를 오늘 저녁에도 본다.

(3) Er gibt seiner Mutter ein Geschenk. Er gibt _____ auch Blumen.
그는 그의 어머니께 선물 하나를 드린다. 그는 그녀에게 꽃도 드린다.

(4) Wir besuchen unsere Großeltern am Wochenende. Wir besuchen _____ oft.
우리들은 주말에 우리의 조부모님을 방문한다. 우리는 그들을 자주 방문한다.

(5) Sie hilft ihrer Mutter oft. Sie hilft _____ auch beim Kochen.
그녀는 그녀의 어머니를 자주 돕는다. 그녀는 그녀를 요리할 때도 돕는다.

4 다음 문장의 틀린 인칭 대명사를 올바르게 수정하세요.

(1) Ich schenke ihn ein Buch. 나는 그에게 책 한 권을 선물한다.

(2) Er gibt ich eine Blume. 그는 나에게 꽃 한 송이를 준다.

(3) Hilfst du ihn? 너 그에게 도움을 주니?

(4) Wir geben dich eine Tasche. 우리들은 너에게 가방 한 개를 준다.

09 소유 대명사
Possessivpronomen

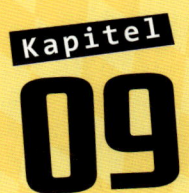

🔊 MP3 **010**

A Tanja, ist das dein Handy?
탄야, 이거 네 휴대폰이야?

B Ja, das ist meins!
응, 그거 내 것이야!

문법 Grammatik

소유 대명사는 인칭 대명사와 마찬가지로 소유 관사와 함께 쓰인 명사를 대신하는 기능을 합니다. 소유 대명사의 격 변화는 대체로 소유 관사와 유사하지만, 어미 자체는 정관사의 어미 변화를 따르므로 남성 1격과 중성 1~4격에서 약간의 차이가 나타납니다.

1 소유 대명사의 어미 변화

격	단수 (Sg.)			복수 (Pl.)
	남성(m.)	여성(f.)	중성(n.)	
1격	er	e	(e)s	e
2격	es	er	es	er
3격	em	er	em	en
4격	en	e	(e)s	e

2 소유 대명사의 활용

• 소유 대명사 meiner의 격 변화

격	단수 (*Sg.*)			복수 (*Pl.*)
	남성(*m.*)	여성(*f.*)	중성(*n.*)	
1격	mein**er**	mein**e**	mein**(e)s**	mein**e**
2격	mein**es**	mein**er**	mein**es**	mein**er**
3격	mein**em**	mein**er**	mein**em**	mein**en**
4격	mein**en**	mein**e**	mein**(e)s**	mein**e**

소유 대명사는 명사를 대신하여 소유 관계를 나타낼 때 사용되며, 다양한 동사와 함께 쓰일 수 있습니다. 특히 gehören 동사는 '~이/가 ~에게 속하다'라는 의미로, 소유자를 묻는 기능을 하므로 이에 대한 대답에서는 자연스럽게 '~의 것'을 나타내는 소유 대명사가 자주 사용됩니다.

A Gehört dir der Computer? 이 컴퓨터는 네 것이니?

B Ja, das ist **meiner**. (~~mein Computer~~) 응, 이것은 내 거야.

A Gehört ihr die Tasche? 이 가방은 그녀의 것이니?

B Ja, das ist **Ihre**. (~~ihre Tasche~~) 응, 이것은 그녀의 것이야.

A Ist das dein Fahrrad? 이거 네 자전거니?

B Nein, das ist doch nicht **meins** (~~mein Fahrrad~~), sondern **seins** (~~sein Fahrrad~~). 아니, 그것은 내것이 아니고 그의 것이잖아.

A Mein Laptop funktioniert nicht. 내 노트북이 작동이 안 돼.

B Dann benutz mal **meinen** (~~meinen Laptop~~). 그렇다면 내 것을 써 봐.

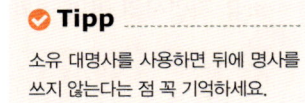

✅ **Tipp**

소유 대명사를 사용하면 뒤에 명사를 쓰지 않는다는 점 꼭 기억하세요.

1 빈칸에 알맞은 소유 대명사를 넣어 대화문을 완성하세요. *(von + 3격: ~의)*

(1) A Ist das deine Wohnung?

   B Ja, das ist _____.

(2) A Ist das das Haus von der Chefin?

   B Ja, das ist _____.

(3) A Ist das dein Auto?

   B Ja, das ist _____.

(4) A Ist das eure Wohnung?

   B Ja, das ist _____.

(5) A Ist das seine Brille?

   B Ja, das ist _____.

2 괄호 안에 주어진 인칭을 보고 알맞은 소유 대명사를 사용하여 문장을 완성하세요.

(1) Mein Auto ist rot. Und deins? _____ ist grün. *(ich)*

(2) Seine Tasche ist teuer, aber _____ ist billig. *(ich)*

(3) Wir haben ein großes Haus. _____ ist kleiner. *(er)*

(4) Meine Jacke ist warm. Ist _____ auch warn? *(du)*

(5) Eure Bücher sind alt, aber _____ sind neu. *(wir)*

3 빈칸에 소유격 명사구를 대신하는 소유 대명사를 넣어 문장을 완성하세요.

(1) Ist das Pauls Fahrrad?   ➔ Ist das _____?

(2) Diese Tasche gehört Anna.   ➔ Diese Tasche ist _____.

(3) Das sind die Schuhe von meinem Bruder.   ➔ Die Schuhe sind _____.

(4) Diese Wohnung gehört meinen Eltern.   ➔ Die Wohnung ist _____.

(5) Ist das das Auto von deinem Vater?   ➔ Ist das _____?

4 글의 흐름에 맞게 빈칸에 mein-, dein- 소유 대명사를 넣어 문장을 완성하세요.

(1) A Mein Lehrer ist sehr nett. Und _____?

　　B _____ ist auch sehr nett.

(2) A Meine Tasche ist neu. Und _____?

　　B _____ ist nicht neu.

(3) A Mein Bruder wohnt hier in Berlin. Und _____?

　　B _____ wohnt auch hier.

(4) A Meine Freunde kommen heute. Und _____?

　　B _____ kommen morgen.

5 괄호 안의 단어 중 맞는 것을 고르세요.

(1) Das ist mein Stift. Und wo ist (dein / deiner)?

(2) Mein Mantel ist schwarz. (Sein / Seiner) Mantel ist blau.

(3) Hier steht ein Fahrrad. Ist das (ihr / ihres)?

(4) Hier hängt ein Mantel. Ist das (mein / meiner)?

6 다음 문장이 맞으면 ○, 틀리면 ✕로 표시하세요.

(1) A Wo ist dein Schlüssel?　　　　　　(　　　)

　　B Meiner ist hier.

(2) A Das ist nicht mein Stuhl.　　　　　(　　　)

　　B Das ist deiner Stuhl.

(3) A Das ist meine Tasche.　　　　　　(　　　)

　　B Nein, das ist meiner.

(4) A Gehört der Regenschirm deiner Mutter?　(　　　)

　　B Ja, das ist ihr.

4

동사 II

화법 조동사
Modalverben

MP3 **011**

A Johanna, wollen wir am Wochenende ins Kino gehen?
요하나, 우리 주말에 영화관 갈래?

B Ja, das klingt gut! Wann sollen wir gehen?
응, 그거 좋지! 우리 언제 가면 될까?

문법 Grammatik

화법 조동사는 사람이 행위에 대해 가지는 태도를 보충하여 표현하는 데 사용됩니다. 예를 들어 능력이나 필요성, 허락 등을 나타내며 일반적으로 동사의 부정형(Infinitiv)과 함께 쓰입니다. 현재 시제에서 단수 주어일 때는 불규칙, 복수 주어 일 때는 규칙 인칭 변화를 따릅니다.

1 화법 조동사의 인칭 변화

화법 조동사	können ~할 수 있다	müssen ~해야만 한다	wollen ~하려고 하다	sollen ~해야 한다	dürfen ~해도 된다	mögen ~을/를 좋아하다	möchten ~을/를 원하다
ich	kann	muss	will	soll	darf	mag	möchte
du	kannst	musst	willst	sollst	darfst	magst	möchtest
er/sie/es	kann	muss	will	soll	darf	mag	möchte
wir	können	müssen	wollen	sollen	dürfen	mögen	möchten
ihr	könnt	müsst	wollt	sollt	dürft	mögt	möchtet
sie/Sie	können	müssen	wollen	sollen	dürfen	mögen	möchten

2 화법 조동사의 활용

원형 (부정형)	분류	예문
können	능력 기회, 가능성	Sophie **kann** gut kochen. 소피는 요리를 잘 할 수 있다. **Kannst** du mir dein Fahrrad leihen? 나에게 네 자전거를 빌려줄 수 있니?
müssen	의무, 필연 ~하지 않아도 된다 (nicht, kein-과 함께)	Ich **muss** morgen arbeiten. 나는 내일 일 해야만 한다. Du **musst** nicht bezahlen. 너는 계산하지 않아도 된다.
wollen	의지가 담긴 소망, 의도적인 계획	Ich **will** nach Deutschland reisen. 나는 독일로 여행 갈 것이다.
sollen	3자의 지시로 인한 행위 충고, 조언 타인의 소망에 대한 질문	Der Arzt sagt, du **sollst** dich ausruhen. 의사가 말하길, 너는 쉬어야 한대. Du **sollst** jeden Tag Sport machen. 너는 매일 운동해야 해. **Soll** ich dir Schokolade mitbringen? 너에게 초콜릿을 가져다줄까?
dürfen	허락/금지 공손한 질문	Man **darf** hier grillen. 여기에서 바비큐해도 된다. Im Museum **darf** man nicht fotografieren. 박물관에서 촬영하면 안 된다. **Darf** ich hier telefonieren? 여기에서 통화해도 될까요?
mögen	기호, 선호	Wir **mögen** Haustiere. 우리는 반려동물들을 좋아한다.
möchten	희망 공손한 요청	Er **möchte** gern backen. 그는 베이킹 하고 싶다. Ich **möchte** ein Stück Kuchen. 케이크 한 조각을 먹고 싶네요.

> **✔ Tipp**
> 보편적 규정을 이야기할 경우 주로 부정 대명사인 **man**을 주어로
> 사용합니다. 이 때 주어는 3인칭 단수형으로 씁니다.

3 화법 조동사의 어순 및 특징

화법 조동사는 평서문, 의문사가 있는 의문문에서는 두번째 자리에 위치하고, 의문사가 없는 의문문에서는 첫번째 자리에 위치합니다. 이 때, 본동사는 문장의 맨 끝에 동사의 원형(부정형, Infinitiv)으로 위치합니다.

Ich	**kann**	heute	**kochen.**	나는 오늘 요리할 수 있어.
Wann	**willst**	du	**essen?**	언제 식사할 거야?
Musst	du	heute Abend	**kochen?**	오늘 저녁에 요리해야만 해?

화법 조동사는 본동사로도 사용될 수 있는데 화법 조동사 **mögen**을 사용할 때와 맥락에서 행위가 분명히 드러날 때 입니다.

A   **Kannst** du heute einkaufen? 오늘 장 볼 수 있어?

B   Nein, ich **kann** heute nicht. (~~einkaufen~~) 아니, 오늘은 안 돼. (장을 못 봐.)

1 문장의 의미에 알맞은 화법 조동사를 넣어 문장을 완성하세요.

(1) Ich lerne Fußball spielen. Ich _____ Fußball spielen.

(2) Morgen gehen wir in die Schule. Wir _____ heute unsere Hausaufgaben machen.

(3) Im Museum _____ man nicht laut sprechen.

(4) Habt ihr Hunger? _____ du Pizza?

(5) Sein Auto ist alt. Er _____ unbedingt ein neues Auto kaufen.

2 괄호 안의 동사를 주어에 맞게 현재 인칭 변화하세요.

(1) Mein Bruder _____ sehr gut schwimmen. (können)

(2) Wir _____ um 7 Uhr zur Schule gehen. (müssen)

(3) Ihr _____ hier nicht rauchen. (dürfen)

(4) Ich _____ eine Tasse Kaffee trinken. (wollen)

(5) Peter und Anna _____ Schokolade sehr. (mögen)

3 주어진 단어를 바르게 배열하여 문장을 완성하세요. 동사의 인칭 변화에 주의하세요.

(1) ins / ich / gehen / möchten / Theater / . ➡ _____

(2) du / ein / kaufen / wollen / Auto / . ➡ _____

(3) wir / dir / helfen / können / . ➡ _____

(4) Peter / wollen / lernen / Deutsch / . ➡ _____

(5) dürfen / ihr / laut / sprechen / nicht / . ➡ _____

4 문장의 의미에 알맞는 화법 조동사를 사용하여 대화를 완성하세요.

A _____ du mit mir ins Kino gehen?

B Nein, ich _____ nicht. Ich _____ für die Prüfung lernen.

A Oh, schade! _____ wir morgen zusammen lernen?

B Ja, das _____ wir machen!

A 나랑 영화관 갈래?

B 아니, 나 안돼. 나는 시험을 위해 공부해야만 해.

A 아쉽네. 내일 같이 공부할까?

B 응, 그렇게 할 수 있어!

분리·비분리 동사
Verben mit Präfix

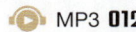 MP3 **012**

A Mia, siehst du jeden Tag fern?
미아, 너 매일 텔레비전을 보니?

B Nein, meine Eltern verbieten es mir.
아니, 부모님께서 내게 그것을 허락하지 않으셔.

문법 Grammatik

분리, 비분리 동사는 동사에 전철(Präfix, 접두사의 일종)이 추가된 형태를 띱니다. 이 때 전철이 분리가 된다면 분리 동사, 분리 되지 않는다면 비분리 동사으로 칭합니다. 분리 전철은 전치사, 부사 등에서 파생되어 종류가 다양하지만, 비분리 전철은 be-, ge-, ent-, emp-, er-, ver-, zer-, miss- 로 한정적입니다.

Der Bus **kommt** um 9 Uhr **an** und **fährt** um 10 Uhr wieder **ab**.
버스는 9시에 도착하고 10시에 다시 출발한다.

Ich **besuche** einen Kurs und **erfahre** viele neue Informationen.
나는 한 강좌를 듣고 많은 새로운 정보를 알게 된다.

> ☑ **Tipp**
> 분리 전철은 전철에 강세가 있으며, 비분리 전철의 경우 강세가 없으므로 뒤따르는 동사의 강세 규칙에 따라 강세가 적용됩니다.
> 예 ábfahren, ánkommen, besúchen, erfáhren

1 분리 전철의 예시

전치사에서 파생된 전철		부사에서 파생된 전철		기타	
ab	**ab**fahren 출발하다	fort	**fort**gehen 떠나다	kennen	**kennen**lernen 알게되다
an	**an**kommen 도착하다	her	**her**kommen 이 쪽으로 오다	ein	**ein**kaufen 장보다
auf	**auf**stehen 일어나다	hin	**hin**fahren (타고) 그쪽으로 가다	fest	**fest**halten 꽉 붙잡다
mit	**mit**bringen 가져오다	weg	**weg**gehen 떠나다, 외출하다	fertig	**fertig**machen 끝내다
nach	**nach**fragen 다시 묻다	zurück	**zurück**geben 돌려주다	statt	**statt**finden 개최되다
vor	**vor**haben 계획하다	zusammen	**zusammen**stellen 모아서 구성하다	Teil	**teil**nehmen 참가하다

2 비분리 전철의 예시

be-	beginnen 시작하다, besuchen 방문하다	er-	erfahren 경험하다, erklären 설명하다
ge-	gefallen 마음에 들다, gehören ~에게 속하다	ver-	verstehen 이해하다, verkaufen 팔다
ent-	entscheiden 결정하다, entschuldigen 용서를 구하다	zer-	zerstören 파괴하다, zerlegen 분해하다
emp-	empfehlen 추천하다, empfangen 수신하다	miss-	missverstehen 오해하다, missbrauchen 남용하다

3 분리·비분리 동사의 예시

일부 전철은 형태만 보면 분리 전철처럼 보이지만, 의미에 따라 분리되기도 하고 분리되지 않기도 하는 '분리·비분리 동사'가 있습니다.

unter-	untersuchen 조사하다, 진찰하다	Die Polizei **untersucht** den Tatort. 경찰이 범죄 현장을 조사하고 있다.
	untergehen 가라앉다, 지다	Die Sonne **geht** um 18 Uhr **unter**. 해가 18시에 진다.
wieder-	wiederholen 반복하다	Ich **wiederhole** die Frage. 나는 그 질문을 반복한다.
	wiederholen 다시 가져오다	Er **holt** sein Buch **wieder**. 그는 그의 책을 다시 가져온다.
um-	umfahren 우회하다, 돌아서 가다	Er **umfährt** die Stadt. 그는 도시를 우회한다.
	umfahren 넘어 뜨리다	Er **fährt** das Schild **um**. 그는 그 표지판을 넘어 뜨린다.

4 분리·비분리 동사의 어순

분리 동사는 평서문 및 의문사가 있는 의문문에서 동사는 두 번째, 전철은 문장의 맨 마지막에 위치하는 반면, 비분리 동사는 전철이 분리되지 않고 동사와 함께 문장의 두 번째 자리에 위치합니다.

Peter	**kommt**	gleich in Berlin	**an.**	페터는 곧 베를린에 도착한다.
Peter	**besucht**	dort seine Eltern.	-	페터는 그곳에서 그의 부모님을 방문한다.
Wann	**fährt**	Jens nach Hause	**zurück?**	옌스는 언제 집에 돌아가니?
Was	**gefällt**	dir am besten?	-	무엇이 너에게 가장 마음에 들어?

의문사가 없는 의문문에서는 동사는 첫 번째 자리에 쓰입니다. 분리 동사의 경우 전철은 문장의 맨 뒤에 위치합니다.

Kommt	Peter	gleich in Berlin	**an?**	페터가 곧 베를린에 도착하니?
Besucht	Peter	dort seine Eltern?	-	페터가 그 곳에서 그의 부모님을 방문하니?

화법 조동사와 함께 쓰이는 경우 동사 원형(부정형)을 문장의 맨 뒤로 보내는 문법적 성질에 따라 분리, 비분리 동사 모두 동사 원형(부정형)이 문장의 끝에 위치합니다. 이 때, 분리 전철은 원래대로 앞에 위치합니다.

Peter	**möchte**	das Buch	**zurückgeben.**	페터가 그 책을 돌려주고 싶어한다.
Möchte	Peter	das Buch	**behalten?**	페터가 그 책을 소지하고 싶어 하나요?
Wann	kann	Peter sein Auto	**verkaufen?**	페터가 그의 차를 언제 팔 수 있나요?

Mehr erfahren

형태만 보면 분리 동사처럼 보이지만 실제로는 모두 비분리 동사이며, 일상에서 자주 쓰이는 동사이기 때문에 분리 동사로 혼동하지 않도록 특히 주의해야 합니다.

- unter- : unterrichten 수업하다, unterschreiben 서명하다, untersuchen 진찰하다, 조사하다
- über-: übernachten 숙박하다, überholen 추월하다

Der Lehrer **unterrichtet** in der Schule. 선생님은 학교에서 수업한다.

Wir **übernachten** eine Nacht im Hotel. 우리는 호텔에서 하룻밤 묵는다.

Der Arzt **untersucht** den Patienten sehr gründlich. 의사는 환자를 아주 꼼꼼하게 진찰한다.

1 다음 중 분리 동사에 표시하세요.

anrufen	mitkommen	erklären	aufstehen
besuchen	einkaufen	beginnen	weggehen
ankommen	fernsehen	entschuldigen	aussteigen

2 괄호 안의 동사 원형을 참고하여 알맞은 형태로 빈칸을 채우세요. 빈칸이 필요 없는 경우는 ✕ 표시하세요.

(1) Ich _____ morgen sehr früh _____ . *(aufstehen)*

(2) Wann _____ du mich _____ ? *(anrufen)*

(3) Wir _____ am Wochenende Freunde _____ . *(besuchen)*

(4) Er _____ ihr den neuen Roman _____ . *(empfehlen)*

(5) Bettina _____ ihr Zimmer jeden Samstag _____ . *(aufräumen)*

3 주어진 단어 및 표현을 올바른 순서로 배열하여 문장을 만드세요.

(1) um 8 Uhr / aufstehen / er / . ➔ _____

(2) fernsehen / du / abends / ? ➔ _____

(3) ich / in die U-Bahn / einsteigen / . ➔ _____

(4) Marie / einkaufen / im Supermarkt / morgen / . ➔ _____

(5) einschlafen / das Baby / schnell / . ➔ _____

4 주어진 동사를 활용하여 의미와 형태에 맞게 빈칸을 채우세요.

erklären	zurückkommen	aufstehen	frühstücken	einkaufen	fernsehen

Mein Tag

Ich (1) _____ um 7 Uhr (2) _____ . Dann (3) _____ ich.

Um 8 Uhr fahre ich zur Arbeit. Dort treffe ich meine Freundin Julia. Sie (4) _____

mir eine Aufgabe. Am Nachmittag (5) _____ ich mit Lisa im Supermarkt

(6) _____ , dann (7) _____ ich mit dem Bus nach Hause

(8) _____ . Am Abend (9) _____ ich (10) _____ .

12 ★ 명령법
Imperativ

🔊 MP3 **013**

A **Ich finde, ich lebe zu ungesund.**
난 너무 건강하지 않게 살고 있다고 생각해.

B **Treib dann regelmäßig Sport!**
그럼 규칙적으로 운동해!

문법 Grammatik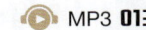

타인에게 요구, 제안 및 명령을 할 때 명령법을 사용할 수 있습니다. 이 때 주어가 명령하는 대상은 2인칭으로 한정되는데 친밀한 관계에서는 du(너), ihr(너희들) 그리고 격식을 갖추는 관계에서는 Sie(당신, 당신들)를 사용합니다. 평서문과는 달리 동사가 문장의 첫 번째 자리에 등장하며 아래와 같은 문법적 규칙을 따릅니다.

1 명령법의 형태

인칭	명령문의 형태	문장	특징
du	~~주어~~ + 동사 ~~어미~~	**Lern** fleißig Deutsch! (du lernst)	주어와 동사 어미 모두 삭제
ihr	~~주어~~ + 동사 어미	**Lernt** fleißig Deutsch! (ihr lernt)	주어만 삭제
Sie	주어 + 동사 어미	**Lernen Sie** fleißig Deutsch! (Sie lernen)	주어-동사 순서만 바꾸기

2 명령법의 예시 및 유의 사항

동사의 종류	du	ihr	Sie
① 규칙 동사	**Komm** schnell!	**Kommt** schnell!	**Kommen Sie** schnell!
② -d,-t,-m,-fn,-gn,-chn으로 끝나는 규칙 동사	**Warte** hier!	**Wartet** hier!	**Warten Sie** hier!
③ -ieren으로 끝나는 동사	**Trainiere** mehr!	**Trainiert** mehr!	**Trainieren Sie** mehr!
④ 불규칙 동사 (a → ä)	**Fahr** langsam!	**Fahrt** langsam!	**Fahren Sie** langsam!
⑤ 불규칙 동사 (e → i, ie)	**Hilf** mir!	**Helft** mir!	**Helfen Sie** mir!
⑥ 분리 동사	**Ruf** mich **an**!	**Ruft** mich **an**!	**Rufen Sie** mich **an**!
⑦ 비분리 동사	**Vergiss** nicht!	**Vergesst** nicht!	**Vergessen Sie** nicht!
⑧ sein	**Sei** pünktlich!	**Seid** pünktlich!	**Seien Sie** pünktlich!
⑨ haben	**Hab** Spaß!	**Habt** Spaß!	**Haben Sie** Spaß!

- ②, ③유형의 동사를 활용할 때 'du'의 명령법에서 e를 추가합니다.
- ④ 유형의 동사를 활용할 때 'du'의 명령법에서 변모음을 붙이지 않습니다.
- ⑧ 은 du, Sie의 명령법에서 불규칙한 형태를 띄며 ⑨는 'du'의 명령법에서 특별한 형태를 가집니다.

명령문에 mal, bitte, ruhig, doch (mal) 과 같은 단어들을 사용하면 좀 더 공손한 느낌을 전달하여 요청하거나 요구할 수 있습니다.

Gibt mir **mal** das Brot! 나에게 그 빵을 좀 줘!

Rufen Sie **bitte** im Restaurant an! 레스토랑에 전화 좀 해 주세요!

Macht **ruhig** das Fenster auf! 그 창문을 편히 열어!

Mach **doch (mal)** deine Hausaufgaben! 네 숙제를 좀 하렴!

3 명령법을 사용하는 상황

요구 **Aufforderungen**	Entschuldigen Sie! Bringen Sie mir bitte ein Glas Wasser? 실례합니다, 물 한 잔 가져다 주시겠어요?
지시 사항 **Anweisungen**	Frau Koller, kommen Sie bitte kurz in den Meetingraum! 콜러 씨, 잠시 회의실로 와 주세요!
조언, 충고 **Ratschläge/Tipps**	Gib doch mehr Salz in die Suppe. 수프에 소금을 더 많이 넣어 봐.
부탁 **Bitten**	Kauf bitte noch Brot und Milch ein. 빵이랑 우유도 좀 더 사 와.

1 동사를 du, ihr, Sie에 대한 명령문의 형태로 만드세요.

	kommen	warten	sprechen	nehmen	sein	haben
du						
ihr						
Sie						

2 괄호 안의 인칭 대명사를 참고하여 올바른 명령형을 선택하세요.

(1) (Mach / Macht / Machen Sie) die Tür zu! *(Sie)*

(2) (Wartest / Warte / Wartet) kurz! *(du)*

(3) (Liest / Lese / Lest) den Text! *(ihr)*

(4) (Nimm / Nehmt / Nehmen Sie) einen Stift! *(du)*

(5) (Steh / Steht / Stehen Sie) auf! *(Sie)*

3 다음의 상황에 맞는 명령문을 독일어로 써 보세요.

(1) Ein Freund soll langsam sprechen. ➜ _____!

(2) Meine Freunde sollen das Buch lesen. ➜ _____!

(3) Frau Kim soll bitte hier warten. ➜ _____!

4 명령문을 사용하는 상황(요구, 지시, 조언, 부탁)을 구분해 보세요.

(1) Gib mir sofort das Buch zurück!　　　　　　(　　　　　　)

(2) Kommen Sie bitte kurz mit.　　　　　　(　　　　　　)

(3) Iss doch etwas Obst und mach mehr Gymnastik!　　　　　　(　　　　　　)

(4) Schreiben Sie Ihren Namen oben auf das Papier.　　　　　　(　　　　　　)

13 ★ 재귀 대명사와 재귀 동사
Reflexivpronomen und reflexive Verben

🔊 MP3 **014**

A Was machen Markus und Anna gerade? Wir haben uns doch verabredet.

마쿠스와 안나는 지금 뭐 해? 우리 만나기로 했잖아.

B Er wäscht sich und sie schminkt sich.

그는 샤워하고 그녀는 화장하고 있어.

 **문법 Grammatik**

한 문장에서 주어와 목적어가 같을 경우 재귀 동사와 재귀 대명사(Reflexivpronomen)가 같이 사용됩니다. 재귀 동사는 주어가 하는 행위가 자신에게 향하거나 어떠한 감정이 자신에게 다시 미치는 동사를 뜻합니다. 재귀 대명사는 인칭 대명사의 3격, 4격 형태와 유사하지만 3인칭 단수와 복수, 그리고 2인칭 존칭에는 'sich'라는 고유의 형태를 지니므로 사용에 유의해야 합니다.

1 재귀 대명사의 형태

	단수 (Singular)			복수 (Plural)			waschen 동사의 활용 예시	
	ich	du	er/sie/es	wir	ihr	sie/Sie	Ich wasche **mich**.	Wir waschen **uns**.
3격	mir	dir	sich	uns	euch	sich	Du wäschst **dich**.	Ihr wascht **euch**.
4격	mich	dich	sich	uns	euch	sich	Er wäscht **sich**.	Sie waschen **sich**.

재귀 동사는 또한 상호적(reziprok)의미도 지니는데, 이는 두 사람 이상이 서로에게 동일한 행위를 하며 '서로 영향을 주고 받는 것'을 의미합니다.

Sie gratulieren **sich** herzlich. 그들은 진심으로 (서로) 축하한다.

Jonas und Miriam treffen **sich** im Kino. 요나스와 미리암은 영화관에서 (서로) 만난다.

2 재귀 동사의 종류 및 예시

어떤 동사들은 항상 필수적으로 재귀 대명사와 함께 사용되어야 하며, 주로 감정, 행동, 결심과 관련된 동사들이 여기에 해당됩니다. 이 때, 재귀 대명사가 없으면 문장이 성립되지 않으므로 주의해야 합니다. 또한, 상황에 따라 선택적으로 재귀적, 또는 비재귀적으로 사용되는 동사도 있습니다.

> **✅ Tipp**
>
> 재귀 대명사를 공식처럼 표기할 때 3인칭 단수인 sich 로 표기하고 격을 같이 표기합니다.
>
> 예 sich⁴ ausruhen 휴식하다
>
> *부록 〈주요 재귀 동사〉 P. 256*

항상 재귀 대명사와 함께 사용		비재귀적, 재귀적 사용이 가능함	
sich⁴ ausruhen 휴식하다	sich⁴ bewerben 지원하다	(sich) anziehen 입다	(sich) gratulieren 축하하다
sich⁴ beeilen 서두르다	sich⁴ erholen 회복하다	(sich) ändern 바뀌다	(sich) kämmen 빗다
sich⁴ bedanken 감사하다	sich⁴ erkälten 감기에 걸리다	(sich) ärgern 화나다	(sich) rasieren 면도하다
sich⁴ befinden 위치하다	sich⁴ freuen 고대하다	(sich) duschen 씻다	(sich) setzen 앉다
sich⁴ benehmen 행동하다	sich⁴ verlieben 사랑에 빠지다	(sich) fühlen 느끼다	(sich) waschen 씻다

Ich ruhe **mich** aus. (필수적) 나는 휴식을 취한다.

Meine Mutter freut **sich**. (필수적) 내 어머니는 기쁘다.

Tobias setzt **sich** auf den Stuhl. (선택적) 토비아스는 의자 위로 앉는다.

비교 Tobias setzt **sein Kind** auf den Stuhl. (타동사 + 인칭 대명사) 토비아스는 그의 아이를 의자 위로 앉힌다.

3 재귀 대명사의 사용과 위치

재귀 대명사는 대부분 4격으로 사용되지만, 주어가 자신의 신체 일부 또는 물건에 영향을 준다면 3격으로 사용되어야 합니다. 이 때 구체적인 신체의 일부를 4격으로 사용한다면 정관사와 함께 사용되어야 합니다.

Ich wasche **mich**. (4격 사용) 나는 씻어.

Ich wasche **mir** die Hände. (3격 사용) 나는 내 손을 씻어.

Er zieht **sich** an. (4격 사용) 그는 옷을 입어.

Er zieht **sich** eine Jacke an. (3격 사용) 그는 자켓을 입어.

평서문에서는 재귀 대명사가 동사 뒤에 위치합니다. 하지만 도치문, 의문문에서는 주어 뒤에 위치합니다.

Martina	wäscht	**sich**	heute.		마티나는 오늘 씻는다.
Heute	wäscht	sie	**sich.**		오늘 그녀는 씻는다.
Wäschst	du	**dich**	heute?		너는 오늘 씻니?
Warum	wäschst	du	**dich**	heute?	왜 너는 오늘 씻니?

1 빈칸에 알맞은 재귀 대명사를 넣으세요.

(1) Ich freue _____ auf das Wochenende.

(2) Er wäscht _____ jeden Morgen.

(3) Wir treffen _____ um 15 Uhr im Café.

(4) Martin interessiert _____ für klassische Musik.

(5) Im Urlaub ruhe ich _____ aus.

2 알맞은 인칭 대명사를 넣어 대화를 완성하세요.

Im Badezimmer

• Anna: Wann stehst du morgens auf?

• Maria: Ich stehe um 7 Uhr auf und dusche _____ sofort.

• Anna: Ich auch! Danach wasche ich _____ und schminke _____ ein bisschen.

Am Wochenende

• Lilia: Was machst du am Wochenende?

• Johannes: Ich treffe _____ mit meinen Freunden im Park. Und du?

• Lilia: Ich entspanne _____ zu Hause und sehe _____ einen Film an.

3 다음 문장 중 틀린 문장을 찾아 올바르게 고치세요.

(1) Ich wasche mich die Hände.

(2) Jens setzt sich auf den Stuhl.

(3) Du interessierst mich für Kunst.

(4) Ihr wascht euch eure Hände.

(5) Ich beeile jeden Morgen.

4 다음 단어와 표현을 올바르게 배열하여 문장을 만드세요. 주어진 재귀 대명사 sich는 주어에 맞게 바꾸세요.

(1) wir / auf den Urlaub / sich freuen / . ➡ _____

(2) sich rasieren / du / jeden Morgen / ? ➡ _____

(3) Thomas / mit seinen Freunden / sich treffen / . ➡ _____

의문문

의문사가 있는 의문문
W-Fragen und Antworten

MP3 **015**

A Jonas, Wo wollen wir uns treffen?

요나스, 우리 어디서 만나?

B Lass uns im Café Mildner's treffen und einen Kaffee trinken!

우리 토요일에 카페에서 만나자.

문법 Grammatik

독일어에서 질문을 할 때 질문과 관련된 문법 요소가 사용되어야 합니다. 이 문법 요소는 크게 의문사 (Fragewörter), 의문 관사(Frageartikel), 의문 대명사(Fragepronomen)로 구분됩니다. 이 때, 어순은 '의문사 + 동사 + 주어…?'의 순으로 배열됩니다.

1 의문사를 사용한 의문문

의문사는 문장에서 부사적 역할을 하기 때문에 어미 변화가 없습니다. 의문사는 항상 인칭 변화된 동사 앞에 위치하며 대부분 알파벳 w로 시작합니다.

의문사	동사	주어		
Woher	kommst	du?		너는 어디에서 왔니?
Wo	wohnt	er?		그는 어디에 사니?
Wohin	gehen	Sie?		당신은 어디로 가십니까?
Wann	fängt	der Film	an?	그 영화는 언제 시작하나요?

Warum	trägst	du	einen Mantel?	너 왜 코트를 입고 있어?
Wie	heißen	Sie?		이름이 어떻게 되나요?
Wie lange	bleiben	Sie	in Korea?	한국에 얼마 동안 머무르나요?
Wie oft	gehst	du	ins Kino?	영화관에 얼마나 자주 가니?
Wie viel Geld	hast	du	dabei?	돈을 얼마나 많이 갖고 있어?
Wie viele	Bücher	hast	du?	책을 얼마나 많이 갖고 있어?
Um wie viel Uhr	beginnt	der Unterricht?		수업은 몇 시(정각)에 시작해?

- warum과 더불어 weshalb, wieso 도 사용이 가능합니다.
- 'wie viel' 뒤에는 시간(Zeit), 돈(Geld), 흥미(Lust) 같은 불가산 명사가 위치하며 'wie viele' 뒤에는 복수명사가 위치합니다.

2 의문 관사를 사용한 의문문

의문 관사는 따라오는 명사의 성, 수, 격에 따라 그 어미가 달라집니다. 의문 관사에는 한정된 대상의 선택을 의미하는 welch- (어떤, 어느) 가 있으며 대답은 지시 관사인 dies-를 사용하거나 정관사를 사용하여 대답합니다. 또한 일반적인 성질이나 종류를 묻는 질문에서 사용되는 was für ein-이 있으며 대답은 부정 관사를 사용하여 대답합니다.

> **✅ Tipp**
> 의문 관사도 뒤따르는 명사를 생략하고 정관사 어미를 붙이면 의문 대명사로 사용할 수 있습니다.

격	단수 (Sg.)			복수 (Pl.)
	남성(m.)	여성(f.)	중성(n.)	
1격	**welcher** Mantel **dieser** Mantel	**welche** Hose **diese** Hose	**welches** Hemd **dieses** Hemd	**welche** Schuhe **diese** Schuhe
2격	**welches** Mantels **dieses** Mantels	**welcher** Hose **dieser** Hose	**welches** Hemdes **dieses** Hemdes	**welcher** Schuhe **dieser** Schuhe
3격	**welchem** Mantel **diesem** Mantel	**welcher** Hose **dieser** Hose	**welchem** Hemd **diesem** Hemd	**welchen** Schuhen **diesen** Schuhen
4격	**welchen** Mantel **diesen** Mantel	welche Hose **diese** Hose	welches Hemd **dieses** Hemd	welche Schuhe **diese** Schuhe

- welch-와 dies-의 격 변화 (정관사 어미를 따름.)

A Welche Hose gefällt dir? 어떤 바지가 마음에 들어?

B Diese Hose hier. 여기 이 바지.

A Welchen Mantel möchtest du kaufen? 어떤 코트를 사고 싶어?

B Diesen Mantel da. 여기 이 코트.

격	단수 (Sg.)			복수 (Pl.)
	남성(*m.*)	여성(*f.*)	중성(*n.*)	
1격	**was für ein** Mantel **ein** Mantel	**was für ein**e Hose **ein**e Hose	**was für ein** Hemd **ein** Hemd	**was für** Schuhe
2격	**Was für ein**es Mantels **ein**es Mantels	**was für ein**er Hose **ein**er Hose	**was für ein**es Hemdes **ein**es Hemdes	**was für** Schuhe
3격	**was für ein**em Mantel **ein**em Mantel	**was für ein**er Hose **ein**er Hose	**was für ein**em Hemd **ein**em Hemd	**was für** Schuhen
4격	**was für ein**en Mantel **ein**en Mantel	**was für ein**e Hose **ein**e Hose	**was für ein** Hemd **ein** Hemd	**was für** Schuhe

- was für ein-와 -ein-의 격 변화 (부정관사 어미를 따름.)

A **Was für ein Hemd** brauchst du? 어떤 (종류의) 셔츠가 필요해?

B **Ein** kurzes Hemd. 짧은 셔츠가 필요해.

A **Was für ein Auto** hast du? 어떤 (종류의) 차를 갖고 있어?

B Ich habe **einen** Kleinwagen. 나는 소형차를 가지고 있어.

3 의문 대명사를 사용한 의문문

의문문에서 명사처럼 사용되며 사람을 가리키는 wer (누구) 와 사물을 가리키는 was (무엇)가 있습니다.
해당 의문 대명사가 문장에서 몇 격을 차지하는지에 따라 격 변화합니다.

격	wer?		was?		
1격	wer	누가	was	무엇이	Wer ist das? 이 사람은 누구야?
2격	wessen	누구의	(wessen)	(무엇의)	Wessen Tasche ist das? 이것은 누구의 가방이니?
3격	wem	누구에게	(was)	(무엇에게)	Wem hilfst du? 누구를 도와주니?
4격	wen	누구를	was	무엇을	Was isst du gern? 무엇을 즐겨 먹니?

- wer는 남, 여 구분 없이 사용합니다.
- was의 2격, 3격은 현대 독일어에서는 거의 사용되지 않습니다.

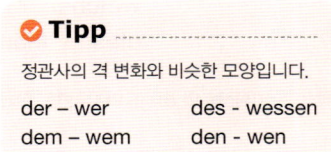

✔ Tipp

정관사의 격 변화와 비슷한 모양입니다.

der – wer	des - wessen
dem – wem	den - wen

1 알맞은 의문사를 골라 문장을 완성하세요.

wo   wann   warum   wohin   woher

(1) _____ kommt er? Aus Deutschland?

(2) _____ wohnst du?

(3) _____ gehst du jetzt? Nach Hause oder zur Schule?

(4) _____ beginnt der Unterricht?

(5) _____ lernst du Deutsch?

2 격 변화에 유의하며 알맞은 의문 관사 welch-의 형태를 사용하여 문장을 완성하세요.

(1) _____ Buch liest du? *(das Buch)* – Dieses Buch!

(2) _____ Film schaust du gern? *(der Film)* – Ich schaue diesen Film.

(3) _____ Auto gehört dir? *(das Auto)* – Dieses rote Auto gehört mir.

(4) _____ Farbe magst du? *(die Farbe)* – Ich mag die rote Farbe.

(5) _____ Sprache sprichst du? *(die Sprache)* – Ich spreche Koreanisch und ein bisschen Deutsch.

3 격 변화에 유의하며 알맞은 의문 관사 was für ein-의 형태를 사용하여 문장을 완성하세요.

(1) _____ Auto hast du? *(das Auto)* – Ich habe ein blaues Auto.

(2) _____ Tasche möchtest du kaufen? *(die Tasche)* – Ich möchte eine große Tasche.

(3) _____ Hund hast du? *(der Hund)* – Ich habe einen kleinen Hund.

(4) _____ Tisch ist das? *(der Tisch)* – Das ist ein runder Tisch.

(5) _____ Stuhl steht im Zimmer? *(das Zimmer)* – Im Zimmer steht ein bequemer Stuhl.

4 격 변화에 유의하며 알맞은 의문 대명사 wer, 또는 was의 형태를 사용하여 문장을 완성하세요.

(1) _____ ruft dich an? – Meine Mutter.

(2) _____ gehört dieses Handy hier? – Meinem Bruder.

(3) _____ ist das? Ein Apfel oder eine Banane? – Das ist eine Banane.

(4) _____ Tasche ist das? – Von meiner Freundin.

(5) _____ hilfst du? – Ich helfe meiner Freundin.

Kapitel 15 ★

의문사가 없는 의문문
Ja/Nein-Fragen und Antworten

🔊 MP3 **016**

A **Liest du gern Bücher?**
책 즐겨 읽니?

B **Ja, ich lese meistens Krimis.**
응, 난 대부분 추리 소설을 읽어.

문법 Grammatik 🇩🇪

의문사가 없는 의문문은 반응으로 결정을 요구하기 때문에 '결정 의문문'이라고도 합니다. 반응으로는 'Ja(네), Nein(아니오), doch(그렇지 않아)'로 대답하며 문장의 선두에 위치해야 합니다.

1 일반 결정 의문문에 대답할 때

질문 (Fragen)	답변 (Antworten)
Kochst du gern zu Hause? 너는 집에서 요리를 즐겨 해?	**Ja**, ich koche sehr gern. 응, 나는 요리를 매우 즐겨 해.
Gehst du oft einkaufen? 너는 자주 장보러 가니?	**Nein**, ich gehe nur manchmal einkaufen. 아니, 나는 가끔씩만 장을 보러 가.
Möchtest du Kaffee trinken? 커피 마시고 싶어?	**Nein**, danke. Ich trinke lieber Tee. 아니, 괜찮아. 나는 차를 더 즐겨 마셔.
Schenkt er seinen Eltern einen Gutschein? 그가 그의 부모님께 상품권을 선물하니?	**Ja**, ich glaube schon. 응, 내가 생각하기로는 그래.

2 부정어 (kein-, nicht)를 사용한 질문에 대답할 때

부정문(Negation)을 반박할 경우 Ja 대신에 Doch를 사용하며, 수긍할 경우 Nein을 사용합니다.

질문	답변
Lesen Sie **keine** Zeitungen mehr? 더 이상 신문을 읽지 않으시죠?	**Doch**, ich lese sie immer noch gern. 그렇지 않아요, 전 그것을 여전히 즐겨 읽어요.
Magst du Romane **nicht**? 소설을 좋아하지 않지?	**Nein**, ich lese lieber Comics. 아니, 나는 만화를 더 즐겨 읽어. (= 소설을 안 읽음)
Trinkt ihr **keinen** Wein? 너희들 와인 안 마시지?	**Doch**, wir trinken oft Wein. 그렇지 않아. 우리는 와인을 자주 마셔.
Kaufst du **nicht** online ein? 온라인으로 구매하지 않지?	**Nein**, ich kaufe lieber in Geschäften ein. 아니, 나는 차라리 상점에서 사는게 더 좋아.

▶ 결정 의문문에 짧게 Ja/nein/doch 로만 대답할 수도 있습니다.

   A Räumst du heute bitte auf? 오늘 방 좀 정리할래?

   B **Ja**. 알겠어.

▶ 확실한 결정을 피하기 위해 Ja/nein/doch를 사용하지 않고 우회적으로 대답하기도 합니다.

   A Fährst du oft Fahrrad? 자전거 자주 타?

   B **Nicht so oft, ich fahre nur manchmal**. 그렇게 자주 타지는 않아. 가끔만 타.

▶ oder (또는)를 사용하는 선택에 관한 질문은 Ja, nein, doch로 대답할 수 없습니다.

   A Schaust du Filme lieber zu Hause **oder** im Kino? 집에서 영화를 보니 아니면 영화관에서 보니?

   B Ich mag beides. 난 둘 다 좋아.

Mehr erfahren

한국어에서는 부정 의문문에 "응, 아니야", "응, 없어" 처럼 부정으로 대답할 수 있습니다.
하지만 이렇게 대답하면 독일어에서는 의미 전달에 오해가 생깁니다. 독일어에서는 부정 의문문에 부정으로 대답할 때
는 반드시 Nein을 사용하여 "아니, 아니야." 또는 "아니, 없어." 라고 대답해야 합니다.

   A Hast du kein Haustier? 너 반려동물 없지?

   B **Nein**, ich habe keins. 아니, 없어.

1 다음 평서문의 어순을 바꾸어 의문사가 없는 의문문으로 바꾸세요.

(1) Du kommst aus Deutschland. ➜ _____ ?

(2) Peter wohnt in Berlin. ➜ _____ ?

(3) Sie kann gut schwimmen. ➜ _____ ?

(4) Wir gehen heute ins Kino. ➜ _____ ?

(5) Er ist Pilot. ➜ _____ ?

2 다음 질문에 대한 올바른 답을 고르세요.

(1) Kannst du Gitarre spielen?

    ⓐ Ja, ich kann Gitarre spielen.   ⓑ Nein, ich habe keine Gitarre.

(2) Gehst du oft ins Theater?

    ⓐ Ja, ich gehe nicht oft ins Theater   ⓑ Nein, nur manchmal.

(3) Yuna, kommst du nicht aus Korea?

    ⓐ Doch, ich komme aus Korea.   ⓑ Nein, ich komme aus Korea.

3 빈칸에 ja, nein, doch 중 하나를 써서 대화를 완성하세요.

(1) Ist das ein Auto?   – _____, das ist kein Auto. Das ist ein Buch.

(2) Ist das keine Blume?   – _____, das ist eine Blume.

(3) Ist das ein Mann?   – _____, das ist ein Mann.

(4) Darf ich hier parken?   – _____, du darfst hier nicht parken.

(5) Hast du keine Kinder?   – _____, ich habe einen Sohn.

6

수사, 부사 및 부정사

16 수사
Grund- und Ordnungszahlen

🔊 MP3 **017**

A Was hast du am Wochenende vor?

주말에 무슨 계획이 있어?

B Ich fahre zu meinen Eltern. Meine jüngere Schwester hat am fünften März Geburtstag. Sie wird zwölf Jahre alt.

난 부모님 댁으로 가. 내 여동생이 3월 5일에 생일이야. 12살이 되거든.

문법 Grammatik

수량을 표현하기 위해 기수를 사용하며 순서를 표현하기 위해 서수를 사용합니다.

1 기수 (Grund- oder Kardinalzahlen)

1	eins	*7*	sieben	*13*	dreizehn	*19*	neunzehn
2	zwei	*8*	acht	*14*	vierzehn	*20*	zwanzig
3	drei	*9*	neun	*15*	fünfzehn	*21*	**ein**undzwanzig
4	vier	*10*	zehn	*16*	**sech**zehn	*22*	**zwei**undzwanzig
5	fünf	*11*	elf	*17*	**sieb**zehn	*23*	**drei**undzwanzig
6	sechs	*12*	zwölf	*18*	achtzehn	*24*	**vier**undzwanzig

13

dreizehn

✓ **Tipp**

글을 쓸 때 숫자 12까지는 알파벳으로 풀어서 쓰고 13부터는 아라비아 숫자로 표기합니다.

30	dreißig	100	(ein)hundert	
40	vierzig	101	(ein)hunderteins	
50	fünfzig	1000	(ein)tausend	
60	sechzig	10000	zehntausend	
70	siebzig	100000	(ein)hunderttausend	
80	achtzig	1000000	eine Million (Mio.)	
90	neunzig	1000000000	eine Milliarde (Mrd.)	

- 숫자 1이 일의 자리에 쓰이거나 단위 명사와 같이 쓰이면 eins의 s가 탈락합니다.
  예) 41: einundvierzig, 1kg: ein Kilo
- 숫자가 천(1,000) 단위로 나뉠 때 쉼표를 찍지 않고 한 칸을 띄거나 점을 찍어 표기합니다.
  예) 1. 500 Euro 또는 1 500 Euro

Ich habe **drei** Geschwister. 저는 세 명의 형제자매가 있습니다.

Jeder Schüler hat **zwei** Handys. 모든 학생들이 휴대폰을 두 개씩 갖고 있습니다.

Das Buch kostet 15.540(fünfzehntausendfünfhundertvierzig) Won.
이 책은 15,540원입니다.

2 서수

순서를 말할 때는 서수를 사용합니다. 서수는 1부터 19까지는 기수 형태에 -t를 붙여 만들고, 20부터는 -st를 붙여 만듭니다.

1	erst	7	siebt	13	dreizehnt	19	neunzehnt
2	zweit	8	acht	14	vierzehnt	20	zwanzigst
3	dritt	9	neunt	15	fünfzehnt	21	einundzwanzigst
4	viert	10	zehnt	16	sechzehnt	22	zweiundzwanzigst
5	fünft	11	elft	17	siebzehnt	23	dreiundzwanzigst
6	sechst	12	zwölft	18	achtzehnt	24	vierundzwanzigst

Arbeiten Sie ab jetzt zu **zweit**! 지금부터는 둘이서 활동해 보세요!

Sind Sie zu **zweit**? – Nein, wir sind zu **viert**. 둘이 오셨나요? – 아니오, 저희는 넷입니다.

Die Kinder spielen zu **fünft** auf dem Spielplatz. 아이들은 다섯이서 놀이터에서 놀고 있다.

3 기수와 서수의 사용

(1) 기수

사칙 연산	· 4 + 7 = 11	Vier **plus** sieben **gleich** elf.	4 더하기 7은 11입니다.
	· 10 − 1 = 9	Zehn **minus** eins **gleich** neun.	10 빼기 1은 9입니다.
	· 5 × 8 = 40	Fünf **mal** acht **gleich** vierzig.	5 곱하기 8은 40입니다.
	· 18 ÷ 6 = 3	Achtzehn **geteilt durch** sechs **gleich** drei.	18 나누기 6은 3입니다.

· gleich 대신 ist로도 사용 가능합니다.

시간 읽기	Es ist **vier** Uhr **dreißig**.	4시 30분입니다.
	Es ist **achtzehn** Uhr **zwanzig**.	18시 20분입니다. (오후 6시 20분)

(2) 서수

독일어에서 날짜를 말할 때는 숫자를 그대로 읽지 않고, '몇 번째 날' 인지를 서수로 표현합니다. 이 때, 숫자 뒤에 점을 찍어 표기합니다. 날짜는 한 해에 하나뿐인 유일한 개념이므로, 정관사와 함께 사용합니다. 또한 날짜를 읽을 때는 추가로 서수에 어미 붙여 읽습니다. 문장에서 날짜가 주어일 때는 -e, 전치사 am과 함께 쓰이거나 목적어로 쓰일 때는 -en을 붙입니다.

날짜 읽기	Ich habe am **3.5.** (**dritten Mai**) Geburtstag.	저는 5월 3일에 생일입니다.
	Heute ist der **2.** (**zweite**) April.	오늘은 4월 2일입니다.

순서를 말할 때도 서수가 뒤에 있는 명사를 꾸미면, 서수에 알맞은 어미를 붙여야 합니다.

순서 말하기	Jetzt kommt der **erste** Besucher des Events!	지금 이 행사의 첫 번째 방문객이 옵니다!
	Die Kinderabteilung befindet sich im **dritten** Stock.	아동 코너는 3층에 있습니다.

> ✓ **Tipp**
> 날짜와 순서를 읽는 방법은 형용사 어미 변화와 관련이 있습니다.
> 24강 형용사 어미 변화를 참고하세요.

1 다음 숫자를 독일어로 써 보세요.

(1) 12 ➜ _____

(2) 25 ➜ _____

(3) 147 ➜ _____

(4) 1016 ➜ _____

2 다음 독일어 숫자를 아라비아 숫자로 써 보세요.

(1) neunundsiebzig ➜ _____

(2) zweihundertachtunddreißig ➜ _____

(3) vierundneunzig ➜ _____

(4) tausenddreihundertfünfzig ➜ _____

(5) neunundneunzigtausend ➜ _____

3 다음 수학 문제를 풀어서 독일어로 정답을 써 보세요.

(1) fünfzehn plus acht gleich _____.

(2) fünfundsiebzig minus fünfundzwanzig _____.

(3) vierundsechzig durch acht _____.

(4) fünfzig mal neun _____.

4 한국어 내용을 참고하여 빈칸에 알맞은 기수를 쓰세요.

(1) Ein Jahr hat _____ Monate. 1년은 12개월입니다.

(2) Eine Woche hat _____ Tage. 1주는 7일입니다.

(3) Ein Quadrat hat _____ Ecken. 정사각형은 4개의 꼭짓점을 가집니다.

(4) Eine Stunde hat _____ Minuten. 1시간은 60분입니다.

(5) In einer Fußballmannschaft spielen _____ Spieler. 축구팀에서는 11명의 선수가 뛰고 있습니다.

17 ★ 부사
Adverbien

MP3 **018**

A Wie oft spielst du mittags Fußball?

낮에 축구를 얼마나 자주 하니?

B Leider spiele ich mittags selten. Ich spiele lieber später abends.

아쉽게도 난 낮에는 거의 축구를 하지 않아. 저녁 늦게 하는 것이 더 좋아.

문법 Grammatik

시간, 장소, 방향, 빈도, 방법 등 다양한 의미를 표현할 때 부사를 사용합니다. 독일어에서 부사는 형태는 형용사와 같지만, 형용사와 달리 어미 변화가 없고 대부분 비교 변화도 하지 않습니다.

1 부사의 종류

(1) 장소 및 방향 (Ort / Richtung)

어디에서? (Woher?)	von hier 여기서부터, von dort 저기서부터, von unten 아래에서 부터 …
	Von hier sieht die Stadt sehr klein aus. 여기서 보면 도시는 아주 작아 보인다.
어디에? (Wo?)	hier 여기, da 거기, dort 저기, unten 아래, oben 위, links 왼쪽, rechts 오른쪽, vorne 앞에, hinten 뒤에, nebenan 옆에, draußen 밖에, drinnen 안에, überall 어디서나 …
	Ich sitze lieber **hinten** im Bus. 나는 버스 뒤쪽에 앉는 것을 더 좋아해.
어디로? (Wohin?)	hin 저기로, her 이리로, dahin 그곳으로, daher 저곳에서, dorthin 저곳으로, dorther 저곳에서 부터, weg 떠난, zurück 되돌아, vorwärts 앞으로, rückwärts 뒤로, abwärts 아래로, aufwärts 위로, nach links 왼쪽으로, nach rechts 오른쪽으로, nach unten 아래로, geradeaus 직진으로 …
	Der Hund läuft **hin und her**. 저 개는 여기 저기 뛰어다닌다.

(2) 시간 및 기간 (Zeitpunkt / Zeitdauer)

언제? (Wann?)	montags 월요일마다, dienstags 화요일마다, morgens 아침마다, vormittags 오전마다, mittags 정오마다, abends 저녁마다 …
	Montags habe ich immer Deutschunterricht. 월요일마다 나는 항상 독일어 수업이 있다.
	✔ **Tipp** 요일은 원래 명사지만 -s를 붙여 부사로 만들면 '매~요일마다'라는 뜻으로 변합니다.
	[과거] damals 그 때 당시, früher이전에, vorgestern 그제, gestern 어제 …
	Damals hatte ich noch kein Handy. 그 당시 나는 아직 휴대폰이 없었어. **Früher** hatte ich lange Haare. 나는 예전에 머리가 길었다.
	[현재] heute 오늘, jetzt 지금, gerade 방금, nun 이제 …
	Heute ist das Wetter wunderschön! 오늘은 날씨가 정말 예쁘다!
	[미래] morgen 내일, übermorgen 모레, gleich 곧, bald 머지 않아 곧, später 나중에 …
	Übermorgen fliege ich nach Deutschland. 모레 나는 독일로 간다. Wir sehen uns **später**! 우리 나중에 보자!
얼마 동안? (Wie lange?)	lange 오랫동안, bisher 지금까지, längst 이미, noch 아직도/여전히 …
	Mein Cousin wohnt schon **lange** in Berlin. 내 사촌은 이미 오랫동안 베를린에 살고 있다.

(3) 빈도 (Häufigkeit)

| 얼마나 자주? (Wie oft?) | immer 항상, meistens 대개, oft 종종, häufig 자주/빈번히, manchmal 가끔, selten 드물게, nie 절대 한번도~ 없다, täglich 매일, einmal 한 번, zweimal 두 번 … |
| | Meine Familie isst **meistens** zu Hause. 우리 가족은 대부분(보통) 집에서 식사한다.
 Der Bus fährt **zweimal** am Abend. 그 버스는 저녁에 두 번 운행한다. |

(4) 순서 (Reihenfolge)

시작 (Anfang)	zuerst 우선/먼저, zunächst 우선/먼저
중반 (Mitte)	dann 그 다음에, danach 그 후에, anschließend 곧이어
끝 (Ende)	schließlich 결국, zuletzt 끝으로
	Zuerst stehe ich auf **dann** frühstücke ich. **Schließlich** gehe ich zur Schule. 먼저 나는 일어나서 아침을 먹고 학교로 간다.

(5) 어떤 일이 일어나는 방식과 형태 (Art und Weise) 또는 정도 (Gradierung)

어떻게? (wie?) 얼마나 (wie viel?) 얼마 정도로 (wie stark?)	anders 다르게, besonders 특별히, fast 거의, gern 기꺼이, nur 오직/단지, sehr 매우, vielleicht 아마, leider 유감스럽게도, wenig 적게, ein bisschen 조금/약간, kaum 거의 ~하지 않는
	Dieses Schnitzel schmeckt **besonders** gut. 이 슈니첼은 특히 더 맛있다. Ich spreche **ein bisschen** Deutsch und Spanisch. 나는 독일어와 스페인어를 조금 할 수 있다.

2 부사의 위치와 사용

부사는 문장 내에서 다양한 곳에 위치할 수 있습니다. 문장에서 특정 부사의 의미가 강조되어야 하는 경우 부사를 문장의 첫번째 자리에 둘 수 있으며 이 때 주어와 동사는 도치됩니다.

> **부사:** morgens 아침에, immer 항상

Ich trinke **morgens immer** eine Tasse Kaffee. 나는 아침마다 항상 커피 한 잔을 마신다.

Morgens trinke ich **immer** eine Tasse Kaffee. 아침마다 나는 항상 커피 한 잔을 마신다.

Immer trinke ich **morgens** eine Tasse Kaffee. 항상 나는 아침마다 커피를 마신다.

부사는 한 사건이 언제, 어디에서, 어떻게 일어났는지 등을 나타내는 품사이므로 동사를 수식합니다.

Wir **treffen** uns **später** vor dem Kino. 우리 이따가 영화관 앞에서 만나자.

Sie **kocht** **gern** Spaghetti zu Hause. 그녀는 집에서 스파게티를 즐겨 요리한다.

부사는 다른 부사를 수식할 수도 있습니다.

Mein Vater arbeitet **wirklich** **fleißig**. 내 아버지는 정말 부지런히 일해.

Meine Mutter fährt **sehr** **vorsichtig**. 내 어머니는 매우 조심스럽게 운전한다.

부사는 형용사를 수식할 수도 있습니다.

Das Wetter ist heute **sehr** **schön**! 오늘 날씨가 너무 좋다!

Das Hotelzimmer ist **besonders** **groß**. 그 호텔 방은 특히 크다.

1 그림을 보고 빈칸에 알맞은 장소 부사를 넣으세요.

| oben | vorne | hinten | links | rechts |

(1) _____ sind Berge.

(2) _____ spielen Kinder.

(3) _____ fliegt ein Ballon.

(4) _____ ist ein Restaurant.

(5) _____ ist ein Auto.

2 괄호 안에서 문맥에 맞는 부사를 고르세요.

(1) Ich stehe _____ auf. (gestern / früh / vorne)

(2) Wir treffen uns _____ im Café. (hier / oft / sehr)

(3) Er spricht _____ Deutsch. (gut / dort / vorher)

(4) Das Restaurant ist _____. (hinten / morgens / damals)

3 부사의 위치에 주의하며 단어와 표현을 어순에 맞게 올바른 순서로 배열하세요.

(1) ich / morgen / nach Berlin / fahren / .

→ _____

(2) er / auf der Bank / draußen / sitzen / .

→ _____

(3) Klavier spielen / gut / mein Bruder / .

→ _____

(4) Lisa / ein bisschen / Deutsch / sprechen / .

→ _____

(5) fahren / dort / Sie / vorwärts / bitte / !

→ _____

18 ★ 부정문
Negation

 MP3 **019**

A Entschuldigung, haben Sie hier kein WLAN?

실례합니다. 여기 와이파이 없나요?

B Doch, aber es funktioniert gerade nicht.

있어요, 하지만 지금은 작동하지 않아요.

문법 Grammatik

어떤 사실이나 상황을 부정하거나 무언가를 거절할 때 독일어에서는 kein- 또는 nicht를 사용하여 부정문을 만듭니다.

kein-을 사용해야 하는 경우	nicht를 사용해야 하는 경우
• 부정관사(ein-)를 포함한 명사 또는 • 관사 없이 사용되는 명사를 부정할 때 • 위치: 부정하는 명사 앞	• 정관사류의 관사를 포함한 명사 또는 • 소유 관사를 포함한 명사를 부정할 때 • 동사, 형용사 또는 문장 전체를 부정할 때

Emma trinkt **kein** Bier. 엠마는 맥주를 마시지 않는다.

Es ist schon Nachmittag, aber wir haben noch **keinen** Hunger. 벌써 오후지만 우리는 여전히 배가 고프지 않다.

Wir gehen **nicht** ins Restaurant. 우리는 레스토랑에 가지 않는다.

Das ist **nicht** meine Mutter. 이 분은 내 어머니가 아니다.

1 kein- 부정

kein-은 명사 앞에서 뒤에 붙은 명사를 부정하는 역할을 합니다. 해당 명사의 성, 수, 격에 따라 어미 변화하는데 부정관사류에 속하므로 단수 명사 앞에서는 부정관사처럼, 복수 명사 앞에서는 정관사처럼 어미 변화합니다.

격	단수 (Sg.)			복수 (Pl.)
	남성(m.)	여성(f.)	중성(n.)	
1격	**kein** Vater	**keine** Mutter	**kein** Kind	**keine** Kinder
2격	**keines** Vaters	**keiner** Mutter	**keines** Kindes	**keiner** Kinder
3격	**keinem** Vater	**keiner** Mutter	**keinem** Kind	**keinen** Kindern
4격	**keinen** Vater	**keine** Mutter	**kein** Kind	**keine** Kinder

Ich habe **kein** Geld und **keine** Lust. 나는 돈도 없고 하고 싶은 마음도 없어.

Kein Mensch ist perfekt. 어떤 사람도 완벽하진 않아.

Ich sehe hier **keinen** Unterschied. 여기서 아무런 차이점도 보이지 않아.

Wir haben **kein** Problem. 우리는 문제가 없어.

2 nicht의 사용 및 위치

kein으로 부정하는 경우를 제외하고는 nicht를 사용하여 부정합니다. 이 때 nicht는 문장에서 다양한 곳에 위치할 수 있는데 문장의 성분을 부분적으로 부정할 수도 있고, 문장 전체를 부정할 수도 있습니다. 문장을 부분적으로 부정할 경우 부정하고 싶은 단어의 앞에 nicht를 사용하면 됩니다.

Timo trainiert **nicht** <u>täglich</u>. (sondern samstags) 티모는 매일 운동하지 않는다. (그 대신 토요일마다)

Ich fahre **nicht** <u>gern</u> Ski. (sondern Fahrrad) 나는 스키를 즐겨 타지 않는다. (그 대신 자전거를)

Er ist **nicht** <u>mein Bruder</u>. (sondern mein Cousin) 그는 내 형제가 아니다. (그 대신 내 사촌)

Das ist **nicht** <u>teuer</u>. (sondern günstig) 이것은 비싸지 않다. (그 대신 저렴하다.)

• sondern (오히려/그 대신) 은 대조를 나타내는 접속사로 부정문 뒤에 사용하여 문장 성분을 강조할 수 있습니다.

nicht로 문장 전체를 부정할 경우 nicht는 대체로 문장의 후반부에 위치합니다.

Ich verstehe das **nicht**. 나는 그것을 이해 못한다.

Wir arbeiten heute **nicht**. 우리는 오늘 일하지 않는다.

Heute darfst du **nicht** Fußball spielen. 너는 오늘 축구하면 안 된다.

Morgen kann ich leider **nicht** kommen. 유감이지만 나는 내일 올 수 없다.

> ✅ **Tipp** --
> 동사와 밀접하게 관련된 보어가 있다면 보어 앞에 nicht가 위치해야 합니다.
> 예 Auto fahren: Ich kann nicht Auto fahren.

3 기타 부정 표현들

kein 과 nicht 외에도 부정을 나타내는 부정어들이 있습니다. 해당 단어들 자체에 부정의 의미가 있으므로 kein, nicht 를 추가로 넣지 않도록 주의하세요.

niemand / keiner 아무도 ~ 않다	**Keiner** weiß die Antwort. 아무도 답을 모른다.
nichts 아무것도	Sie sagt **nichts**. 그녀는 아무것도 말하지 않는다.
nie / niemals 절대, 한 번도	Ich spiele **nie** Gitarre. 나는 절대 기타를 안 친다.
noch nie 아직 한 번도	Ich war **noch nie** in New York. 나는 아직 한 번도 뉴욕에 안 가봤다.
nicht/nie mehr 더 이상 ~ 않다	Er raucht **nicht mehr**. 그는 더 이상 흡연하지 않는다.
nirgends/nirgendswo 어디에서도 ~ 않다	Ich finde **nirgends** mein Handy. 나는 내 휴대폰을 어디에서도 찾을 수 없다.
kaum 거의 ~ 않다	Ich spreche **kaum** Französisch. 나는 프랑스어를 거의 못한다.

형용사 앞에 in-, ir-, un-, des- 같은 부정 접두어를 붙이거나 형용사, 명사 뒤에 부정 접미사 -los 를 붙여 반의어를 만들 수 있습니다.

긍정문	부정문
Er ist laktose-tolerant. 그는 유당을 잘 소화한다.	Sie ist laktose-**in**tolerant. 그녀는 유당을 소화하지 못한다.
Dein Verhalten ist oft rational. 너의 행동은 종종 이성적이다.	Sein Verhalten ist manchmal **ir**rational. 그의 행동은 가끔 비이성적이다.
Ich bin mit dem Ergebnis zufrieden. 나는 그 결과에 만족한다.	Er ist mit dem Ergebnis **un**zufrieden. 그는 그 결과에 불만족한다.
Ich bin an der Situation interessiert. 나는 그 상황에 관심이 있다.	Sie ist an der Situation **des**interessiert. 그녀는 그 상황에 관심이 없다.
In solcher Situation reagiert er rücksichtsvoll. 그러한 상황에서 그는 배려 있게 반응했다.	In solcher Situation reagiert sie rücksicht**los**. 그러한 상황에서 그녀는 배려 없게 반응했다.

Mehr erfahren

-los는 결핍이나 부재를 강조합니다. -voll (많은)의 반의어로 사용될 수 있고, 단어 자체가 항상 부정적인 의미를 가지는 것은 아니지만 특정 상황에서 사람의 성격이나 태도를 묘사할 때는 평가적, 비판적으로 들릴 수도 있습니다. 상태나 사물을 설명할 때는 중립적으로 쓰입니다.

Der Himmel ist wolken**los**. 하늘에 구름이 없다. (중립적 상태 묘사)
Das Gerät funktioniert kabel**los**. 그 기기는 선 없이 작동한다. (중립적 상태 설명)
Er wirkt im Moment hoffnungs**los**. 그는 지금 희망이 없어 보인다. (평가적, 비판적 성격 묘사)

1 kein-의 격 변화에 유의하며 다음 문장을 kein-으로 부정하세요.

(1) A Hast du eine Waschmaschine?

    B Nein, ich habe _____ Waschmaschine.

(2) A Hast du Durst?

    B Nein, ich habe _____ Durst.

(3) A Magst du Süßigkeiten?

    B Nein, ich mag _____ Süßigkeiten.

(4) A Möchtest du einen Kaffee?

    B Nein, ich möchte _____ Kaffee.

(5) A Möchtest du ein Brötchen?

    B Nein, ich möchte _____ Brötchen.

2 다음 질문을 nicht를 사용하여 부정하세요.

(1) A Bist du verheiratet?

    B Nein, _____.

(2) A Wohnst du in Berlin?

    B Nein, _____.

(3) A Arbeitest du bei Siemens?

    B Nein, _____.

(4) A Trainierst du gern?

    B Nein, _____.

(5) A Ist das deine Mutter?

    B Nein, _____.

3 다음 문장을 kein- 또는 nicht를 사용하여 부정하세요.

(1) Ich habe _____ Auto.

(2) Das ist _____ mein Buch.

(3) Wir gehen _____ in die Berge.

(4) Ich sehe _____ Hund im Garten.

(5) Der Film ist _____ interessant.

4 어미 변화에 주의하면서 단어를 올바르게 배열하여 부정문을 만드세요.

(1) gehen / heute / ich / zur Schule / nicht / .

→ _____

(2) Maria / nicht / Kaffee / gern / trinken / .

→ _____

(3) nicht / die Frage / verstehen / meine Eltern / .

→ _____

(4) kaufen / er / kein- / Wasser / abends / .

→ _____

전치사

19 ★ 3격 지배 전치사
Präpositionen mit Dativ

 MP3 **020**

A Hallo, Tanja! Wie geht's? Ich bin gerade bei meinen Eltern.
탄야 안녕, 잘 지내? 나 지금 부모님 댁이야.

B Schön! Grüß deine Eltern von mir!
좋다! 부모님께 내 안부 전해 줘!

문법 Grammatik

전치사는 문장에서 명사(구), 대명사와 함께 사용되어 다른 단어들과의 관계를 나타내는 품사입니다. 전치사는 항상 명사 앞에 위치하며 시간, 방향, 장소, 원인 등을 표현합니다. 독일어에서 전치사를 뒤따르는 명사(구)는 항상 해당 전치사와 어울리는 특정한 격(Kasus)의 형태로 사용되므로 전치사를 공부할 때 각 전치사의 의미와 수반되는 격을 함께 암기해야 합니다.

> ✅ **Tipp**
>
> 명사의 성, 수를 혼동할 경우 격을 올바르게 사용할 수 없기 때문에 명사는 독일어에서 상당히 중요한 품사입니다.
>
> 예 그 아이에게 (das Kind)
> zu dem Kind (○, 중성으로 잘 숙지한 경우)
> zu der Kind (✕, 여성으로 잘못 숙지한 경우)

| Ich komme | **zu** | dir. | 나는 너에게 간다. |
| Er arbeitet | **bei** | einer Bäckerei. | 그는 빵집에서 일한다. |

특정한 전치사와 정관사의 조합은 축약형으로 표기할 수 있습니다. 주로 시간 표현, 장소 및 방향 표현에서 자주 사용됩니다. 만약 명사를 강조하고 싶다면 축약형을 사용하지 않습니다.

an dem → am   bei dem → beim   auf das → aufs   in dem → im   zu dem → zum
an das → ans   von dem → vom   über das → übers   in das → ins   zu der → zur

Ich bin **in dem** neuen Supermarkt, nicht im alten. 나는 옛날 슈퍼마켓이 아니라 그 새로운 슈퍼마켓에 있어.

3격 지배 전치사는 3격 명사구(관사, 형용사, 명사)와만 함께 사용할 수 있는 전치사입니다.

3격 지배 전치사		
전치사	**명사의 특징과 의미**	**예문**
bei	+ 사람 ~의 곁에/집에	Ich bleibe **bei** meiner Mutter. 나는 어머니 집에 머무른다.
	+ 회사 ~에서	Er arbeitet **bei** Mercedes. 그는 벤츠에서 일한다.
	+ 위치 ~근처에	Mainz liegt **bei** Wiesbaden. 마인츠는 비스바덴 근처에 있다.
	+ 시간 ~때	**Beim** Essen sehe ich fern. 나는 식사할 때 텔레비전을 본다.
mit	+ 사람/사물(도구) ~와/과 함께	Ich koche **mit** meiner Cousine. 나는 여사촌과 함께 요리한다.
	+ 교통 수단 ~을/를 타고	Wir fahren **mit** dem Auto. 우리는 자동차를 타고 간다.
nach	+ 지역 ~(으)로	Fährst du bald **nach** Köln? 너 곧 쾰른으로 가니?
	+ 시간 ~후에	**Nach** dem Essen lerne ich Deutsch. 식사 후에 나는 독일어 공부를 한다.
seit	+ 시간 ~이래로/전부터	**Seit** einem Monat wohne ich in Bonn. 나는 한달 전부터 본에 산다.
von	+ 사람/건물 ~에서	Ich komme **vom** Zahnarzt. 나는 치과 의사에게서 오는 길이다.
	2격 대용 ~의	Die Tasche **von** meiner Schwester ist sehr teuer. 내 자매의 가방은 매우 비싸다.
zu	+ 사람/건물 ~(으)로	Am Montag fahre ich **zu** meinen Großeltern. 월요일에 나는 내 조부모님에게로 간다.
	+ 행위 ~하기 위해 (목적)	**Zum** Grillen brauchen wir Fleisch und Gemüse. 바비큐를 위해서 우리는 고기와 채소가 필요하다.
gegenüber	+ 사람/건물 ~의 맞은편에	Der Bahnhof liegt **gegenüber** der Bank. 기차역은 은행의 맞은편에 있다.
außer	+ 사람/사물 ~외에	**Außer** mir weiß niemand. 나 외에 아무도 모른다.
ab	+ 시간/장소 ~부터	Der Zug fährt **ab** München. 이 기차는 뮌헨부터 운행한다.
aus	+ 장소 ~에서	Er kommt **aus** der Türkei. 그는 튀르키예에서 왔다.
	+ 물질 ~(으)로 이루어진	Der Tisch ist **aus** Holz. 이 테이블은 목재로 만들어졌다.

- 어떤 지역으로 이동할 때는 보편적으로 nach + 무관사를 씁니다.
  - 예) nach Korea 한국으로, nach Deutschland 독일로
- 하지만 der Iran이란, die Schweiz 스위스, die USA미국과 같이 남성/여성/복수의 나라 앞에는 in을 사용합니다.
  - 예) In den Irak, in die Schweiz, in die USA.
- gegenüber는 명사구 뒤로 후치도 가능합니다: Der Bahnhof liegt der Bank gegenüber.
- ab은 주로 관사 없이 쓰입니다.

1 아래 보기에서 알맞은 전치사를 골라 빈칸을 채우세요.

aus   bei   mit   nach   seit   von

(1) Sie wohnt _____ ihren Eltern.

(2) Wir fliegen nächstes Jahr _____ Deutschland.

(3) Das Geschenk ist _____ meinem Freund.

(4) _____ einem Jahr lerne ich Deutsch.

(5) Meine Eltern kommen _____ Korea.

(6) Ich fahre _____ dem Bus nach Hause.

2 빈칸에 알맞은 관사 형태를 넣으세요. *(d____ : 정관사 / e____ : 부정관사)*

(1) Sie fährt nach d_____ Party nach Hause.

(2) Er kommt aus d_____ Schweiz.

(3) Ich bin gerade bei d_____ Arzt.

(4) Ich gehe jetzt zu d_____ Nachbarin.

(5) Seit e_____ Monat arbeite ich im Café.

3 아래 문장에서 3격 지배 전치사와 관련된 오류를 찾아 올바르게 수정하세요.

(1) Wir gehen zu das Restaurant.

(2) Pedro spricht mit seine Freundin.

(3) Er arbeitet seit ein Jahr bei seiner Firma.

(4) Nach das Essen gehen wir spazieren.

(5) Das Café liegt gegenüber den Bahnhof.

4격 지배 전치사
★ Präpositionen mit Akkusativ

 MP3 **021**

A Trinkst du wirklich jeden Tag Kaffee auf der Arbeit?
너 정말 회사에서 매일 커피 마셔?

B Natürlich! Ohne Kaffee kann ich nicht arbeiten.
당연하지! 난 커피 없이 일 할 수 없어.

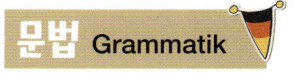 **문법** Grammatik

4격 지배 전치사는 4격 명사구(관사, 형용사, 명사)와만 함께 사용할 수 있는 전치사입니다.

4격 지배 전치사		
전치사	명사의 특징과 의미	예문
bis	+ 시간/장소 ~까지	**Bis** morgen habe ich noch eine Prüfung. 나는 내일까지 시험이 있다.
entlang	+ 장소 ~을/를 따라	Gehen Sie den Weg **entlang**! 이 길을 따라 가세요!
für	+ 사람 ~을/를 위해	Der Blumenstrauß ist **für** meine Frau. 이 꽃다발은 내 아내를 위한 것이다.
	+ 시간 ~동안	Ich bleibe **für** zwei Wochen in Deutschland. 나는 2주 동안 독일에 머무른다.

um	**+ 사람/사물** ～주위에	Im Urlaub laufen wir **um** den Bodensee. 휴가 때 우리는 보덴호수 주위를 걷는다.
	+ 시간 ～시 (정각)에	Treffen wir uns **um** sechs Uhr! 우리 6시에 만나자!
durch	**+장소/시간** ～을/를 통과하여	Wir fahren **durch** die Schweiz. 우리는 스위스를 통과해 간다.
ohne	**+ 사람/사물** ～없이	**Ohne** dich gehe ich nicht ins Theater. 너 없이는 극장에 안 가.
gegen	**+ 사람** ～에 대항하여	Bist du für oder **gegen** das neue Gesetz? 그 새로운 법에 찬성해 아니면 반대해?
	+ 사물 ～마주하여	Ich bin **gegen** die Tür gelaufen. 나는 문에 부딪혔어.
	+ 시간 ～시 쯤에	Mein Mann kommt **gegen** 18 Uhr nach Hause. 내 남편은 저녁 6시쯤 집에 온다.

- bis, ohne는 주로 관사 없이 쓰입니다.
- entlang은 보통 명사구 뒤에 후치 되어 사용됩니다.
- für + 시간의 경우 전치사를 생략할 수 있습니다.
  예) Ich bleibe (für) zwei Wochen in Deutschland. 나는 2주 동안 독일에 머무른다.

1 빈칸에 알맞은 전치사를 보기에서 골라 써 보세요.

| durch | für | gegen | ohne | um |

(1) Ich kaufe ein Geschenk _____ meinen Vater.

(2) Deutschland spielt _____ Italien.

(3) Sie kann nicht _____ ihre Brille lesen.

(4) Wir fahren _____ die Stadt.

(5) Mein Freund und ich laufen _____ den Park.

2 4격 지배 전치사와 괄호 안의 단어를 사용하여 답하세요.

(1) A Für wen ist das Geschenk?

 B Das Geschenk ist _____. *(mein Sohn)*

(2) A Um wie viel Uhr treffen wir uns?

 B Wir treffen uns _____. *(13 Uhr)*

(3) A Wohin fährt das Auto?

 B Es fährt _____. *(der Tunnel)*

3 다음 문장에서 4격 지배 전치사와 관련된 오류를 찾아 올바르게 수정하세요.

(1) Das Kind geht ohne seinen Jacke zur Schule.

(2) Sie fährt um die Stadtzentrum.

(3) Ich gehe ohne mein Tasche aus dem Haus.

(4) Das Medikament hilft gut gegen den Kopfschmerzen.

3, 4격 지배 전치사
Wechselpräpositionen

 MP3 **022**

A Wo ist denn mein Schlüssel? Ich bin schon zu spät!

내 열쇠 어딨지? 나 이미 너무 늦었는데!

B Schau mal auf dem Tisch nach! Du legst ihn doch immer auf den Tisch!

테이블 위를 한번 봐! 너 항상 테이블 위에 놓잖아!

문법 Grammatik

3, 4격 지배 전치사에서 '지배'란 전치사가 뒤에 오는 명사의 격을 결정한다는 뜻입니다. 이런 전치사들은 위치(정지)나 이동(방향)을 표현할 때 쓰입니다. 동작이나 이동이 없는 정지된 상태를 나타낼 때는 3격, 위치나 장소의 이동을 나타낼 때는 4격을 사용합니다.

사람/사물의 위치	Er sitzt **auf dem Sofa**. 그는 소파 위에 앉아 있다.
사람/사물의 이동	Er setzt sein Kind **auf das Sofa**. 그는 그의 아이를 소파 위로 앉힌다.

✔ **Tipp**

이동을 나타내는지, 위치를 나타내는지(정지) 여부는 문장에 사용된 동사가 결정합니다.

3 4격 전치사의 종류

auf	über	unter	vor	hinter
위 (접촉)	위 (비접촉)	아래	앞	뒤

neben	an	zwischen	in
옆 (비접촉)	옆 (접촉)	사이	안

> ✔ **Tipp**
>
> 수직 방향의 접촉면을 나타
> 낼 때는 전치사 an을 씁니다.
>
> 예 Das Bild hängt an
> der Wand.
> 그림이 벽에 걸려 있다.

2 3, 4격 전치사의 사용

사람과 사물의 이동 여부는 동사에 의해 결정 되는데 3,4격 전치사와 주로 결합하는 의문사와 동사를 알아둡시다.

Wohin? (이동) → 4격	Wo? (정지) → 3격
legen ~을/를 ~(으)로 놓다	liegen ~에 놓여 있다
setzen ~을/를 ~(으)로 앉히다	sitzen ~에 앉아 있다
stellen ~을/를 ~(으)로 세우다	stehen ~에 서 있다
hängen ~을/를 ~을/를 걸다	hängen ~에 걸려 있다
gehen, fahren, springen 등	sein, bleiben 등
~(으)로 가다, 점프하다	~있다, ~에 머무르다

> ✔ **Tipp**
>
> '위치, 장소의 이동'이란 한 장소에서 다른 장소로
> 옮기는 것으로 한 장소 내에서의 이동은 이동성이
> 있다고 보지 않습니다.
>
> 예 Ein Auto fährt auf der Straße. (O)
> 자동차가 도로 위를 달린다.
> Ein Auto fährt auf die Straße. (X)

legen	Ich **lege** den Hut **auf den Tisch**. 나는 그 모자를 테이블 위로 놓는다.
liegen	Der Hut **liegt auf dem Tisch**. 그 모자는 테이블 위에 놓여 있다.
setzen	Er **setzt** das Kind **auf das Sofa**. 그는 그 아이를 소파 위로 앉힌다.
sitzen	Das Kind **sitzt auf dem Sofa**. 그 아이는 소파 위에 앉아 있다.
stellen	Ich **stelle** das Bett **ans Fenster**. 나는 침대를 창문 옆으로 세운다.
stehen	Das Bett **steht am Fenster**. 그 침대는 창문 옆에 서 있다.
hängen	Ich **hänge** das Bild **an die Wand**. 나는 그 그림을 벽으로 건다.
hängen	Das Bild **hängt** an der Wand. 그 그림은 벽에 걸려 있다.
springen	Die Katze **springt auf das Bett**. 고양이는 침대 위로 점프한다.
sein	Die Katze **ist auf dem Bett**. 고양이는 침대 위에 있다.

1 In, an, auf 중 하나를 골라 빈칸에 알맞은 전치사와 정관사를 넣으세요.

(1) Wo sind die Blumen?　　　– _____ Vase.

(2) Wohin legst du das Obst?　– _____ Küche.

(3) Wo hängt das Bild?　　　 – _____ Wand.

(4) Wo steht der Computer?　 – _____ Tisch.

(5) Wohin stellst du das Buch? – _____ Tisch.

2 한국어 해석을 참고하여 빈칸에 알맞은 전치사와 관사를 넣으세요.

(1) Er geht _____ d_____ Haus. 그는 집 안으로 들어간다.

(2) Ich lege mein Handy _____ d_____ Tasche. 나는 내 휴대폰을 가방 안으로 넣는다.

(3) Die Jacke hängt _____ d_____ Kleiderschrank. 재킷은 옷장 안에 걸려 있다.

(4) Die Katze springt _____ d_____ Bett. 고양이는 침대 위로 뛰어 오른다.

(5) Der Mann steht _____ d_____ Fenster. 그 남자는 창문 앞에 서 있다.

3 빈칸에 알맞은 관사를 넣으세요.

Am Samstag gehe ich mit meiner Schwester in (1) d_____ Stadt. Zuerst gehen wir in

(2) d_____ Café und trinken einen Kaffee. Danach gehen wir zusammen in

(3) d_____ Park und genießen das Wetter. Meine Schwester legt ihre Tasche auf

(4) d_____ Bank. Plötzlich fliegt ein Vogel auf (5) d_____ Baum und singt laut.

Dann gehen wir zurück nach Hause.

4 주어진 단어를 올바른 어순으로 배열하여 문장을 완성하세요.

(1) er / der Kühlschrank / der Schinken / stellen / in / ?

➡ _____

(2) einsteigen / können / du / der Zug / in / jetzt / .

➡ _____

(3) sitzen / gern / ich / das Sofa / auf / .

➡ _____

22 시간 전치사
★ Temporale Präpositionen

 MP3 **023**

A **Wann treffen wir uns?**
우리 언제 만날까?

B **Wollen wir uns in drei Tagen, also am Freitag um 13 Uhr treffen?**
3일 후, 그러니까 금요일 1시에 만날까?

 **Grammatik**

하나의 전치사가 여러가지 뜻을 가지고 있는 경우가 많습니다. 시간과 관련된 전치사를 활용하여 다양하게 시간을 표현할 수 있습니다.

1 시간 전치사의 종류

전치사 없음	연도	1987, 2025
im	계절 및 월	**im** Frühling, **im** Sommer, **im** Herbst, **im** Winter
am	요일	**am** Montag / Dienstag / Mittwoch / Donnerstag / Freitag / Samstag / Sonntag / Wochenende
am	하루의 시간대	**am** Morgen / Vormittag / Mittag / Nachmittag / Abend / [!!] **in der Nacht**
am	날짜	**am** 5.3. , **am** 11.2.
am	공휴일 (무관사)	**an** Ostern / Weihnachten
um	시각	**um** 13.00 Uhr, **um** Mitternacht

- 하루의 시간대는 대체로 전치사 am (an dem)을 사용하지만 밤의 경우 예외로 in을 사용합니다.
- 3, 4격 전치사가 시간의 의미로 쓰일 때는 주로 3격이 사용됩니다.

Die Nachrichten beginnen immer **um** 20.15 Uhr. 뉴스는 항상 오후 8시 15분에 시작한다.

Im Winter gehen wir Ski fahren. 겨울에 우리는 스키를 타러 간다.

Ich bin **am** 5.3. geboren. 나는 3월 5일에 태어났다.

Wann? (시점)	vor ~전에	+3격	**Vor** der Arbeit esse ich immer etwas. 나는 출근 전에 항상 뭔가를 먹는다.
	nach ~후에		**Nach** dem Frühstück gehe ich zur Arbeit. 아침 식사 후에 나는 출근한다.
	zwischen … und … ~사이에		**Zwischen** Montag **und** Mittwoch habe ich frei. 나는 월요일과 수요일 사이에 쉰다.
	bei ~때		**Bei** Regen höre ich ab und zu Musik. 비가 올 때 나는 가끔 음악을 듣는다.
	ab ~부터		**Ab** morgen will ich nicht rauchen. 내일부터 흡연하지 않을 것이다.
	zu 특정 행사/시간에, ~할 때		Kommst du **zu** meinem Geburtstag? 내 생일에 올 거야?
Wie lange? (기간)	von … bis … ~부터 ~까지	+3격	**Von** Montag **bis** Freitag geht mein Sohn zur Schule. 월요일부터 금요일까지 내 아들은 학교에 간다.
	vom… bis zum … (날짜) ~부터 ~까지		**Vom** 12.07 **bis zum** 20.07 ist Frau Müller im Urlaub. 7월 12일부터 20일까지 뮐러 씨는 휴가 중이다.
	seit … ~전부터		**Seit** drei Monaten lerne ich Deutsch. 나는 3개월 전부터 독일어를 배우고 있다.
	bis ~까지	+4격	**Bis** nächsten Sonntag bleibt er in Berlin. 다음주 일요일까지 그는 베를린에 머무른다.
	für ~동안		Ich bleibe **für** eine Woche in London. 나는 일주일 동안 런던에 머무른다.
	über ~이상 / (특정 기간)동안		**Über** Weihnachten fahren wir zu meinen Eltern. 우리는 크리스마스 동안 조부모님 댁에 간다.

• ab은 현재 또는 미래 시제에서 하나의 특정한 시작점을 나타냅니다.

2 시간 표현의 다른 예

시간 전치사를 사용하지 않고도 jed-, letzt-, nächst- 를 사용하여 시간 표현이 가능합니다. 이때 어미는 뒤따르는 시간 명사의 성을 따라 정관사 4격 어미를 사용합니다.

jed- 매~			letzt- 지난			nächst- 다음의		
jed**en**	Tag	매일	letzt**en**	Sommer	지난여름에	nächst**en**	Monat	다음 달에
jed**e**	Woche	매주	letzt**e**	Woche	지난주에	nächst**e**	Woche	다음 주에
jed**es**	Wochenende	매 주말에	letzt**es**	Jahr	작년에	nächst**es**	Jahr	내년에

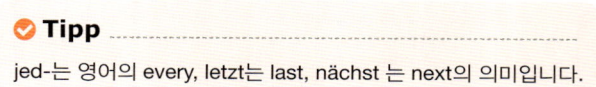

⊘ Tipp ·······························

jed-는 영어의 every, letzt는 last, nächst 는 next의 의미입니다.

1 알맞은 의미의 시간 전치사로 문장을 완성하세요.

(1) _____ Montag gehe ich zum Arzt.

(2) Ich mache _____ Sommer Urlaub.

(3) Der Unterricht beginnt _____ 9 Uhr und endet _____ 12 Uhr.

(4) _____ dem Essen putze ich mir die Zähne.

(5) Sebastian hat _____ einer Woche Geburtstag.

2 한국어 해석을 참고하여 알맞은 전치사로 문장을 완성하세요.

(1) Ich bin _____ Montag _____ Freitag in Berlin. 월요일부터 금요일까지 나는 베를린에 있다.

(2) Mein Bruder hat _____ Januar Geburtstag. 내 형제는 1월에 생일이다.

(3) _____ Weihnachten bekommt man viele Geschenke. 크리스마스에 많은 선물을 받는다.

(4) Ich war _____ drei Jahren in Deutschland. 나는 3년 전에 독일에 있었다.

(5) _____ März muss ich für die Prüfung lernen. 3월부터 시험을 위해 공부해야만 한다.

3 한국어 해석을 참고하여 jed-, letzt-, nächst- 중 맞는 표현으로 문장을 완성하세요.

(1) _____ Woche war ich in Österreich. 지난주에 나는 오스트리아에 있었다.

(2) Ich besuche meine Eltern _____ Wochenende. 나는 매 주말마다 부모님을 방문한다.

(3) Ich fliege _____ Woche nach Seoul. 나는 다음 주에 서울로 간다.

(4) Thomas hat _____ Monat eine Prüfung. 토마스는 매달 시험이 있다.

(5) _____ Jahr studiere ich in Deutschland. 내년에 독일에서 대학을 다닌다.

23

2격 전치사
★ Präpositionen mit Genitiv

🔊 MP3 **024**

A **Was machst du während der Pause?**
쉬는 시간 동안 뭐 해?

B **Ich trinke einen Kaffee.**
난 커피를 마셔.

문법 Grammatik

2격 지배 전치사는 뒤에 오는 명사를 2격 형태로 만들어야 하는 전치사입니다. 특히 남성 명사와 중성 명사가 오면 명사 뒤에 보통 -(e)s 어미가 붙습니다. 이러한 2격 전치사는 일상 대화에서는 잘 사용되지 않으며, 주로 글을 쓸 때 나타납니다.

> ✅ **Tipp**
> 하지만 N-변화 명사는 2격에서 -(e)s 어미를 사용하지 않으니 특히 주의해야 합니다. (3과 정관사의 N-변화 명사 참고)

3 2격 지배 전치사의 종류

2격 지배 전치사는 여러 종류가 있지만, 일상에서 자주 사용되거나 글쓰기에서 자주 보이는 전치사 위주로 공부하도록 합니다.

2격 지배 전치사		
전치사	명사구의 특징	
während	~동안에	**Während** des Essens sprechen wir nicht. 식사하는 동안 우리는 말하지 않는다.
wegen/ aufgrund	~때문에	**Wegen** der Grippe kann ich nicht zur Schule gehen. 독감 때문에 나는 학교에 갈 수 없다.
trotz	~에도 불구하고	**Trotz** des Regens gehen wir Fußball spielen. 비가 오는데도 불구하고 우리는 축구를 하러 간다.
innerhalb	~이내에	Bitte antworten Sie **innerhalb** einer Woche. 일주일 이내에 답장 해 주세요.
außerhalb	~밖에	**Außerhalb** der Stadt ist es sehr ruhig. 도시 밖은 매우 조용하다.
statt/anstatt	~대신에	**Statt** meines Autos nehme ich heute den Bus. 내 자동차 대신에 나는 오늘 버스를 탄다.
unterhalb	~아래에	**Unterhalb** des Berges liegt ein kleines Dorf. 산 아래에 작은 마을이 있다.
oberhalb	~위에	**Oberhalb** der Stadt steht eine alte Burg. 도시 위쪽에 오래된 성이 있다.
laut	~에 따르면	**Laut** des Wetterberichts soll es morgen regnen. 일기 예보에 따르면 내일 비가 온다.
seitens	~의 측에서	**Seitens** der Regierung gibt es viele Unterstüzungen. 정부 측에서 많은 지원이 있다.
bezüglich/ hinsichtlich	~에 관하여	**Bezüglich** der Prüfung gibt es noch keine Informationen. 시험에 관해서는 아직 정보가 없다.
anlässlich	~을/를 기념하여	**Anlässlich** des Firmenjubiläums findet eine große Feier statt. 회사 기념일을 맞아 큰 행사가 열린다.
zwecks	~의 목적으로	**Zwecks** der Anmeldung bringen Sie Ihren Ausweis mit. 등록을 위해 당신의 신분증을 가져오세요.

• trotz 뒤에 오는 명사는 '방해 요인, 불리한 조건 또는 기대와 다른 상황'을 나타내는 단어입니다.

참고
Mehr erfahren

일상생활에서 자주 쓰이는 전치사 wegen (~때문에)는 일상에서 3격과 함께 쓰이는
경우가 많습니다. 2격 남성, 중성 명사는 관사와 명사에 −(e)s 어미를 붙여야 하지만, 3격을 사용하면 명사 어미 변화가
필요 없어 더 간단하게 말할 수 있기 때문입니다.

(2격) **Wegen meines Bruders** kann ich nicht kommen.
(3격) **Wegen meinem Bruder** kann ich nicht kommen. 내 형제 때문에 나는 갈 수 없다.

하지만 공식적인 글쓰기 (⛳ 논문, 기사, 시험 등)에서는 반드시 2격을 사용해야 하니 주의하세요!

연습 문제 Übungen

1 괄호 안의 내용을 참고하여 알맞은 전치사와 관사를 넣어 문장을 완성하세요.

(1) _____ d_____ schlechten Wetters bleiben wir zu Hause. (나쁜 날씨 때문에)

(2) _____ d_____ Ferien fährt Familie Müller ans Meer. (방학 동안에)

(3) Ich trinke Tee _____ d_____ Kaffees. (커피 대신에)

(4) _____ d_____ Stadt gibt es viel Natur. (도시 밖에서는)

(5) _____ d_____ starken Regens gehen wir spazieren. (강한 비에도 불구하고)

2 아래 전치사 중 알맞은 것을 골라 각 문장을 완성하세요.

während   wegen   trotz   statt   innerhalb

(1) _____ der Arbeit höre ich Musik.

(2) _____ seiner Krankheit spielt er Fußball.

(3) _____ meines Autos nehme ich den Bus.

(4) Ich wohne _____ der Stadt, im Zentrum.

(5) _____ des starken Verkehrs bin ich spät gekommen.

3 아래에서 알맞은 2격 전치사를 고른 후 적절한 관사 또는 필요한 경우 명사의 어미를 넣어 아래 글을 완성하세요.

während   wegen   trotz   bezüglich   statt   innerhalb   laut

Meine Familie macht Urlaub in Spanien. (1) _____ d____ warmen Wetter_____ gehen wir oft schwimmen. (2) _____ d____ Auto_____ nehmen wir manchmal Fahrräder. (3) _____ d____ Hitze besuchen wir einen Stadtpark, und (4) _____ d____ Reiseplan_____ machen wir morgen eine Bootstour. (5) _____ d____ Ferien essen wir viel Eis, und (6) _____ d____ Essen_____ probieren wir spanische Küche. (7) _____ ein____ Woche fahren wir wieder nach Hause.

Lektion

8

형용사

24 형용사 어미 변화
★ Adjektivdeklination

🔊 MP3 **025**

A Möchtest du das große Stück Kuchen?

이 큰 조각 케이크 먹을래?

B Nein, ich möchte lieber ein kleines Stück, das sieht auch saftig und lecker aus.

아니, 난 작은 조각을 먹고 싶어. 촉촉하고 맛있어 보여.

문법 Grammatik 🇩🇪

형용사는 문장에서 보어로 쓰일 수도 있지만, 명사 앞에서 수식어 역할을 하며 해당 대상의 성질이나 정도를 보다 구체적으로 설명하기도 합니다. 이때, 형용사는 뒤에 오는 명사의 성, 수, 격에 따라 어미가 달라지는데, 이를 '형용사 어미 변화'라고 합니다. 형용사 어미 변화는 관사가 문법 정보를 얼마나 제공하는지에 따라 강변화, 약변화, 혼합 변화로 나뉩니다.

1 강변화 (무관사에 따른 형용사 어미 변화)

(1) 관사 없이 명사를 수식하는 형용사는 강변화를 합니다. 이때 어미는 정관사와 비슷하지만, 남성과 중성 명사의 2격에서는 -en을 사용합니다.

격	단수 (Sg.)			복수 (Pl.)
	남성(m.)	여성(f.)	중성(n.)	
1격	-er	-e	-es	-e
2격	**-en**	-er	**-en**	-er
3격	-em	-er	-em	-en
4격	-en	-e	-es	-e

Ich habe **viele** Freunde.

나는 친구들이 많다. `복수 4격`

Meine Familie isst gern **frisches** Brot.

우리 가족은 신선한 빵을 즐겨 먹는다. `중성 4격`

(2) 형용사 앞에 숫자, viele (많은), einige (몇몇의), mehrere (여러 개의), wenige (적은), ein paar (몇 개의)가 위치할 경우 해당 단어들을 무관사 취급하여 형용사를 강변화 시킵니다.

Drei **große** Hunde spielen im Garten. 큰 개 세 마리가 정원에서 놀고 있다.

Es gibt <u>wenige</u> **alte** Häuser. 오래된 집들이 적다.

Ich habe <u>ein paar</u> **neue** Ideen. 나는 몇 가지 새로운 아이디어가 있다.

- 'Es gibt + 4격'은 비인칭 주어 es를 활용한 숙어로 '∼이/가 있다/존재하다' 입니다.
- ein paar 뒤에는 복수 명사를 사용합니다. 예) ein paar Jacken 몇 개의 자켓

> ✅ **Tipp** ⋯⋯⋯⋯⋯⋯⋯⋯⋯⋯⋯⋯⋯⋯⋯⋯⋯⋯⋯⋯⋯⋯
> 목적어의 격을 한국어 해석에만 의존해서 판단하지 않도록 주의하세요. 예를 들어 앞에서 언급된 'Freunde 친구들'은 한국어로만 보면 1격처럼 보일 수 있지만, 독일어에서는 4격 지배 동사 haben에 의해 4격으로 쓰인 것입니다.

(3) 형용사 viel (많은), wenig (적은), mehr (더 많은)가 Zeit (시간), Geld (돈), Wasser (물) 같은 불가산 명사를 수식하는 경우 형용사는 어미 변화하지 않습니다.

Ich habe **wenig** <u>Geld</u>, aber **viel** <u>Zeit</u>! 나는 돈은 적지만 시간은 많다.

Er hat immer **viel** <u>Arbeit</u>. 그는 항상 일이 많다.

2 약변화 (정관사에 따른 형용사 어미 변화)

(1) 정관사(der, die, das)뿐만 아니라 dies- (이), jed- (각각), all- (모든)과 같은 정관사류가 앞에 위치하고, 그 뒤에서 형용사가 명사를 수식할 경우, 형용사는 약변화 어미를 갖습니다.

격	단수 (Sg.)			복수 (Pl.)
	남성(m.)	여성(f.)	중성(n.)	
1격	-e	-e	-e	-en
2격	-en	-en	-en	-en
3격	-en	-en	-en	-en
4격	-en	-e	-e	-en

Mein Vater mag **das rote** Auto.
우리 아버지는 이 빨간 자동차를 좋아한다. 중성 4격

Dieses schöne Haus gehört meiner Tante.
이 아름다운 집은 내 이모의 것이다. 중성 1격

> ✅ **Tipp** ⋯⋯⋯⋯⋯⋯⋯⋯⋯⋯⋯⋯⋯⋯⋯⋯⋯⋯
> 약변화 어미표의 빨간색 부분을 보면 침대가 떠오르지 않나요? 색칠된 침대의 프레임은 다 -en 그리고 나머지 부분은 "남여중여중에(-e)"로 외워 보세요!

(2) all-(모든), beid-(둘), sämtlich-(모든) 가 형용사 앞에 위치할 때도 형용사는 약변화 어미를 갖습니다.

Sämtliche **wichtigen** Dokumente liegen hier. 모든 중요한 서류들이 여기 놓여 있다. 복수 1격

Er hilft beiden **alten** Frauen. 그는 두 명의 나이 든 여자들에게 도움을 준다. 복수 3격

Julia spricht mit allen **netten** Nachbarn. 율리아는 모든 친절한 이웃들과 이야기한다. 복수 3격

3 혼합 변화 (부정관사에 따른 형용사 어미 변화)

(1) 부정관사(ein, eine, ein)가 앞에 위치하고, 그 뒤에서 형용사가 명사를 수식할 경우, 형용사는 혼합 변화 어미를 갖습니다.

격	단수 (Sg.)			복수 (Pl.)
	남성(m.)	여성(f.)	중성(n.)	
1격	-er	-e	-es	-en
2격	-en	-en	-en	-en
3격	-en	-en	-en	-en
4격	-en	-e	-es	-en

Das ist **ein interessantes** Buch.
이것은 흥미있는 책입니다. 중성 1격

Er kauft **einen neuen** Kleiderschrank.
그는 새로운 옷장을 산다. 남성 4격

✅ Tipp
약변화와 같이 침대를 그리고 '남여중여중' 부분에는 강변화 어미를 넣으면 혼합 변화 어미 표가 됩니다!

(2) 소유 관사 또는 부정관사 kein 과 같은 부정관사류가 형용사와 함께 쓰일 경우에도 형용사는 혼합 변화 어미를 가집니다.

Mein kleines Auto ist sehr praktisch. 모든 중요한 서류들이 여기 놓여 있다. 중성 1격

Die Tür **eines alten** Ladens ist offen. 한 오래된 상점의 문이 열려 있다. 남성 2격

Mehr erfahren

(1) 형용사가 명사를 수식하는 것이 아니라면 형용사는 어미 변화하지 않습니다.

Wir essen gerne **knackige** Äpfel. Die Äpfel sind im Herbst besonders **knackig**.
우리는 아삭한 사과를 즐겨 먹어. 사과는 가을에 특히 아삭해.

Er kauft **warme** Brötchen. Die Brötchen sind immer schön **warm**.
그는 따뜻한 빵을 산다. 그 빵들은 항상 따뜻하다.

(2) 형용사의 어미가 -er, -el로 끝나면 e가 생략됩니다.

Normalerweise mag sie **dunkle** Kleidung. *(dunkel)* 보통 그녀는 어두운 색의 옷을 좋아한다.

(3) hoch는 자음 'c'가 탈락하여 hoh-의 형태로 어미 변화합니다.

Im Urlaub besucht sie **hohe** Gebäude in New York. 휴가 중에 그녀는 뉴욕의 높은 건물들을 방문한다.

1 알맞은 형용사 어미를 사용하여 빈칸을 채우세요.

(1) kalt_____ Wasser

(2) groß_____ Tisch

(3) der klein_____ Junge

(4) keine gut_____ Bücher

(5) das schön_____ Bild

(6) klein_____ Kinder

(7) ein schnell_____ Auto

2 주어진 형용사에 알맞은 어미를 추가하여 문장을 완성하세요.

(1) _____ Schuhe sind teuer. *(neu)*

(2) Er isst gern _____ Brot *(frisch)*

(3) Das _____ Kind spielt draußen. *(schön)*

(4) Ich brauche ein _____ Kleid. *(grün)*

(5) Wir verkaufen unser _____ Auto. *(alt)*

(6) Ich schenke meiner _____ Schwester einen _____ Schal. *(klein / rot)*

(7) Seht ihr den _____ Hund? *(groß)*

3 다음 문장에서 틀린 곳을 찾아 올바르게 고치세요.

(1) Hier steht ein kleiner Haus.

(2) An der Wand hängt ein schöne Bild.

(3) Die schöne Blumen stehen auf dem Tisch.

(4) Ich wohne in einer große Wohnung.

(5) Er hat keine neue Bücher.

4 괄호 안에 주어진 형용사를 알맞은 형태로 바꾸어 글을 완성하세요.

Ich gehe mit meinem Hund Bello spazieren. Ich ziehe meinen (1) _____ (neu) Mantel an. Wir gehen durch den (2) _____ (groß) Park. Dort sehe ich viele (3) _____ (klein) Kinder. Sie spielen mit einem (4) _____ (rot) Ball. Bello, mein Hund, rennt zu einer (5) _____ (jung) Frau. Die Frau trägt ein (6) _____ (schön) Kleid. Danach setzen wir uns auf eine (7) _____ (alt) Bank.

25 형용사 비교 변화
Vergleiche und Steigerung der Adjektive

MP3 **026**

A Trinkst du gern Tee oder Kaffee?

차랑 커피 중에 뭐를 더 즐겨 마셔?

B Ich trinke lieber Kaffee. Aber heiße Schokolade trinke ich am liebsten!

나는 커피를 더 즐겨 마셔. 하지만 핫초코를 가장 즐겨 마셔!

문법 Grammatik

형용사는 문장에서 대상을 서로 비교하거나 특정한 특성을 강조할 때 사용되기도 합니다. 형용사의 원급, 비교급, 최상급을 활용하여 다양한 비교문을 만들어 봅시다.

1 기본 형태

(1) 원급을 기준으로 비교급에는 -er, 최상급에는 -st를 추가하여 규칙 변화합니다.

원급 (-) ~한	비교급 (-er) 더 ~한	최상급 (-st) 가장 ~한
schön 예쁜	schön**er**	schön**st**
klein 작은	klein**er**	klein**st**

(2) 모음이 하나인 (a, o, u) 형용사는 비교급과 최상급에서 주로 변모음(Umlaut)이 추가됩니다. (ä, ö, ü)

원급 (-) ~한	비교급 (-er) 더 ~한	최상급 (-st) 가장 ~한
alt 오래된	**ä**lter	**ä**ltest
jung 어린	j**ü**nger	j**ü**ngst
groß 큰	gr**ö**ßer	gr**ö**ßt

(3) -er, -el로 끝나는 형용사는 비교급에서 원급의 마지막 e가 탈락합니다.

원급 (-) ~한	비교급 (-er) 더 ~한	최상급 (-st) 가장 ~한
dunkel 어두운	**dunkler**	dunkelst
teuer 비싼	**teurer**	teuerst
sauer 새콤한	**saurer**	sauerst

(4) -d, -t, -s, -ß, -z, -sch로 끝나는 형용사는 최상급에서 -est로 변화합니다.

원급 (-) ~한	비교급 (-er) 더 ~한	최상급 (-st) 가장 ~한
frisch 신선한	frischer	frisch**e**st
heiß 뜨거운	heißer	heiß**e**st
kalt 차가운, 추운	kälter	kält**e**st

(5) 불규칙하게 형태가 변화하는 형용사도 있으니 이는 따로 암기해야 합니다.

원급 (-) ~한	비교급 (-er) 더 ~한	최상급 (-st) 가장 ~한
gut 좋은	besser	best
viel 많은	mehr	meist
gern 기꺼이	lieber	am liebsten
hoch 높은	höher	höchst
nah 가까운	näher	nächst

(6) 형용사의 비교급과 최상급도 어미 변화할 수 있습니다.

Meine **jüngere** Schwester ist noch im Kindergarten. 내 여동생은 아직 유치원에 다닌다.

Lachen ist die **beste** Medizin. 웃음이 최고의 보약이다.

2 비교 변화의 사용

(1) 동등 비교급 (A = B)

동등 비교급은 두 대상을 서로 같은 정도로 비교할 때 사용합니다.

> A ... **so** 형용사 원급 **wie** B A는 B만큼 ~하다.

Mein Lehrer ist **so** alt **wie** mein Vater. 내 선생님은 내 아버지와 나이가 같다.

Sport mache ich **genauso** gern **wie** Kunst. 나는 스포츠를 미술만큼 즐겨 한다.

Ich fliege **nicht** so gern **wie** du. 나는 너만큼 비행을 즐기지 않는다.

- so와 더불어 genauso, ebenso, etwa so도 사용 가능합니다.
- 문장을 만들 때 A와 B의 격은 일치해야 합니다.
- 앞에 부정어 nicht를 추가하여 'B만큼은 ~하지 않다'로도 활용이 가능합니다.

(2) 차등 비교급 (A 〉B)

차등 비교급은 두 대상을 서로 다른 정도로 비교할 때 사용합니다.

> **A ... 형용사 비교급 als B** A는 B보다 더 ~하다.

Mein Vater ist **größer als** meine Mutter. 내 아버지는 내 어머니 보다 (키가) 크다.

Nele mag Deutsch **lieber als** Physik. 넬레는 물리보다 독일어를 더 좋아한다.

Johanna schwimmt **schneller als** ihre ältere Schwester. 요하나는 그녀의 언니보다 더 빨리 수영한다.

(3) 최상급 (A 〉B 〉C)

형용사의 최상급이 명사를 수식할 때는 반드시 정관사(der, die, das)와 함께 사용되며, 이때 형용사는 약변화 어미를 가집니다. 명사를 꾸미지 않고 술어로 사용할 경우에는 'am + 최상급 형용사 + -en' 형태로 씁니다.

최상급	가장 ~한 (+ 명사)	가장 ~하다 (보어)
ältest	der/die/das **ältest**e ...	am **ältest**en
best	der/die/das **best**e ...	am **best**en

Er ist **der beste** Spieler in unserem Team. 그는 우리 축구팀에서 가장 뛰어난 선수이다.

Er spielt **am besten** in unserem Team. 그는 우리팀에서 가장 (경기를) 잘 한다.

Sie ist **die älteste** Schülerin in der Klasse. 그녀는 반에서 가장 나이가 많은 학생이다.

Sie ist **am ältesten** in der Klasse. 그녀는 반에서 가장 나이가 많다.

1 빈칸의 형용사를 채우세요.

원급	비교급	최상급
klein		
	interessanter	
groß		
gern		
gut		
		teuerst
hoch		

2 괄호 안의 형용사를 비교급으로 바꾸어 빈칸을 채우세요.

(1) Heute ist es _____ *(warm)* als gestern.

(2) Mein Bruder ist _____ *(alt)* als ich.

(3) Dein Auto ist _____ *(schnell)* als mein Auto.

(4) Das Wetter ist heute _____ *(gut)* als gestern.

(5) Die Katze ist _____ *(klein)* als der Hund.

3 주어진 형용사의 원급을 최상급으로 바꾸어 빈칸을 채우세요.

	명사 수식	동사 보충
(1) schnell	Das _____ Motorrad ist sehr teuer.	Wie kommen wir _____ _____ zum Bahnhof?
(2) teuer	Die _____ Tasche gehört mir.	Die Tasche ist _____ _____, aber ich finde sie nicht schön.
(3) viel	Im Urlaub fliegen die _____ Leute in den Süden.	Ich freue mich _____ _____ auf den Urlaub in Italien.

4 괄호 안의 형용사를 원급, 비교급, 최상급을 구분하여 빈칸을 채우세요.

(1) Maria singt am _____. *(schön)*

(2) Lisa ist _____ als Marie. *(jung)*

(3) Anna ist die _____ Schülerin in der Klasse. *(alt)*

(4) Johann spricht so _____ wie Maria. *(langsam)*

(5) Das rote Hemd ist _____ als das blaue Hemd. *(gut)*

26 형용사의 명사화
★ Nominalisierte Adjektive

 MP3 **027**

A Alles Gute zum Geburtstag! Hier habe ich eine Kleinigkeit für dich! – Ich hoffe, sie gefällt dir!

생일 축하해! 여기 널 위한 작은 선물을 준비했어! 마음에 들었으면 좋겠다.

B Oh, vielen Dank! Du bist so lieb... und einfach die Beste!

오, 정말 고마워! 넌 정말 다정하고… 그냥 정말 최고야!

문법 Grammatik

많은 형용사는 사람의 특성을 나타낼 때 명사로 사용될 수 있습니다. 형용사가 명사화되면 독립적인 명사가 되어 문장에서 주어나 목적어 역할을 할 수 있습니다. 이 때, 형용사는 명사로 취급되므로 항상 대문자로 시작하고 형용사처럼 어미 변화한 형태를 지닙니다.

1 사람을 의미하는 형용사의 명사화

형용사 jugendlich (청소년의)가 형용사 뒤에 보편적인 사람 명사인 Mann (남자), Frau (여자), Leute (사람들)을 수식하며 명사화 된 경우를 살펴 봅시다.

(1) 정관사에 따른 변화 (특정한 대상)

격	남성		여성		복수	
1격	der Jugendliche		die Jugendliche		die Jugendlichen	
2격	des Jugendlichen	~~Mann~~	der Jugendlichen	~~Frau~~	der Jugendlichen	~~Leute~~
3격	dem Jugendlichen		der Jugendlichen		den Jugendlichen	
4격	den Jugendlichen		die Jugendliche		die Jugendlichen	

Der Alte wohnt im Altenheim.   그 노인(남자)은 양로원에서 산다.

Sie unterstützt **die Armen**.   그녀는 가난한 사람들을 지원한다.

Fürs Studium gehen **die Jungen** ins Ausland.   학업을 위해 젊은이들은 해외로 간다.

Der Kleine spielt im Garten.   어린이(남자)가 정원에서 논다.

(2) 부정관사에 따른 변화 (불특정한 대상) ('형용사 혼합 변화'를 따름.)

격	남성		여성		복수	
1격	**ein** Jugendlich**er**		**eine** Jugendlich**e**		Jugendlich**e**	
2격	**eines** Jugendlich**en**	~~Mann~~	**einer** Jugendlich**en**	~~Frau~~	Jugendlich**er**	~~Leute~~
3격	**einem** Jugendlich**en**		**einer** Jugendlich**en**		Jugendlich**en**	
4격	**einen** Jugendlich**en**		**eine** Jugendlich**e**		Jugendlich**e**	

• 부정관사 ein- 에는 복수형이 없으므로 이때 형용사의 어미는 강변화(무관사 어미 변화)합니다.

Ein Bekannter von mir wohnt in Hamburg.   내 지인 중 한 명(남자)이 함부르크에 산다.

In unserem Dorf wohnen viele **Alte**.   우리 마을에는 많은 노인들이 산다.

Er spricht mit **einem Unbekannten**.   그는 낯선 사람(남자)과 이야기하고 있다.

Eine Fremde fragt nach dem Weg.   한 낯선 사람(여자)이 길을 묻는다.

(3) 사물을 의미하는 형용사의 명사화

사물을 의미하는 형용사의 명사화는 주로 중성형(das)을 사용합니다. 추상적인 개념, 상태 및 조건이나 긍정적 또는 부정적인 가치 판단을 내릴 때 자주 쓰입니다.

• alles-, das 뒤의 형용사가 명사화되면 어미 -e를 추가합니다.

> **alles** Gut**e** 행복을 빕니다   **das** Gut**e** 좋은 것
>
> **das** Notwendig**e** 필요한/필수적인 것   **das** Best**e** 가장 좋은 것

Tipp

Gute는 한국어로 직역하면 '좋은 것'이지만 ~ das Gute는 구체적으로 '좋은 것'을 가리키거나 '선(善)'이라는 추상적인 의미로 사용됩니다.

예 Ich glaube nur an das Gute im Leben. 나는 삶에서 좋은 것만 믿는다. = 선(善)을 믿는다.

Alles Gute für die Zukunft!   미래에 좋은 일만 있길 바라!

Das Gute überwiegt **das** Schlechte.   좋은 것이 나쁜 것보다 더 크다.

• etwas, nichts, viel, wenig, ein bisschen 뒤의 형용사가 명사화되면 어미 -es를 추가합니다.

> **etwas** Gut**es** 무언가 좋은 것   **nichts** Neu**es** 새로운 것이 없음
>
> **viel** Gut**es** 많은 좋은 것   **wenig** Schlecht**es** 적은 나쁜 것
>
> **ein** bisschen Gut**es** 조금의 좋은 것

Kannst du mir **etwas** Gut**es** empfehlen?   나에게 뭔가 좋은 것을 추천해 줄 수 있어?

Er hat **nichts** Schlecht**es** getan.   그는 아무런 나쁜 짓을 하지 않았다.

Ich habe **viel** Gut**es** über das Viertel gehört.   나는 그 지역에 대해 좋은 말을 많이 들었다.

1 다음 형용사에 알맞은 어미를 붙여 명사화하세요.

(1) jugendlich ➡ der/die _____

(2) deutsch ➡ der/die _____

(3) krank ➡ der/die _____

(4) bekannt ➡ der/die _____

(5) neu ➡ etwas _____

2 괄호 안의 형용사를 명사화하여 빈칸을 채우세요.

(1) _____ *(jung)* lesen heute nicht gern Zeitung.

(2) _____ *(alt)* brauchen oft Hilfe.

(3) Möchtest du etwas _____ *(kalt)* trinken?

(4) Der _____ ist sehr nett. *(neu)*

(5) Susi möchte nichts _____ *(teuer)* kaufen.

3 형용사의 명사화에 유의하며 다음 문장에서 틀린 부분을 찾아 고치세요.

(1) Die Deutsche trinken gern Bier.

(2) Eine Bekannten besucht mich morgen.

(3) Der Kranker muss zum Arzt gehen.

(4) Alle Gutes zum Geburtstag!

(5) Kannst du mir etwas warme bringen?

4 형용사의 어미 변화 또는 명사화 중 선택하여 빈칸을 채우세요.

Viele Menschen wünschen sich im neuen Jahr viel (1) _____ (gut) in Leben: eine
(2) _____ (neu) Wohnung und einen (3) _____ (sicher) Job. Aber oft sind
auch (4) _____ (einfach) Dinge wichtig. Wir wünschen uns alle alles
(5) _____ (gut) und das (6) _____ (notwendig) für ein ruhiges Leben.

형용사처럼 사용되는 분사

★ Partizipien als Adjektive

MP3 **028**

A Wie schmeckt die Suppe?

그 수프 맛이 어때?

B Sehr lecker! Es ist eine wärmende Suppe mit frisch gekochtem Gemüse.

정말 맛있어! 신선하게 조리된 채소가 들어있고 몸을 따뜻하게 해 주는 수프야.

문법 Grammatik

분사는 주된 동작이나 핵심 사건과의 시간적인 관계를 나타내며 현재 분사(Partizip I) 또는 과거 분사 (Partizip II)로 나뉩니다. 또한, 형용사처럼 수식어로 사용될 수 있으며, 명사 앞에 위치하면 어미가 변화합니다.

1 현재 분사, 과거 분사의 형태

형용사처럼 사용되는 분사		
종류	형태	의미
현재 분사	동사 원형 + d + 형용사 어미 변화	~하는 (아직 진행 중인 동작 또는 능동의 의미)
과거 분사	과거 분사 + 형용사 어미 변화	~된 (이미 완료된 동작 또는 수동의 의미)

부록 〈주요 불규칙 동사 변화표〉 *P. 255*

2 현재 분사의 사용

(1) 현재 분사 형용사의 예 (Partizip I)

현재 분사 형용사는 명사의 앞에만 위치할 수 있으며, 형용사 어미 변화를 한다는 점을 기억해야 합니다.

Die spielenden Kinder. (○) 놀고 있는 아이들   Die Kinder sind spielend. (✕)

Das lernende Kind sitzt am Schreibtisch. 그 공부하는 아이는 책상에 앉아 있다.

Ein malendes Mädchen liegt auf der Wiese. 그림 그리는 소녀는 잔디 밭에 누워 있다.

Die leuchtende Lampe steht auf dem Tisch. 불이 켜진 스탠드가 책상 위에 놓여 있다.

현재 분사 중의 일부는 형용사로 굳어져 현재 분사로 기능하지 않고 단독으로 사용되는 경우도 있습니다.

spannend 흥미진진한	anstrengend 힘든, 고된
überraschend 놀라운, 경이로운	belebend 활기를 주는
beeindruckend 인상적인	verwirrend 혼란스러운
erfrischend 상쾌한, 시원한	anwesend/abwesend 출석한(참석한) / 결석한(부재한)

전치사 zu와 결합한 현재 분사는 수동의 의미를 가지는 동시에 미래 시점에서의 필요성이나 가능성을 표현할 수 있습니다.

필요성 (müssen ～해야 하는)	Die zu machenden Hausaufgaben sind zu schwer. 해야할 숙제는 너무 어렵다. Hier liegen die zu übersetzenden Dokumente. 여기에 번역해야 할 문서들이 있다.
가능성 (können ～될 수 있는)	Das ist ein einfach zu lösendes Problem. 이것은 쉽게 해결될 수 있는 문제이다.
현실에서의 제한 (～할 수 없는)	Das ist eine kaum zu akzeptierende Bedingung. 이것은 거의 수용할 수 없는 조건이다.

재귀 동사를 사용하여 현재 분사를 만들 때는 반드시 재귀 대명사를 사용하며 현재 분사의 앞에 놓아야 합니다.

Der sich entspannende Mann sieht glücklich aus. 휴식을 취하는 그 남자는 행복해 보인다.

Der sich entscheidende Kunde kauft endlich ein Produkt. 결정을 내리는 고객이 마침내 제품을 선택한다.

현재 분사 형용사는 추가적으로 다른 부가어의 수식을 받을 수 있습니다.

Der sich am Strand entspannende Mann sieht glücklich aus.
해변에서 휴식을 취하는 그 남자는 행복해 보인다.

Das sich ständig ändernde Klima beeinträchtigt das Leben.
끊임없이 변화하는 기후는 삶에 영향을 미친다.

3 과거 분사의 사용

(1) 과거 분사 형용사의 예 (Partizip II)

과거 분사 형용사는 기본적으로 이미 완료된 동작이나 수동을 의미합니다. 하지만 '장소의 이동'이나 '상태의 변화'를 의미하면서 현재 완료 시제에서 sein 동사와 결합하는 동사들은 능동의 의미를 가지기도 합니다.

Die **gekaufte** Kleidung passt mir gut. 구입한 옷이 나에게 잘 맞는다. (이미 산 옷)

Das **gemalte** Bild hängt im Wohnzimmer. 그려진 그림이 거실에 걸려 있다. (이미 완성된 그림)

Der **angekommene** Zug fährt in zehn Minuten weiter. 도착한 기차는 10분 후에 다시 출발한다. (능동의 의미)

과거 분사가 형용사로 사용될 때 주로 타동사에서 파생된 동사들이 사용됩니다.

Die **geschriebene** Geschichte wird veröffentlicht. 쓰여진 이야기가 출판될 것이다. (~을/를 쓰다)

Das **gekochte** Essen schmeckt wunderbar. 조리된 음식이 아주 맛있다. (~을/를 요리하다)

Die Polizei entdeckt die **gestohlene** Tasche. 경찰이 도난 당한 가방을 발견한다. (~을/를 발견하다)

Mehr erfahren

분사적 형용사는 단독으로도 쓸 수 있지만 더 자세하게 설명하고 싶다면 다른 수식어 (부사, 전치사구 등)을 더 붙일 수 있습니다.

Die im Park **spielenden** Kinder klettern auf den Baum.
공원에서 놀고 있는 아이들이 나무에 올라간다.

Die auf der Straße **stehende** Frau telefoniert.
길에 서 있는 여자가 통화 중이다.

Das weit **geöffnete** Fenster lässt viel Licht hinein.
활짝 열린 창문은 많은 빛을 들여보낸다.

Der gestern am Bahnhof **gefundene** Koffer gehört einem aus Korea **kommenden** Touristen.
어제 기차역에서 발견된 그 여행 가방은 한국에서 온 한 관광객의 것이다.

1 다음 동사 원형을 보고 현재 분사형을 만드세요.

    (1) sprechen ➡ _____

    (2) schlafen ➡ _____

    (3) arbeiten ➡ _____

    (4) lachen ➡ _____

    (5) kochen ➡ _____

2 괄호 안의 동사를 현재 분사 형태로 만들고 어미를 추가하여 빈칸을 채우세요.

    (1) Ich sehe ein _____ Kind. *(weinen)*

    (2) Der _____ Hund sitzt vor der Tür. *(bellen)*

    (3) Die _____ Frau liest ein Buch. *(singen)*

    (4) Wir sehen die _____ Vögel. *(fliegen)*

3 다음 동사를 보고 과거 분사형을 만드세요.

    (1) kaufen ➡ _____

    (2) ankommen ➡ _____

    (3) fahren ➡ _____

    (4) schreiben ➡ _____

4 다음 과거 분사 형용사의 어미를 완성하세요.

    (1) Das geöffnet_____ Fenster ist groß.

    (2) Ich kaufe ein gebraucht_____ Fahrrad.

    (3) Die gekocht_____ Suppe schmeckt gut.

    (4) Die reserviert_____ Zimmer sind teuer.

    (5) Er trinkt gern gekühlt_____ Wasser.

9

접속사

28 등위 접속사
★ Konjunktionen

 MP3 **029**

A Möchtest du Kaffee oder Tee?
Ich nehme keinen Kaffee,
sondern Tee, denn ich hatte
schon einen.

커피 마실래, 아니면 차 마실래? 나는 커피 말고
차를 마실게. 이미 한 잔 마셨거든.

B Ich trinke lieber Kaffee, aber
ohne Milch.

나는 커피 마시는게 더 좋아. 하지만 우유 없이 마실게.

문법 Grammatik

접속사는 문장과 문장을 연결하는 역할을 합니다. 문장이 혼자서도 완전한 의미를 지니며 독립적으로 사용될 수 있으면 '주문장'이라고 합니다. 반면, 의미가 불완전하고 시간, 원인 등의 정보를 제공하며 다른 문장을 보완하는 역할을 하면 '부문장'이라고 합니다.

'등위 접속사'는 두 주문장을 연결하는 접속사이며, '대등 접속사'라고 불리기도 합니다. 등위 접속사의 특징은 문장의 어순에 영향을 주지 않는다는 것으로, 접속사가 있어도 동사는 그대로 문장의 두 번째 자리에 위치합니다.

주문장 + 등위 접속사 + 주문장 (주어 + 동사)

등위 접속사		
단어	**성격**	**예문**
aber 그러나	제한/대조	Ich bin müde, **aber** ich muss zur Schule gehen. 나는 피곤하지만 학교에 가야 한다.
denn 왜냐하면	이유	Pia geht früh ins Bett, **denn** sie ist müde. 피아는 일찍 잠자리에 든다. 왜냐하면 피곤하기 때문이다.
und 그리고	나열	Ich spiele Schach **und** mein Freund sieht fern. 나는 체스를 두고 내 친구는 TV를 본다.
sondern ~이/가 아니라 ~다	대조	Wir bleiben nicht zu Hause, **sondern** gehen ins Kaufhaus. 우리는 집에 있지 않고 백화점에 간다.
oder 또는	선택	David macht Überstunden **oder** geht früher nach Hause. 다비드는 초과 근무를 하거나 일찍 집에 간다.

- sondern과 oder는 같은 주어가 반복될 경우 뒷문장에서 주어를 생략할 수 있습니다.
- aber는 같은 주어가 반복되며 동사가 바뀌지 않고 형용사, 부사로만 이어질 경우에만 주어 생략 가능합니다.
  예) Sie arbeitet viel, aber (sie arbeitet) langsam. 그녀는 일을 많이 하지만, (그녀는 일을) 천천히 (한다).
- und와 oder는 주로 쉼표 없이 사용되지만 두 문장을 강하게 나눌 때 강조 및 가독성을 위해 쉼표를 넣기도 합니다.

 Tipp

aber와 sondern은 모두 '대조'를 나타내지만 sondern은 항상 첫번째 문장에서 nicht, kein- 등의 부정어가 포함된 부정문 뒤에 사용됩니다. 즉, 앞의 문장에서 제시된 정보를 수정하는 역할을 합니다. (nicht/kein A, sondern B: A가 아니라 B)

예) Wir fahren **nicht** mit dem Auto, **sondern** nehmen den Bus.
우리는 차를 타지 않고 버스를 탄다.

등위 접속사에는 반드시 쉼표로 문장을 구분해야 하거나 아닌 경우가 있습니다.

쉼표가 필요한 경우	주어 + 동사가 각각 존재하는 독립적 문장이 연결될 때	Ich gehe nicht zur Arbeit, denn ich bin krank. 나는 출근하지 않는다, 왜냐하면 아프기 때문이다.
선택적으로 사용하는 경우	짧은 문장에서 두 번째 문장에 주어가 없을 때	Ich bin faul(,) aber ordentlich. 나는 게으르지만 깔끔하다.
쉼표를 쓰지 않는 경우	같은 주어를 사용하지만 동사가 중복되지 않을 때	Er geht ins Kino oder bleibt zu Hause. 그는 영화관에 가거나 집에 있다.

1 문장이 자연스럽게 이어지도록 빈칸에 알맞은 등위 접속사를 넣으세요.

(1) Ich esse gern Äpfel, _____ ich mag keine Bananen.

(2) Möchtest du Tee _____ Kaffee trinken?

(3) Ich gehe nicht zur Schule, _____ ich bin krank.

(4) Sie spielt gut Klavier _____ singt gern.

(5) Er kommt nicht aus Österreich, _____ aus Deutschland.

2 알맞은 접속사를 골라 문장을 완성하세요.

(1) Ich bin müde, (und / aber) ich gehe nicht schlafen.

(2) Trinkst du Wasser (oder / sondern) Saft?

(3) Ich lerne Deutsch, (denn / und) ich möchte in Deutschland arbeiten.

(4) Sie spricht kein Englisch, (aber / sondern) Deutsch.

(5) Ich spiele Fußball (und / aber) Basketball.

3 아래 두 문장을 알맞은 등위 접속사로 연결하여 문장을 완성하세요.

(1) Ich lerne gern. Ich habe nicht viel Zeit.

→ _____

(2) Wir fahren nicht nach Italien. Wir fahren nach Spanien.

→ _____

(3) Er arbeitet viel. Er verdient nicht viel Geld.

→ _____

(4) Es regnet draußen. Ich nehme den Regenschirm.

→ _____

(5) Ich esse keinen Fisch. Ich esse Fleisch.

→ _____

29 접속사적 부사
★ Konjunktionaladverbien

 MP3 **030**

A **Ich arbeite immer zu viel, deshalb bin ich oft müde.**
나는 항상 일을 많이 해. 그래서 자주 피곤해.

B **Du solltest Pausen machen, sonst fühlst du dich noch schlechter.**
너는 쉬는 시간을 가져야 해. 그렇지 않으면 건강이 더 나빠질 거야.

문법 Grammatik

'접속사적 부사'는 문장 부사(Satzadverbien)로 사용되며, 주로 두 번째 문장의 맨 앞에 위치합니다. 문장 부사는 문장의 논리적 관계를 나타내거나 추가적인 정보를 제공하고 화자의 태도를 표현할 수 있어 문장이 더 자연스럽고 논리적으로 이어집니다. 문장 부사가 문장 앞에 오면 어순의 도치가 일어나 동사가 두 번째 자리에, 주어는 그 뒤에 놓입니다.

1 접속사적 부사의 어순

주문장 1	문장 부사	주문장 2
Ich muss heute lange arbeiten, 나는 오래 일해야만 한다. 그래서 나는 장을 못 본다.	deshalb	kann ich nicht einkaufen.
Es regnet stark, 비가 많이 온다. 그러므로 우리는 집에 있는 것이 더 좋다.	daher	bleiben wir lieber zu Hause.
Beeil dich, 서둘러, 그렇지 않으면 기차를 놓칠 거야!	sonst	verpasst du den Zug!

2 접속사적 부사의 종류 및 예문

종류	부사	예문
원인과 결과	deshalb/deswegen/daher/ darum 그래서, 그러므로	Ich schwimme gern, **deshalb** fahre ich im Sommer ans Meer. 나는 수영을 좋아해서 여름에 바다로 간다.
	sonst/andernfalls 그렇지 않으면	Mach regelmäßig Sport, **sonst** kannst du im Sommer nicht schwimmen. 규칙적으로 운동해, 그렇지 않으면 여름에 수영을 할 수 없어.
시간 (동시 진행)	inzwischen 그 동안	Meine Schwester ist schon am See, **inzwischen** packe ich meine Koffer. 내 여동생은 이미 호숫가에 있고, 그동안 나는 내 짐을 싼다.
시간 (순차 진행)	dann/danach/ anschließend 그 다음에, 그 이후에	Wir fahren in die Berge, **danach** fahren wir ans Meer. 우리는 산으로 가고, 그 다음에 바다로 간다.
	davor 그 전에	Ich gehe übermorgen ins Freibad, **davor** mache ich meine Hausaufgaben fertig. 나는 모레 야외 수영장에 갈 거고, 그 전에 내 과제를 끝낸다.
양보 (예상과 다른 결과)	trotzdem/dennoch 그럼에도 불구하고	Es ist Urlaubssaison, **trotzdem** mache ich keinen Urlaub. 휴가철이지만 나는 휴가를 가지 않는다.
대조	dagegen 그와 반대로	Viele Menschen sparen ihr Geld, **dagegen** gebe ich es lieber für Reisen aus. 많은 사람들은 돈을 아끼지만, 나는 그것을 여행에 쓰는 것을 더 좋아한다.
대안	stattdessen 대신에	Ich wollte ans Meer fahren, **stattdessen** mache ich Urlaub am See. 나는 바다로 가고 싶었지만, 대신 호숫가에서 휴가를 보낸다.

 Tipp

dagegen은 일상적으로 쓰이며, 이와 비슷한 hingegen은 글에서 더 자주 쓰이며 조금 더 형식적인 대조를 나타냅니다.

1 문장의 의미가 자연스럽게 연결되도록 빈칸에 어울리는 접속사적 부사를 채우세요.

deshalb　　　trotzdem　　　sonst　　　inzwischen　　　danach

(1) Es regnet stark, _____ bleiben wir zu Hause.

(2) Ich lerne Deutsch, _____ kann ich gut sprechen.

(3) Beeil dich, _____ kommst du zu spät!

(4) Ich gehe einkaufen, _____ koche ich das Abendessen.

(5) Maria ist krank, _____ geht sie zur Arbeit.

2 아래 두 문장을 제시된 접속사적 부사를 사용해 하나의 문장으로 연결하세요.

(1) Ich lerne jeden Tag. Ich mache Fehler. *(trotzdem)*

　➜ _____

(2) Trink deinen Tee schnell. Er wird kalt. *(sonst)*

　➜ _____

(3) Ich esse kein Fleisch. Ich esse viel Gemüse. *(stattdessen)*

　➜ _____

(4) Zuerst lese ich ein Buch. Ich gehe spazieren. *(anschließend)*

　➜ _____

(5) Ich warte auf den Bus. Ich höre Musik. *(inzwischen)*

　➜ _____

3 빈칸에 적절한 접속사적 부사를 넣어 글을 완성하세요.

Heute ist Sonntag. Ich habe keine Schule, (1) _____ schlafe ich etwas länger.

(2) _____ frühstücke ich mit meiner Familie. Wir wollen später spazieren gehen,

(3) _____ ziehen wir uns warm an. Draußen ist es kalt, (4) _____ scheint die

Sonne. Wir gehen zuerst in den Park. (5) _____ gehen wir ins Café und trinken heiße

Schokolade. Meine Schwester mag keinen Kakao, (6) _____ trinkt sie Tee.

🔊 MP3 **031**

A Ich gehe ins Bett, weil ich morgen früh aufstehen muss.

나는 지금 잘 거야. 왜냐하면 내일 아침 일찍 일어나야 하거든.

B Trink vorher noch eine Tasse warme Milch, damit du besser einschlafen kannst.

자기 전에 따뜻한 우유 한 잔 마셔. 그러면 더 잘 잘 수 있을 거야.

문법 Grammatik

'종속 문장(Nebensatz)'은 혼자서는 완전한 의미를 갖지 못하고, 주문장에 의존하여 의미가 완성됩니다. 종속 문장을 만들고 주문장과 연결하기 위해서는 종속 접속사가 필요하며, 두 문장은 반드시 쉼표로 구분합니다. 종속 문장 안에서는 동사가 후치되어 문장의 맨 끝에 위치합니다.

1 종속 문장의 어순

주문장	부문장 (종속 접속사 사용)	
Ich kann aber nicht zu Julia kommen,	**weil** ich im Urlaub bin.	나는 휴가 중이기 때문에 율리아에게 갈 수 없다.
Ich rufe Julia an,	**wenn** ich Zeit habe.	내가 시간이 있다면 율리아에게 전화한다.

종속 문장은 맨 앞에 위치할 수도 있으며, 이 경우 주문장의 주어, 동사의 위치가 바뀝니다.

부문장 (종속 접속사 사용)	주문장	
Weil ich im Urlaub bin,	**kann ich** aber nicht zu Julia kommen.	나는 휴가 중이기 때문에 율리아에게 갈 수 없다.
Wenn ich Zeit habe,	(dann) **rufe ich** Julia **an**.	내가 시간이 있다면 율리아에게 전화한다.

• 접속사 wenn을 사용한 부문장이 맨 앞에 위치하면 주문장 동사 앞에 부사 dann이 쓰일 수도 있습니다.

2 종속 접속사의 종류

종류	종속 접속사	예문
인과	weil/da ~때문에	**Weil/Da** es regnet, nimmt er einen Regenschirm mit. 비가 오기 때문에 그는 우산을 가져간다.
	~, so dass .../ so ..., dass ... ~해서 ~하다	Es ist **so** dunkel, **dass** man kaum etwas sehen kann. 너무 어두워서 거의 아무것도 볼 수 없다.
대조 (양보)	obwohl ~에도 불구하고	**Obwohl** ich krank bin, gehe ich zur Arbeit. 나는 아프지만 출근한다.
조건	wenn ~한다면 (확실)	**Wenn** du fleißig lernst, wirst du die Prüfung bestehen. 네가 열심히 공부하면 시험에 합격할 것이다.
	falls ~한다면 (불확실)	**Falls** es morgen regnet, gehe ich nicht im Park spazieren. 만약 내일 비가 오면, 나는 공원에서 산책하지 않을 것이다.
시간 I (주문장과 부문장의 시제가 같음)	wenn ~할 때, ~했을 때	**Wenn** es Sommer ist, fahren wir ans Meer. 여름이 되면 우리는 바다로 간다.
	als ~했을 때	**Als** ich fünf Jahre alt war, habe ich Klavier gelernt. 내가 다섯 살이었을 때 나는 피아노를 배웠다.
	während ~하는 동안	**Während** ich koche, sieht mein Mann fern. 내가 요리하는 동안 남편은 텔레비전을 본다.
	bis ~할 때 까지	Warte hier, **bis** ich zurückkomme. 내가 돌아올 때까지 여기서 기다려.
	seit(dem) ~이래로	**Seitdem** ich ein Auto habe, muss ich nicht mit dem Bus fahren. 내가 차를 산 이래로 버스를 탈 필요가 없다.
시간 II (주문장과 부문장의 시제가 불일치함)	bevor ~하기 전에	**Bevor** wir gehen, müssen wir alle Türen abschließen. 우리가 떠나기 전에 모든 문을 잠가야 한다.
	nachdem ~후에	**Nachdem** ich gefrühstückt habe, gehe ich zur Arbeit. 아침을 먹은 후에 출근한다.
	sobald ~하자 마자	**Sobald** ich aufgeräumt habe, gehe ich aus. 내가 정리하자마자 외출할 것이다.

목적	damit 〜하기 위해	Der Lehrer spricht langsam, **damit** seine Schüler ihn besser verstehen. 선생님은 그의 학생들이 더 잘 이해할 수 있도록 천천히 말한다.
설명 (주문장과 부문장을 결하는 기능)	ob 〜인지 아닌지	Ich weiß nicht, **ob** sie heute kommt. 그녀가 오늘 올지 안 올지 모르겠다.
	dass 〜(이)라는 것	Ich glaube, **dass** sie ehrlich ist. 나는 그녀가 정직하다고 믿는다.

- bevor는 부문장이 미래 시점을 나타내더라도 미래 시제를 사용하지 않습니다.
  예) Bevor wir morgen losfahren, packen wir die Koffer. 우리는 내일 출발하기 전에 짐을 싼다.

- nachdem는 부문장의 사건이 논리적으로 먼저 일어났기 때문에 한 단계의 시제 차이를 돕니다.

- sobald는 두 사건이 같은 시간 영역에 있으며, 즉시성만 전달하면 충분할 경우 같은 시제를 사용하기도 합니다.
  예) Sobald er in London angekommen ist, hat er mich angerufen. 그가 런던에 도착하자 마자 나에게 전화를 했다.

- als는 과거의 일회성 사건에만 사용할 수 있지만, wenn은 과거의 반복적인 사건을 나타낼 때 사용할 수 있습니다.
  예) Als es gestern geschneit hat, bin ich zu Hause geblieben. 어제 눈이 왔을 때 나는 집에 있었다.
  예) Wenn es geschneit hat, habe ich immer draußen eine Schneeballschlacht gemacht.
      눈이 오면 나는 항상 밖에서 눈싸움을 하곤 했다.

 Tipp ....
〈시간 II〉에 속하는 접속사가 사용된 문장의 시제 형태는
Lektion 12 – 동사 IV를 참고하세요.

1 다음의 종속 접속사를 골라 빈칸을 채우세요.

weil	obwohl	wenn	so dass	seit

(1) Ich gehe nicht zur Schule, _____ ich krank bin.

(2) _____ es heute regnet, nehme ich einen Schirm mit.

(3) Ich lerne Deutsch, _____ ich in Deutschland studieren kann.

(4) _____ ich nicht müde bin, gehe ich früh schlafen.

(5) _____ ich in Deutschland lebe, spreche ich im Alltag immer Deutsch.

2 괄호 안 종속 접속사를 사용하여 두 문장을 연결하세요.

(1) Du lernst viel. Du bekommst gute Noten. *(so dass)*

➡ _____

(2) Sie hat viel Zeit. Sie besucht mich. *(wenn)*

➡ _____

(3) Ich war jung. Ich wohnte in Berlin. *(als)*

➡ _____

(4) Ich verlasse das Haus. Ich ziehe meine Jacke an. *(bevor)*

➡ _____

(5) Ich muss mit dem Bus zum Supermarkt fahren. Ich habe kein Auto. *(seitdem)*

➡ _____

3 빈칸에 적절한 종속 접속사를 넣어 글을 완성하세요.

obwohl (x 2)	bis	weil	damit

Heute Abend machen wir eine Party, (1) _____ meine Schwester Geburtstag hat. Ich backe einen Kuchen, (2) _____ sie sich freut. Ich muss noch viele Dinge erledigen, (3) _____ die Gäste kommen. (4) _____ ich wenig Zeit habe, schaffe ich bestimmt alles rechtzeitig. (5) _____ es anstrengend ist, mache ich alles gerne.

상관 접속사
Zweistellige Konnektoren

🔊 MP3 **032**

A Was essen wir heute Abend? Ich habe weder Lust zu kochen noch zu warten.

오늘 저녁에 뭐 먹을까? 요리하기도 싫고, 오래 기다리고 싶지도 않아.

B Dann lass uns entweder etwas bestellen oder ins Restaurant gehen!

그럼 무언가를 주문하거나 식당에 가자!

문법 Grammatik

대부분의 상관 접속사는 두 개의 주문장, 구문 또는 단어를 연결합니다. 문장을 연결하는 경우에는 두 번째 상관 접속사 앞에 반드시 쉼표를 넣어야 합니다.

1 상관 접속사의 종류

상관 접속사	의미
nicht/kein ..., sondern ...	~이/가 아니라 ~
nicht nur ..., sondern auch ...	~ 뿐만 아니라 ~도
sowohl ... als auch ...	~ 둘 다
entweder ... oder ...	~ 아니면 /또는~
weder ... noch ...	~도 ~도 아닌
zwar ..., aber ...	~이긴 하나 ~이다
je 비교급 형용사 + 주어 + … + 동사, desto 비교급 형용사 + 동사 + 주어 …	~ 할 수록 더 ~한

Das ist **kein** Kugelschreiber, **sondern** ein Bleistift.
이것은 볼펜이 아니라 연필이다.

Das Restaurant bietet **nicht nur** günstiges Essen, **sondern auch** freundlichen Service.
그 식당은 저렴한 음식뿐만 아니라 친절한 서비스도 제공한다.

Ich spreche **nicht nur** Deutsch, **sondern auch** Englisch.
나는 독일어뿐만 아니라 영어도 한다.

Am Wochenende fahren wir **entweder** nach Paris **oder** nach Berlin.
우리는 주말에 파리나 베를린으로 간다.

Ich esse **weder** Fleisch **noch** Fisch.
나는 고기도 생선도 먹지 않는다.

Mein neuer Job ist **zwar** anstrengend, **aber** sehr interessant.
내 새로운 직업은 힘들지만 매우 흥미롭다.

Je mehr ich Deutsch spreche, **desto besser** spreche ich Deutsch.
내가 독일어를 많이 말할수록 더 잘하게 된다.

- sowohl … als auch … 는 '둘 다'라는 뜻을 가지면서 후자를 조금 더 강조하는 뉘앙스가 있습니다.
- je …, desto … 구문은 je 문장 내에서는 동사가 후치되며, desto 문장 내에서는 동사가 도치됩니다.

> ✅ **Tipp**
>
> je …, desto …에서 desto대신에 umso도 사용 가능하며 어순은 동일하게 도치됩니다.
>
> 예 Je mehr ich Deutsch spreche, umso besser spreche ich Deutsch.

2 상관 접속사 문장의 특징

(1) 상관 접속사를 사용한 두 문장의 주어와 동사가 같을 경우 생략할 수 있습니다.

Ich kaufe entweder auf dem Markt **oder** (ich kaufe) im Supermarkt ein.
나는 시장이나 슈퍼마켓에서 장을 본다.

Am Samstag fahren wir **entweder** nach Belgien **oder** (wir fahren) in die Niederlande.
토요일에 우리는 벨기에로 가거나 네덜란드로 간다.

Wir besuchen **nicht nur** Berlin, **sondern auch** (wir besuchen) Dresden.
우리는 베를린뿐 아니라 드레스덴도 방문한다.

(2) 접속사 aber와 sondern 앞에는 항상 쉼표가 필요합니다.

Der Film ist **zwar** lang, **aber** sehr spannend.
그 영화는 길지만 매우 흥미롭다.

Er fährt **nicht** mit dem Auto, **sondern** mit dem Fahrrad.
그는 자동차가 아니라 자전거를 타고 간다.

1 한국어 뜻을 참고하여 빈칸에 알맞은 상관 접속사를 넣으세요.

(1) Er trinkt _____ Kaffee _____ _____ Tee. 그는 커피도 마시고 차도 마셔요.

(2) Ich mag _____ Salat _____ Gemüse. 나는 샐러드도 채소도 안 좋아해요.

(3) Sie spricht _____ _____ Deutsch, _____ _____ Englisch. 그녀는 독일어뿐 아니라 영어도 합니다.

(4) Ich kaufe _____ ein Auto _____ ein Fahrrad. 나는 자동차나 자전거 중 하나를 살 거예요.

(5) Das ist _____ billig, _____ teuer. 이건 싼 게 아니라 비싸요.

2 상관 접속사를 사용해 두 문장을 하나의 문장으로 만드세요.

(1) Er hat kein Auto. Er hat ein Fahrrad.

→ _____ .

(2) Maja geht nicht zum Supermarkt. Maja geht auf den Markt.

→ _____ .

(3) Ich möchte ins Kino gehen. Oder ich möchte ins Schwimmbad gehen.

→ _____ .

(4) Marius spricht Deutsch. Marius spricht auch Französisch.

→ _____ .

(5) Ich esse kein Fleisch. Ich esse keinen Fisch.

→ _____ .

3 상관 접속사를 사용해 문장을 독일어로 써 보세요.

(1) 나는 내일 영화관에 가거나 카페에 갈 거야.

→ _____

(2) 우리는 이 파란색 코트(der Mantel)를 사거나 이 빨간색 셔츠(das Hemd)를 살래.

→ _____

(3) 이 슈퍼마켓은 작지만, 신선한 과일을 판다.

→ _____

(4) 내가 독일어를 더 열심히 할수록, 더 많은 단어들을 알게 된다.

→ _____

동사 III

32 3격 지배 동사
★ Verben mit Dativ

MP3 **033**

A **Passt dir die Jacke? Dann probier mal diese Jacke hier, sie wird dir sicher gut stehen.**
그 자켓 너에게 잘 맞아? 그럼 이거 한 번 입어 봐. 분명히 잘 어울릴 거야.

B **Nein, die erste passt mir nicht, aber diese neue steht mir betimmt besser.**
아니, 첫번째 것은 너무 작아. 하지만 이 새 자켓은 분명히 나에게 어울릴 것 같아.

문법 Grammatik

독일어에서는 목적어가 없어도 주어와 동사만으로 문장이 만들어질 수 있으며, 이러한 동사를 '자동사 (intransitive Verben)'라고 합니다.

Ich lese. 나는 독서한다.

Er schläft. 그는 잔다.

Die Blume blüht. 꽃이 핀다.

또한 일부 동사는 주어와 더불어 1격 보어를 필요로 하여 문장을 구성하기도 합니다.

Ich bin Journalistin. 나는 기자다.

Jan wird ein guter Lehrer. 얀은 좋은 선생님이 된다.

Max ist gesund. 막스는 건강하다.

1 3격 지배 동사의 종류

대부분의 동사는 적어도 하나의 목적어를 필요로 합니다. 이 때, 목적어로 3격(여격)을 요구하는 동사를 '3격 지배 동사'라고 합니다. 3격에는 주로 사람을 사용하며, 다음과 같은 동사들이 여기에 속합니다.

antworten 대답하다	gehören ~에게 속하다	raten 조언하다
begegnen (우연히)만나다	passen ~에게 맞다	zu/hören 경청하다
gratulieren 축하하다	stehen ~에게 어울리다	schaden ~에게 해가 되다
danken 감사하다	gefallen ~에게 마음에 들다	weh/tun ~에게 아프다
helfen 돕다	fehlen ~에게 ~이/가 없다	
folgen 따르다	schmecken ~에게 맛이 좋다	

부록 〈중요한 3격 지배 동사〉 P. 252

Dieser Kaffee **schmeckt** mir nicht gut. 이 커피는 (나에게) 맛이 없어.

Ich **gratuliere** dir zum Geburtstag! 생일 축하해!

Der Film **gefällt** mir nicht besonders. 그 영화는 별로 내 마음에 들지 않아.

Im Supermarkt **folgt** ein Kind seiner Mutter. 한 아이가 슈퍼마켓에서 엄마를 따라다닌다.

Bitte **antworten** Sie mir so schnell wie möglich. 저에게 가능한 빨리 회신하세요.

Was **fehlt** dir? 무슨 일이야?

Der Kopf **tut** mir **weh**. 머리가 아프다.

Im Unterricht **hören** die Schüler ihrem Lehrer gut **zu**. 수업에서 학생들은 그들의 선생님의 말을 잘 듣는다.

2 3·4격 지배 동사

일부 동사들은 3격과 4격 목적어를 함께 필요로 합니다.

geben ~에게 ~을/를 주다	schenken ~에게 ~을/를 선물하다
Meine Mutter **gibt** meiner jüngeren Schwester viel Taschengeld. 우리 엄마는 내 여동생에게 많은 용돈을 준다.	Ich **schenke** dir einen neuen Computer zum Geburtstag. 나는 생일에 너에게 새 컴퓨터를 선물한다.

3·4격 지배 동사 34과

이 경우 일반적으로 3격 목적어가 먼저 오지만, 두 목적어 중 하나가 대명사일 경우에는 대명사가 먼저 위치합니다.

Corinna schenkt ① ihrem Freund einen neuen Laptop. 코리나는 그녀의 남자 친구에게 새 노트북을 선물한다.
　　　　　　　　　(3격 명사)　　　　(4격 명사)

　　　　　　　　② ihm einen neuen Laptop. 코리나는 그에게 새 노트북을 선물한다.
　　　　　　　　　(사람: 3격 인칭 대명사)

　　　　　　　　③ ihn ihrem Freund. 코리나는 그것을 그녀의 남자 친구에게 선물한다.
　　　　　　　　　(사물: 4격 인칭 대명사)

하지만 두 목적어를 모두 대명사로 사용할 경우 인칭 대명사 4격, 3격의 순으로 위치합니다.

Corinna schenkt **ihn ihm**. 코리나가 그것을 그에게 선물한다.

1 괄호 안 명사를 알맞게 격 변화하여 빈칸을 채우세요.

(1) Ich helfe _____ _____ bei den Hausaufgaben. *(mein Bruder)*

(2) Das Kleid gefällt _____ _____ sehr. *(meine Mutter)*

(3) Das Auto gehört _____ _____ _____. *(der neue Lehrer)*

(4) Ich gratuliere _____ zum Geburtstag. *(du)*

(5) Die Pizza schmeckt _____ gut. *(ich)*

2 괄호 안 인칭 대명사를 알맞게 격 변화하여 빈칸을 채우세요.

(1) Das Kleid gefällt _____ sehr gut. *(ich)*

(2) Kannst du _____ bitte helfen? *(er)*

(3) Der Kuchen schmeckt _____ nicht. *(wir)*

(4) Ich danke _____ für deine Hilfe! *(du)*

(5) A Wie gefällt _____ das Kleid? *(du)*
   B Es gefällt _____ sehr gut. *(ich)* Und es steht _____ sehr gut! *(du)*

3 보기 중 문맥에 어울리는 동사를 골라 빈칸을 채우세요.

wünschen   gehören   schaden   wehtun   stehen   schreiben

(1) Der Mantel _____ meiner älteren Schwester.

(2) Ich _____ dir alles Gute für die Zukunft!

(3) Mina geht zum Arzt, denn der Kopf _____ ihr heute sehr _____.

(4) Katharina _____ ihrem Freund einen Brief.

(5) Diese Schuhe _____ dir sehr gut!

(6) Nicht nur Stress, sondern auch Rauchen _____ der Gesundheit.

33 4격 지배 동사
★ Verben mit Akkusativ

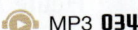 MP3 **034**

A Suchst du ein Geschenk für deine Mutter? Dann ist dieses Buch perfekt, denn sie liebt ja Romane.

너희 엄마를 위한 선물을 찾고 있어? 엄마가 소설 좋아하시니까 이 책이 딱 좋겠다.

B Ja, das stimmt. Ich nehme das Buch und vielleicht noch ein schönes Lesezeichen dazu.

응, 맞아. 이 책이랑 예쁜 책갈피도 같이 살게.

 **Grammatik**

목적어로 4격(대격)을 필요로 하는 '타동사(Transitive Verben)'를 '4격 지배 동사'라고 합니다. 타동사는 직접 목적어가 있어야 의미가 완전해지므로 4격 목적어를 필요로 합니다.

1 4격 지배 동사의 종류

많은 독일어 동사들은 하나의 4격 목적어만으로 문장을 구성할 수 있습니다.

haben 가지다	trinken 마시다
nehmen 선택하다, 가지다, 집다	fragen 물어보다
lesen 읽다	sehen 보다
essen 먹다	hören 듣다
kaufen 사다	brauchen 필요하다
bekommen 받다	machen 하다, 만들다
suchen 찾다	finden 발견하다, 생각하다

> **❗ 주의 Achtung!**
>
> fragen (물어보다) 동사를 한국어 조사 때문에 3격 지배 동사로 오해하는 경우가 많으니 주의하세요!

Marianne **hat** einen kleinen Hund.　마리안네는 작은 강아지가 있다.

Er **nimmt** ein Stück Kuchen.　그는 케이크 한 조각을 집는다.

Emma **bekommt** ein Geschenk zum Geburtstag.　엠마는 생일을 맞아 선물을 받는다.

Liam **braucht** ein neues Fahrrad.　리암은 새 자전거가 필요하다.

Heute Abend **essen** wir eine leckere Pizza.　오늘 저녁에 우리는 맛있는 피자를 먹는다.

Ich **finde** seine Idee sehr gut.　나는 그의 아이디어가 매우 좋다고 생각한다.

Zu Hause **fragt** Emil seine jüngere Schwester, ob sie mit ihm zusammen Hausaufgaben **macht**.
집에서 에밀은 여동생에게 그와 함께 숙제를 할 건지 묻는다.

Emilia **hört** ihre Lieblingsmusik.　에밀리아는 그녀가 가장 좋아하는 음악을 듣는다.

2　be-, ver-, zer- 비분리 동사와 4격 목적어

비분리 전철인 be-, ver-, zer-로 시작하는 동사들은 거의 항상 4격 목적어를 사용합니다.

beantworten 답변하다	vereinbaren 일정을 정하다
bearbeiten 편집하다, 처리하다	vergessen 잊다
bedienen 응대하다, (기계) 조작하다	zerreißen 찢다
benutzen 사용하다, 이용하다	zerstören 파괴하다

Er **beantwortet** alle E-Mails rechtzeitig, obwohl er sehr beschäftigt ist.
그는 매우 바쁜데도 불구하고 모든 이메일을 제때 회신한다.

Ich möchte gern einen Termin **vereinbaren**.
저는 일정을 정하고 싶습니다. (= 예약하고 싶습니다.)

Matthias **vergisst** oft seine elektronischen Kleingeräte.
마티아스는 자주 자신의 소형 전자 기기들을 잊는다.

3　두 개의 4격 목적어

목적어로 두 개의 4격 목적어를 갖는 동사도 있습니다.

lehren 가르치다	kosten (값이) ~이다	nennen 이름을 붙이다

Die Kursleiterin **lehrt** die Kursteilnehmenden die deutsche Grammatik.
강사는 수강생들에게 독일어 문법을 가르친다.

Die Reparatur des Autos **kostet** ihn viel Geld.
그 자동차 수리는 운전자에게 많은 돈이 든다.

Die Patienten des Krankenhauses **nennen** ihre Ärzte Helden.
그 병원의 환자들은 자신의 의사를 영웅이라고 부른다.

1 보기의 동사를 활용하여 빈칸을 채우세요. (동사는 인칭에 맞게 변화하여 넣으세요.)

| brauchen | haben | suchen | sehen | nehmen |

(1) Peter und Anna _____ eine neue Wohnung.

(2) _____ du eine neue Tasche?

(3) Wir _____ einen Film im Kino.

(4) Er _____ viele Fragen.

(5) Ich möchte einen Kaffee. Was _____ du?

2 주어진 단어를 활용하여 어순에 맞게 올바른 문장을 만드세요. (동사는 인칭에 맞게 변화하여 넣으세요.)

(1) sie (Singular) / eine Blume / bekommen / .

→ _____

(2) Anna und Tom / einen Kuchen / machen / denn / haben / Geburtstag / ihre Mutter / .

→ _____

(3) er / einen Wohnwagen / brauchen / obwohl / mögen / kein Camping /er / .

→ _____

(4) Jonas / nehmen / haben / ein Stück Kuchen / er / Hunger / weil / .

→ _____

3 목적어 관련 어미를 올바르게 넣으세요. (불필요한 곳은 ✕ 표시하세요.)

(1) Sie sucht schon lange ein_____ schön_____ Wohnung in Berlin.

(2) Ich kaufe heute ein_____ rot_____ Kleid im Kaufhaus.

(3) Mein Mann und ich sehen oft ein_____ spannend_____ Film im Kino.

(4) Ich finde d_____ blau_____ Vase auf unserem Küchentisch total schön.

(5) Er braucht ein_____ modern_____ Computer, damit er schneller arbeiten kann.

(6) Du machst ein_____ groß_____ Fehler, aber ich helfe dir gern.

34 3·4격 지배 동사
★ Verben mit Dativ und Akkusativ

MP3 **035**

A Entschuldigen Sie, könnten Sie mir bitte den Weg zu diesem Hotel zeigen?
실례합니다, 이 호텔로 가는 길을 저에게 알려주실 수 있나요?

B Ja, natürlich. Gehen Sie geradeaus und dann nach links.
네, 물론이죠. 곧장 가시다가 왼쪽으로 가세요.

문법 Grammatik

일부 동사는 목적어로 3격, 4격을 모두 사용할 수 있으며, 이러한 동사를 '3·4격 지배 동사'라고 합니다. 이 경우, 사람이나 생물은 3격, 사물은 4격으로 사용합니다.

geben 주다	empfehlen 추천하다	schreiben 쓰다
leihen 빌려주다	kaufen 사다	zeigen 보여주다
schenken 선물하다	bringen 가져오다	erklären 설명하다
wünschen 소원하다	senden/schicken 보내다	versprechen 맹세/약속하다

Der Kellner **bringt** der Frau den Salat. 웨이터가 그 여성에게 샐러드를 가져다준다.

Mein Nachbar **leiht** mir sein Fahrrad. 내 이웃이 나에게 그의 자전거를 빌려준다.

Ich **kaufe** meiner Tochter ein neues Handy. 나는 내 딸에게 새 휴대 전화를 사 준다.

Der Vermieter **zeigt** dem Mieter die Wohnung. 집주인이 세입자에게 집을 보여준다.

Meine Freundin **schreibt** mir eine Postkarte. 내 여자 친구가 나에게 엽서를 쓴다.

Meine Eltern **senden** mir ein Paket. 내 부모님이 나에게 소포를 보낸다.

1 올바른 3격, 4격 목적어를 사용하여 빈칸을 채우세요. (불필요한 곳에는 ✕ 표시하세요.)

(1) Er zeigt sein_____ Eltern _____ sein_____ neu_____ Auto.

(2) Ihr schenkt eur_____ Lehrer ein_____ Pflanze.

(3) Ich erkläre d_____ Kinder_____ d_____ Regel.

(4) Du empfiehlst _____ (ich) ein_____ gut_____ Buch.

(5) Wir bringen unser_____ Freunde_____ ein_____ Flasche Wein.

2 괄호 안의 단어를 활용하여 빈칸을 채워 문장을 완성하세요. 인칭 변화와 관사의 격 변화에 유의하세요.

(1) Wir schicken _____. (sie (Singular) / ein- Einladung)

(2) Ihr schreibt _____. (euer Lehrer / ein- Brief)

(3) Die Frau empfiehlt _____. (wir / ihr altes Haus)

(4) Der Lehrer zeigt _____. (sein- Schüler / ein neues Thema zum Lernen)

(5) Wir erklären _____. (unser- Lehrer (Plural) / das Problem)

3 괄호 안의 단어를 활용하여 질문에 대한 답을 써보세요. 인칭 변화 또는 격 변화에 유의하세요.

(1) Wem gibst du oft Geschenke? (meine Freundin)

→ _____

(2) Wem erklärst du manchmal etwas? (meine jüngere Schwester)

→ _____

(3) Was schreibst du deinem besten Freund? (etwas Lustiges)

→ _____

(4) Wem empfiehlst du ein gutes Restaurant? (mein Chef)

→ _____

es를 사용한 표현
★ Ausdrücke mit es

 MP3 **036**

A Wie ist das Wetter heute? Es wird doch bestimmt früh dunkel, oder?

오늘 날씨 어때? 분명 일찍 어두워질 것 같은데?

B Es ist sehr kalt, und es schneit seit heute morgen. Es ist erst 17.30 Uhr und draußen ganz dunkel.

아주 추워, 오늘 아침부터 계속 눈이 내리고 있어.
5시 30분 밖에 안됐는데 밖은 이미 완전히 어두워.

문법 Grammatik

지금까지는 es가 인칭 대명사로서 앞에서 언급된 명사를 대신해 주는 역할을 하는 것으로 배웠습니다.

Mein Nachbar leiht mir **sein Fahrrad** und **es** ist ein altes Fahrrad.

내 이웃은 나에게 그의 자전거를 빌려주는데 이것은 낡은 자전거이다.

하지만 독일어의 es는 특정한 의미 없이 형식적인 기능만 하는 비인칭 단어로로 쓰입니다. 비인칭 주어 es를 필요로 동사를 '비인칭 동사'라고 하며, 주로 자연 현상, 감각, 상태 등을 표현할 때 사용됩니다. 비인칭 주어 es와 더불어 es를 사용한 다양한 표현들도 함께 학습합니다.

1 비인칭 주어 es를 활용한 표현

구분	표현	
기상 현상 관련 표현	**Es regnet/schneit/donnert/blitzt ...** 비가 온다 / 눈이 내린다 / 천둥이 친다 / 번개가 친다	
날씨 관련 감각	**Es ist heiß, warm, kalt, sonnig ...** 덥다, 따뜻하다, 춥다, 화창하다	
	Es zieht! 바람이 들어온다!	
시간 관련 표현	**Es ist ... Uhr.**	~시 이다.
	Es ist früh / spät.	(시간이) 일러/늦었어.
	Es ist / wird / bleibt + 시간 관련 명사	~이다 / ~이/가 될 것이다 / ~이/가 유지되다
	Es schmeckt / duftet / stinkt / klingelt...	맛이 나다 / 향기가 난다 / 악취가 난다 / 벨이 울린다
일반적인 상황의 서술	**Es ist / wird / bleibt + 형용사**	~하다 / ~하게 될 것이다 / ~이/가 유지된다
관용 표현	**es geht + 3격**	~하게 지내다 (안부)
	es geht um + 4격 / es handelt sich um + 4격	~에 관한 것이다.
	es gibt + 4격	~이/가 있다
	es tut + 3격 leid (leid/tun)	유감이다

Wie spät ist es? - **Es** ist drei Uhr. 몇 시야? – 3시야.

Es ist Weihnachtszeit! 크리스마스 시즌이야!

Es wird dunkel. 어두워지고 있어.

Wie schmeckt es dir? – Mir schmeckt **es** gut! 맛이 어때? – (나에게) 맛있어!

Wie geht es Ihnen? – **Es geht** mir super! 어떻게 지내세요? – 아주 잘 지내요!

Es geht um den Klimawandel. 기후 변화에 관한 이야기야.

Es gibt viele Restaurants in der Stadt. 도시에 많은 레스토랑이 있어.

Es tut mir sehr **leid**. 매우 유감입니다.

> ✔ **Tipp**
> 관용 표현은 외워서 활용하는 것이 가장 좋습니다!

2 es를 목적어로 활용한 관용 표현

표현
es eilig haben 급하다
es leicht/schwer/genau...nehmen ~을/를 쉽게/어렵게/엄격하게 받아들이다

Ich **habe es eilig**. 나는 급해.

Er **nimmt es leicht / schwer / genau**. 그는 그것을 쉽게 / 어렵게 / 엄격하게 생각한다.

3 문체적 수단으로서의 es

es는 부문장과 함께 사용될 때 문장 속 주어나 목적어를 대신하며, 특정 부분을 강조하는 역할을 하기도 합니다. 이 경우, es는 보통 'dass-문장' 또는 'zu + 동사 원형'을 포함한 구와 함께 쓰여 문장에서 강조하고자 하는 내용을 뒤로 보내는 기능을 합니다.

• 주어로 쓰일 때

주문장	부문장	
<u>Es</u> ist wichtig,	**dass** wir pünktlich bei der Arbeit sind.	우리가 정시에 일터에 있는 것이 중요하다.
<u>Es</u> freut mich,	**dass** du mich besuchst.	네가 나를 방문해서 기쁘다.
<u>Es</u> ärgert mich,	**dass** ich nicht schwimmen kann.	내가 수영을 할 수 없다는 것이 화가 난다.
<u>Es</u> macht Spaß,	neue Sprachen **zu lernen**.	새로운 언어를 배우는 것은 재미있다.

• 목적어로 쓰일 때

주문장	부문장	
Ich finde <u>es</u> gut,	**dass** du regelmäßig Sport machst.	네가 규칙적으로 운동을 하는 것이 좋다고 생각한다.
Sie hat <u>es</u> nicht leicht,	allein neue Sprachen **zu lernen**.	그녀는 혼자 새로운 언어를 배우는 것이 쉽지 않다.
Susanne findet <u>es</u> schade,	**dass** sie nicht ins Kino gehen kann.	수잔네는 영화관에 갈 수 없다는 것이 아쉽다고 생각한다.

만약 부문장이 앞에 위치할 경우 es 는 생략됩니다.

Dass du regelmäßig Sport machst, finde ich ~~es~~ gut. 네가 규칙적으로 운동하는 것은 좋다고 생각해.

Dass ich nicht schwimmen kann, ärgert ~~es~~ mich. 내가 수영을 못하는 것이 나를 화나게 해.

또한, 어떤 상황을 설명할 때 주어의 자리에 es를 사용하고, 실제 주어를 보어로 두면서 강조하고 싶은 대상을 부각할 수도 있습니다.

<u>Viele Leute</u> sind auf der Party. 많은 사람들이 파티에 있다.

Es sind <u>viele Leute</u> auf der Party. 파티에 많은 사람들이 있다.

1 한국어 문장을 독일어로 옮겨 보세요.

(1) 어제부터 비가 많이 내린다.   → _____

(2) 어떻게 지내시나요?   → _____

(3) 벌써 18시네요!   → _____

(4) 버스가 오기까지는 오래 걸린다. → _____

(5) 몇 시 인가요?   → _____

2 괄호 안의 동사 중 문맥상 알맞은 동사를 고르세요.

(1) Es (ist / gibt / regnet) heute sehr warm.

(2) Es (geht / gibt / dauert) ein großes Problem mit dem Computer.

(3) Es (dauert / geht / gibt) viel Zeit, bis man Deutsch gut spricht.

(4) Es (ist / klingelt / regnet) an der Tür und jemand steht draußen.

(5) Ich (gehe / gebe / finde) es schade, dass du nicht kommen kannst.

3 올바른 어순으로 문장을 써 보세요. 인칭 변화 또는 격 변화에 유의하세요.

(1) es / viele Touristen / geben / in der Stadt / .

→ _____

(2) regnen / es / den ganzen Tag / .

→ _____

(3) gehen / es / gut / ich / .

→ _____

(4) von hier / dauern / es / 20 Minuten / .

→ _____

36 특정 전치사와 함께 쓰이는 동사

★ Verben mit festen Präpositionen

MP3 **037**

A Wofür interessierst du dich?

너는 무엇에 관심 있어?

B Ich interessiere mich für Sport. Ich freue mich schon auf kommenden Samstag, weil ich im Verein Fußball spiele.

나는 스포츠에 관심 있어. 나는 토요일을 벌써부터 고대하고 있어. 왜냐하면 클럽에서 축구를 하거든.

문법 Grammatik

많은 동사는 항상 특정한 전치사와 함께 사용됩니다. 이 때 전치사는 본래의 의미(장소, 시간 등)가 약해지거나 사라지기도 하며, 동사와 결합하여 새로운 의미를 만들어 내기도 합니다. 이러한 동사들은 반드시 정해진 전치사와 격을 필수적으로 요구하므로, 올바르게 사용하기 위해서는 꼼꼼히 학습해야 합니다.

이러한 동사들은 목적어에 전치사가 함께 붙는다고 볼 수 있습니다. 따라서 하나의 표현처럼 '동사 + 특정 전치사 + 격'을 함께 묶어서 외워야 합니다.

부록 〈특정 전치사 수반 동사〉 *P. 255*

warten auf + 4격: ～을/를 기다리다

Ich warte dich. (✕)

Ich **warte auf** dich. (〇)

나는 너를 기다린다.

sich⁴ freuen auf + 4격: ～을/를 고대하다

Wir freuen uns Ihren Besuch. (✕)

Wir **freuen** uns **auf** Ihren Besuch. (〇)

우리는 당신의 방문을 고대합니다.

1 주요 동사의 예시

전치사 + 4격을 사용하는 동사			
achten auf	~을/를 유의하다	sich⁴ freuen auf	(미래의 일) ~을 고대하다
aufpassen auf	~을/를 주의하다(돌보다)	sich⁴ freuen über	(현재/과거의 일) ~에 대해 기뻐하다
sich⁴ ärgern über	~에 대해 화나다	denken an	~을/를 생각하다
sich⁴ erinnern an	~을/를 기억하다	sich⁴ gewöhnen an	~에 익숙해지다
sich⁴ interessieren für	~에 흥미가 있다	sich⁴ kümmern um	~에 대해 신경을 쓰다 (돌보다)
nachdenken über	~에 대해 숙고하다	sich⁴ vorbereiten auf	~을/를 준비하다
warten auf	~을/를 기다리다	sich⁴ konzentrieren auf	~에 집중하다

전치사 + 3격을 사용하는 동사		
sich⁴ erholen von ~에서부터 회복하다		fragen nach ~에 대해 묻다
gehören zu ~에 속하다		rechnen mit ~을/를 예상하다
teilnehmen an ~에 참여하다		riechen nach ~의 향이 나다

Maja **achtet auf** ihre Gesundheit. 마야는 그녀의 건강을 신경 쓴다.

Er **ärgert sich über** den schlechten Service. 그는 안 좋은 서비스에 화가 난다.

Sie **freut sich über** das Geschenk. 그녀는 선물을 받고 기뻐한다.

Ich **denke** immer **an** meine Familie.   나는 항상 내 가족을 생각한다.

Martin **kümmert sich um** seine kleine Schwester. 마틴은 그의 여동생을 돌본다.

Tina **erholt sich von** ihrer Krankheit.   티나는 병에서 회복 중이다.

Im Oktober **nehme** ich **an** einem Sprachkurs **teil**. 나는 10월에 어학 강좌에 참가한다.

Das Essen **riecht nach** Knoblauch. 음식에서 마늘 냄새가 난다.

2 의문문을 만들 때 주의할 점

특정 전치사와 함께 쓰이는 동사로 의문문을 만들 때는 의문사의 형태에 주의해야 합니다. 이는 사람을 묻는지, 사물을 묻는지에 따라 의문사의 형태가 달라지기 때문입니다.

	사물에 관한 질문	사람에 관한 질문
의문사의 형태	**wo(r) + 전치사** • 전치사가 모음으로 시작할 경우 r를 추가합니다.	**전치사 + wem/wen** • 전치사가 3격 또는 4격을 수반하는지에 따라 wem 또는 wen을 사용합니다.
warten auf + 4격 (~을/를 기다리다)	A **Worauf** wartest du? 너 뭘 기다려? B Ich warte **auf den Bus**. 버스를 기다려.	A **Auf wen** wartest du? 누구를 기다려? B Ich warte **auf meine Frau**. 내 아내를 기다려.

특정 전치사와 함께 쓰이는 동사는 '그것'을 칭하는 대명사적 부사를 만들 때도 주의해야 합니다. 대명사적 부사는 '전치사 + 대명사'의 결합을 대신하는 하나의 형태로, 문맥에서 이미 언급된 사물을 가리킬 때만 사용됩니다. 형태는 'da+(r)+전치사'입니다. 반면, 사람을 가리킬 때는 대명사적 부사를 사용할 수 없으며, 반드시 '전치사+인칭 대명사' 형태로 표현해야 합니다.

	사물에 관한 질문	사람에 관한 질문
의문사의 형태	**da + (r) + 전치사** • 전치사가 모음으로 시작할 경우 r를 추가합니다.	**전치사 + wem/wen** • 전치사를 쓴 후 요구하는 격에 따라 wem 또는 wen을 사용합니다.
warten auf + 4격 (~을/를 기다리다)	A Ich warte **auf das** Essen. 나 음식을 기다리고 있어. B Ich warte auch **darauf**! 나도 그것을 기다리고 있어!	A Ich warte gerade **auf Tobias**. 난 토비아스를 기다리는 중이야. B Schon wieder? Immer wartest du **auf ihn**! 또? 항상 네가 그를 기다리잖아!

3 전치사 목적어의 dass-문장 확장

전치사 목적어가 'dass-문장' 또는 'zu + 부정사구'로 확장될 때, 주문장에는 'da+(r)+전치사'가 먼저 '자리 표시어'처럼 사용됩니다. 이 형태는 뒤에 나오는 dass-문장을 대신해 앞에서 먼저 자리를 잡아 주는 역할을 합니다.

Ich freue mich **darauf**, den Strand entlangzulaufen   나는 해변을 따라 걷는 것을 기대하고 있어.

Denk **daran**, dass du dein Auto von der Werkstatt abholst. 정비소에서 네 차를 찾아오는거 잊지 마.

Er ärgert sich **darüber**, **dass** er morgen wieder arbeiten muss.
그는 그가 내일 다시 일해야만 한다는 것에 화가 난다.

4 기타 용법

als와 함께 쓰이는 동사들에서는 질문이 als + was 형태로 만들어집니다.

arbeiten als ~(으)로서 일하다	**Als was** arbeitet dein Neffe?	네 조카는 뭐해? (직업)
bezeichnen als ~(이)라고 지칭하다, 규정하다	**Als was** bezeichnet er dich?	그가 너를 뭐라고 칭하니? / 그는 너를 어떤 사람으로 규정하니?
einstellen als ~(으)로 채용하다	**Als was** stellt die Firma den Bewerber ein?	회사는 이 지원자를 어떤 직책으로 채용하나요?

1 동사를 인칭에 알맞게 변형한 후 알맞은 전치사를 빈칸에 넣으세요.

(1) Ich _____ _____ _____ moderne Kunst. *(sich interessieren)*

(2) Sie _____ oft _____ ihre Kindheit. *(denken)*

(3) Du _____ schon lange _____ den Bus. *(warten)*

(4) Wir _____ _____ _____ das schöne Wetter. *(sich freuen)*

(5) Ihr _____ _____ oft _____ die laute Musik der Nachbarn. *(sich ärgern)*

2 문법과 맥락에 맞는 단어를 고르세요.

(1) Kinder müssen gut _____ (auf / für / um) den Verkehr aufpassen.

(2) Man muss sich an das neue Leben in Deutschland _____
(anpassen / gewöhnen / erinnern).

(3) Wir rechnen _____ (mit / nach / auf) einem schnellen Ende der Arbeit.

(4) Ich denke _____ (über / an / nach) meinen Urlaub nach.

(5) Sie nimmt gern _____ (an / nach / auf) den Seminaren teil.

3 알맞은 의문사를 빈칸에 넣어 문장을 완성하세요.

(1) A _____ wartest du?

   B Ich warte auf den Bus.

(2) A _____ denkst du oft?

   B Ich denke oft an meinen Urlaub.

(3) A _____ kümmerst du dich?

   B Ich kümmere mich um meinen kleinen Bruder.

(4) A _____ riecht es hier?

   B Es riecht nach frischem Kaffee.

(5) A _____ bereitest du dich vor?

   B Ich bereite mich auf die Prüfung vor.

4 보기와 같이 빈칸에 알맞은 단어를 넣으세요.

> **보기** Ich warte **auf den Bus**. ➔ Ich warte **darauf**.
> Ich warte **auf meinen Freund**. ➔ Ich warte **auf ihn**.

(1) Sie denkt an ihre Prüfung. ➔ Sie denkt _____.

(2) Wir sprechen über unseren neuen Lehrrer. ➔ Wir sprechen _____.

(3) Er denkt über seine Zukunft nach. ➔ Er denkt _____ nach.

(4) Ich kümmere mich um meine Schwester. ➔ Ich kümmere mich _____.

5 질문에 알맞은 대답을 연결하세요.

(1) Worüber sprecht ihr gerade?   •   • ⓐ Auf den Urlaub nächste Woche.

(2) Worauf freust du dich am meisten? •   • ⓑ An unsere Schulzeit.

(3) Womit fährt er zur Arbeit?   •   • ⓒ Über das neue Projekt

(4) Woran erinnerst du dich noch?   •   • ⓓ Mit dem Bus.

(5) Worüber ärgert sie sich?   •   • ⓔ Über die Baustelle vor meinem Haus.

6 보기와 같이 두 문장을 결합하여 한 문장으로 완성하세요.

> **보기** Ich freue mich auf etwas. Die Ausstellung findet morgen statt.
> ➔ Ich freue mich darauf, dass die Ausstellung morgen stattfindet.

(1) Ich denke an etwas. Wir müssen noch einen Termin vereinbaren.

➔ _____

(2) Wir hoffen auf etwas. Das Wetter wird am Wochenende besser.

➔ _____

(3) Die Eltern ärgern sich über etwas. Die Kinder räumen das Zimmer nicht auf.

➔ _____

(4) Sie wartet auf etwas. Ihr Freund ruft sie zurück.

➔ _____

대명사 III

Kapitel 37 지시 대명사
★ Demonstrativpronomen

🔊 MP3 **038**

A Welches T-Shirt gefällt dir am besten? Ach, das finde ich auch schön! Willst du auch dieses anprobieren?

어떤 티셔츠가 제일 마음에 들어? 아, 이거 예쁘다! 이것도 한 번 입어 볼래?

B Dieses hier gefällt mir gut, aber ich habe schon welche. Das reicht.

이게 마음에 들어. 하지만 이미 몇 개 있어서 이걸로 충분해.

문법 Grammatik

지시 대명사는 이미 언급된 사람이나 사물을 가리키거나 특정 대상을 더 분명히 강조할 때 사용됩니다. 이는 명사의 반복을 피하기 위해 쓰이며, 관사와 달리 명사 없이도 독립적으로 사용됩니다. 또한, 지시 대명사는 의미에 따라 여러 가지 종류로 나뉩니다.

1 지시 대명사의 형태와 사용

형태	사용	예문
der/die/das/ dies-	특정한, 이미 언급된 사람이나 사물을 가리킵니다.	Ich habe einen Hund. **Der** ist sehr lieb. 나는 강아지를 한 마리 키워. 그는 매우 착해.
derselbe-/ dieselbe-/ dasselbe-	'같은'을 의미하며 이미 언급된 사람이나 사물과 동일한 대상을 가리킵니다.	Ich sehe einen Film. **Derselbe** läuft nächste Woche auch im Kino. 나는 영화를 한 편 본다. 같은 영화가 다음 주에도 영화관에서 상영된다.
derjenige-/ diejenige-/ dasjenige-	뒤따르는 관계절에서 더 자세히 설명되는 특정한 사람이나 사물을 가리킵니다.	**Derjenige**, der an der Tür klopft, ist mein Nachbar. 문을 두드리는 사람은 내 이웃이야.

jed-	'각각 또는 모든 사람/것'을 의미하며 단수 형태로만 사용됩니다.	**Jeder** kann mitmachen. 모두가 (누구나) 참여할 수 있다.
welch-	'어떤 사람/것'을 의미하며 이미 언급된 사람이나 사물을 가리킵니다.	**Welches** nehme ich? – Nimm **dieses** hier. 어떤 것을 가져 갈까? – 여기 이것을 가져 가.
solch-	'이러한/그러한 사람/것'을 의미합니다.	Die Idee als **solche** ist ja gar nicht schlecht. 그러한 아이디어 자체는 그렇게 나쁘지 않아.

- jen- (저)라는 정관사 어미를 따르는 지시 관사/대명사도 존재하지만 현대 독일어에서는 거의 사용되지 않습니다.

> ❗ **주의 Achtung!**
> ---
> 14과에서 배웠던 지시 관사 welch-, dies-와는 달리, 이 표현은 뒤에 명사 없이 단독으로 사용됩니다. 이때 남성 1격, 중성 1,4격의 정관사 어미로 바뀌므로 주의하세요!

2 어미 변화

der/die/das, dies-, welch-, jed-, all-, solch-는 정관사처럼 어미 변화 합니다. jed-는 단수로만 사용하므로 복수는 alle를 사용합니다.

격	남성	여성	중성	복수
1격	der dies**er** welch**er** jed**er** solch**er**	die dies**e** welch**e** jed**e** solch**e**	das dies**es** welch**es** jed**es** solch**es**	die dies**e** welch**e** **alle** solch**e**
2격	**dessen** dies**es** welch**es** jed**es** solch**es**	der**en** dies**er** welch**er** jed**er** solch**er**	**dessen** dies**es** welch**es** jed**es** solch**es**	**deren** dies**er** welch**er** all**er** solch**er**
3격	dem dies**em** welch**em** jed**em** solch**em**	der dies**er** welch**er** jed**er** solch**er**	dem dies**em** welch**em** jed**em** solch**em**	denen dies**en** welch**en** all**en** solch**en**
4격	den dies**en** welch**en** jed**en** solch**en**	die dies**e** welch**e** jed**e** solch**e**	das dies**es** welch**es** jed**es** solch**es**	die dies**e** welch**e** **alle** solch**e**

- solch-는 형용사 기능을 하므로 명사를 수식할 수도 있습니다. (어미 변화 필수)
  예) **Solche Filme** gefallen mir sehr. 나는 이런 영화가 정말 좋아.

A Welchen Laptop findest du besser? **Den** hier oder **den** da?
어떤 노트북이 더 나아 보여? 이거 아니면 저거?

B **Dieser** hier gefällt mir besser, weil sein Prozessor schneller läuft.
이게 더 마음에 들어. 프로세서가 더 빠르게 작동하거든.

A Ja, und **der** sieht ja auch moderner aus. Sind beide teuer?
응, 그리고 이게 더 현대적으로 보이네. 둘 다 비싸?

B Nein, aber **dieser** kostet etwas mehr als der andere.
아니, 하지만 이게 저것보다 조금 더 비싸.

derselbe, dieselbe, dasselbe는 der, die, das 부분은 정관사 격 변화, selb- 뒷 부분은 형용사 약변화합니다. 명사의 앞에서 명사를 수식할 수도 있고, 단독으로 쓰일 수도 있습니다.

격	남성	여성	중성	복수
1격	der**selb**e	die**selb**e	das**selb**e	die**selb**en
2격	des**selb**en	der**selb**en	das**selb**en	der**selb**en
3격	dem**selb**en	der**selb**en	das**selb**en	den**selb**en
4격	den**selb**en	die**selb**e	das**selb**e	die**selb**en

형용사 어미 변화의 약변화 (정관사에 따른 어미 변화) *25*과 참고 ▶

A Wohin gehen wir heute Abend essen? 오늘 저녁에 어디로 밥 먹으러 갈까?

B Lass uns ins indische Restaurant in der Stadt gehen. 시내에 있는 인도 식당으로 가자.

A Gute Idee! Ich wollte genau **das Gleiche** vorschlagen. 좋은 생각이야! 나도 똑같은 것을 제안하려고 했어.

B Super, dass wir **dieselbe** Idee haben. Lass uns gleich losgehen!
우리가 같은 생각을 했다는게 멋지다! 바로 가자!

derjenige/diejenige/dasselbe는 der, die, das 부분은 정관사 격 변화, 뒷 부분은 형용사 약변화합니다. 관계 대명사 문장의 선행사로 주로 사용됩니다.

격	남성	여성	중성	복수
1격	der**jenig**e	die**jenig**e	das**jenig**e	die**jenig**en
2격	des**jenig**en	der**jenig**en	das**jenig**en	der**jenig**en
3격	dem**jenig**en	der**jenig**en	das**jenig**en	den**jenig**en
4격	den**jenig**en	die**jenig**e	das**jenig**e	die**jenig**en

관계 대명사 *39*과 참고 ▶

Derjenige, der zuerst kommt, gewinnt das Spiel. 먼저 오는 사람이 게임에서 이긴다.

Ich helfe **demjenigen**, der Hilfe braucht. 나는 도움이 필요한 사람을 돕는다.

• Sport machen 같이 명사와 동사가 합쳐진 표현은 명사를 문장의 맨 뒤에 둡니다.
  예) Er macht gern Sport. 그는 운동을 즐겨 한다.

• 동사 gehen을 조동사로 활용하면 '~하러 가다'라는 의미의 문장을 만들 수 있습니다.
  예) joggen gehen 조깅하러 가다. – Jedes Wochenende gehe ich joggen. 주말마다 나는 조깅하러 간다.

1 괄호 안 지시 관사를 참고하고 어미를 추가하여 빈칸을 채우세요.

(1) Ich nehme _____ Buch dort. *(dies-)*

(2) Er interessiert sich für _____ Thema. *(dies-)*

(3) Wir wohnen in _____ Stadt, in der meine Großeltern auch leben. *(derselbe-)*

(4) _____ Auto ist besser? *(welch-)*

(5) Ich mache oft _____ Fehler. *(solch-)*

2 빈칸에 들어갈 알맞은 단어를 고르세요.

(1) Ich lese gerade (dasselbe / dieselben / derselbe) Buch wie du.

(2) (Solcher / Solches / Solche) Schuhe sind sehr bequem.

(3) (Jeder / Jedem / Jeden) bekommt ein Geschenk.

(4) (Diejenige / Diejenigen / Demjenigen) Leute kennen die Wahrheit.

(5) (solches / Solche / Solchen) Probleme können jedem passieren.

3 아래 질문에 대답하세요.

(1) A Welches Buch liest du gerade?

  B _____. *(dies-)*

(2) A Welche Stadt möchtest du besuchen?

  B _____. *(dies-)*

(3) A Ist dein Hund lieb?

  B Ja, _____ ist sehr lieb. *(der / die /das)*

(4) A Ich mag diesen Film.

  B Ich mag auch _____. *(dies-)*

(5) A Wir benutzen _____ Computer im Büro. *(derselb-)*

  B Ich nehme _____!

▶ MP3 **039**

A Möchtest du ein Stück Kuchen?
Ich bestelle dann einen Tee für
dich, wenn du möchtest.
케이크 한 조각 먹을래? 원한다면 차 한 잔 주문해 줄게.

B Nein, ich möchte keins, aber
ein Tee ist gut. Danke schön.
아니, 케이크는 괜찮아. 대신 차 한 잔은 좋아. 고마워.

문법 Grammatik

불특정하거나 막연한 사람이나 사물을 지칭할 때 부정 대명사를 사용합니다.

1 부정 대명사의 형태와 사용

대상	형태	사용	예문
사람/사물	einer ↔ keiner	'누군가/어떤 것' ↔ '아무도/아무것도 아니다'를 의미하며 정관사 어미 변화합니다.	**Einer** von uns muss das machen. Aber **keiner** will es machen? 우리 중 한 명이 그걸 해야 하는데 아무도 하고 싶어 하지 않네?
사람	man (3인칭 단수 취급)	일반적인 '사람들'을 의미하며 주격인 1격만 사용합니다. 그러나 3, 4격에서는 einem, einen을 사용할 수 있습니다.	**Man** kann nicht alles wissen, aber manchmal macht es **einen** neugierig. 사람은 모든 것을 알 수 없지만 가끔은 누군가를 궁금하게 만든다.

• einer, keiner 또한 정관사 어미로 격 변화합니다.
  예) Das Fahrrad ist eines der beliebtesten Verkehrsmittel. 자전거는 가장 인기있는 교통수단 중의 하나이다.

대상	형태	사용	예문
사람	(irgend)jemand ↔ niemand	'누군가' ↔ '아무도~하지 않는'을 의미하며 정관사 어미 변화합니다.	**(Irgend)jemand** kann uns helfen, aber wenn **niemand** kommt, müssen wir es selbst machen. 누군가는 우리를 도와줄 수 있을거야. 하지만 아무도 오지 않으면 우리가 스스로 해야 해.
	alle (3인칭 복수 취급)	'모든 사람'을 의미하며 정관사 어미 변화합니다.	**Alle** wissen, dass Rauchen gesundheitsschädlich ist. 흡연이 건강에 해롭다는 것은 모든 사람들이 안다.
사물	(irgend)etwas ↔ nichts	'어떤 것' ↔ '아무것도 아닌'을 의미하며 격 변화하지 않습니다.	Ich habe **etwas** zu essen, aber **nichts** zu trinken. 나는 먹을 것은 있지만, 마실 것은 아무것도 없어.
	alles (3인칭 단수 취급)	'모든 것'을 의미하며 정관사처럼 어미 변화합니다.	**Alles** ist möglich, wenn man es wirklich will. 진심으로 원하면 모든 것이 가능하다.

> ✅ **Tipp** ....
>
> **jemand와 irgendjemand의 차이**
>
> **jemand**: 특정되지 않은 사람이지만, 약간 더 명확하거나 중립적인 느낌을 줍니다.
> **irgendjemand**: 더 모호하고 불확실한 의미의 불특정 인물을 가리키며, 종종 그 사람이 중요하지 않거나 알려지지 않았다는 뉘앙스를 포함합니다.

2 어미 변화

대부분의 부정 대명사는 정관사처럼 어미 변화합니다.

격	남성	여성	중성	복수
1격	(irgend)ein**er** kein**er**	(irgend)ein**e** kein**e**	(irgend)ein**(e)s** kein**(e)s**	- kein**e**
2격	(irgend)ein**es** kein**es**	(irgend)ein**er** kein**er**	(irgend)ein**es** kein**es**	- kein**er**
3격	(irgend)ein**em** kein**em**	(irgend)ein**er** kein**er**	(irgend)ein**em** kein**em**	- kein**en**
4격	(irgend)ein**en** kein**en**	(irgend)ein**e** kein**e**	(irgend)ein**(e)s** kein**(e)s**	- kein**e**

사람	man	(irgend)jemand	niemand	alle
1격	man	(irgend)jemand	niemand	alle
2격	-	(irgend)jemand(e)s	niemand(e)s	aller
3격	einem	(irgend)jemand(em)	niemand(em)	allen
4격	einen	(irgend)jemand(en)	niemand(en)	alle

사물	(irgend)etwas	nichts	alles
1격			
3격	(irgend)etwas	nichts	alles
4격			

• 사물에 대한 부정 대명사 2격 형태는 현대 독일어에서 거의 사용되지 않습니다.

1 빈칸에 알맞은 부정 대명사를 넣으세요.

(1) Ich habe Hunger, aber es gibt _____ zu essen im Kühlschrank. (아무것도 없음.)

(2) Ist da _____ im Haus? Ich höre Geräusche. (누군가 있음.)

(3) Das Restaurant ist leer. Hier ist _____. (아무도 없음.)

(4) Hat _____ einen Kuli? Ich brauche einen. (누군가)

2 괄호 안의 부정 대명사를 올바른 형태로 사용하여 문장을 완성하세요.

(1) Ich sage _____ *(keiner)* etwas, weil es ein Geheimnis ist.

(2) _____ *(man)* sagt, dass Deutsch eine schwere Sprache ist.

(3) Es gibt _____ *(niemand)* in der Schule, weil es ein Feiertag ist.

(4) Kann mir _____ *(jemand)* bei den Hausaufgaben helfen?

(5) Warum bringt _____ *(niemand)* den Müll raus?

3 한국어 문장을 부정 대명사를 사용하여 독일어로 써 보세요.

(1) 나는 아무도 돕지 않는다.

➡ _____

(2) 나는 누구에게도 그 사실 (die Wahrheit)을 말하지 않을 거야.

➡ _____

(3) 그녀는 누군가와 이야기를 하고 있다.

➡ _____

(4) 나는 돈이 없기 때문에 아무것도 사지 않는다.

➡ _____

관계 대명사
★ Relativpronomen

🔊 MP3 **040**

A Kennst du den neuen Kollegen, der seit dieser Woche hier arbeitet?

이번 주부터 여기서 일하는 새로운 동료를 알아?

B Ja, er ist der Kollege, der im Verkauf arbeitet. Ich glaube, er ist jemand, der sehr fleißig ist.

응, 그는 영업팀에서 일하는 사람이야. 나는 그가 아주 성실한 사람이라고 생각해.

문법 Grammatik

관계 대명사는 주문장에서 언급된 명사(선행사)를 보다 구체적으로 설명하는 부문장입니다. 관계 대명사는 성, 수, 격에 따라 변화하며, 성과 수는 선행사에 의해 결정되고, 격은 관계문 내에서의 문장 성분과 동사에 따라 결정됩니다. 관계 대명사를 포함한 부문장은 쉼표(,)로 구분되며, 관계 대명사로 시작하고 동사는 문장의 가장 끝에 위치합니다.

Ich habe einen Freund. **Der Freund** kann gut Klavier spielen. 나는 한 친구가 있다. 그 친구는 피아노를 잘 친다.

Ich habe einen Freund, **der** gut Klavier spielen kann. 나는 피아노를 잘 치는 한 친구가 있다.

1 정관계 대명사의 격 변화와 특징

관계 대명사의 격 변화는 정관사의 격변화와 유사합니다.

격	남성	여성	중성	복수
1격	der	die	das	die
2격	dessen	deren	dessen	deren
3격	dem	der	dem	denen
4격	den	die	das	die

1격 Das ist meine Nachbarin, **die** ich seit Jahren kenne.
이 분은 내가 수년 동안 알고 지낸 이웃이야.

2격 Das Kind, **dessen** Mutter Lehrerin ist, spielt gerade Tennis.
어머니가 선생님인 아이가 지금 테니스를 치고 있어.

3격 Wir helfen einem Kind, **dem** es nicht gut geht.
우리는 몸 상태가 좋지 않은 한 아이를 돕는다.

4격 Das ist der Film, **den** ich sehen möchte.
이것이 내가 보고 싶은 영화야.

관계문은 항상 주문장에서 그것이 가리키는 선행사와 최대한 가까운 위치에 놓입니다. 따라서 관계문은 주문장을 종종 중간에서 끊기도 합니다.

Der Roman, **den** ich gerade lese, ist sehr spannend.   내가 지금 읽고 있는 이 소설은 매우 흥미롭다.

Der Mann, **der** neben mir sitzt, ist mein Kollege.   내 옆에 앉아 있는 이 남자는 내 동료이다.

특정한 전치사와 함께 쓰이는 동사가 관계문에 놓일 경우 '전치사 + 관계 대명사' 형태로 문장이 형성됩니다. 이 때 관계 대명사의 격은 전치사에 의해 결정됩니다.

Das Buch, **von dem** ich dir erzählt habe, ist sehr interessant.
내가 너에게 얘기했던 그 책은 매우 흥미롭다. (erzählen von + 3격: ~에 대해 설명하다)

Wie heißt das Ding, **mit dem** man Türen öffnen kann?
문을 열 수 있는 그 물건의 이름이 뭐야? (mit + 3격: (도구) ~을/를 가지고)

관계 대명사로 welch-가 사용되기도 하지만, 주로 정관사와 중복을 피하기 위해 글에서만 쓰이는 경우가 많습니다.

Die Kollegin, **der** der Chef hilft, steht an ihrem Arbeitsplatz.

↓

Die Kollegin, **welcher** der Chef hilft, steht an ihrem Arbeitsplatz.
상사가 도와주는 그 여자 동료가 자기 자리에 서 있다.

2 관계 부사 wo/woher/wohin을 사용하는 문장

선행사가 나라나 도시와 같은 장소일 경우 '전치사 + 관계 대명사' 형태와 더불어 관계 부사 wo/woher/wohin로 주문장을 수식할 수 있습니다. 하지만 언급되는 지역이 구체적일 경우 항상 관계 부사를 사용해야 합니다.

Die Ferienwohnung, **wo** (= **in der**) ich gern Zeit verbringe, liegt an der Ostsee.
내가 기꺼이 시간을 보내는 별장은 발트해 근처에 있다.

Heidelberg, **wo** ich studiert habe, liegt in Mitteldeutschland.
내가 공부했던 하이델베르크는 독일 중부에 위치해 있다.

Wiesbaden, **wohin** ich bald umziehe, gefällt mir gut.
곧 이사할 예정인 비스바덴은 내 마음에 든다.

3 부정 관계 대명사 wer/was를 사용하는 문장

명확한 선행사 없이 관계문 내에 선행사가 포함된 의미로 '~하는 사람', '~하는 것'이라는 독립적 의미로 사용될 경우 사람은 was, 사물은 was 라는 부정 관계 대명사를 사용합니다. 이 때, 해당 문장은 항상 앞에 위치하며 지시 대명사 der (사람), das (사물)에 의해 수식을 받습니다.

격	wer	was	예문
1격	wer	was	**Wer** viel lernt, (der) hat Erfolg. 많이 배우는 사람은 성공한다.
2격	wessen	wessen	**Wessen** Kind gesund ist, (der) ist glücklich. 아이가 건강한 사람은 행복하다.
3격	wem	-	**Wem** du helfen sollst, (der) steht dort. 네가 도와야 할 사람이 저기 서 있다.
4격	wen	was	**Was** mir hier gefällt, (das) ist gutes Essen. 여기서 마음에 드는 것은 좋은 음식이다.

• 지시 대명사 der, das는 주로 생략해서 쓰는 것이 더 자연스럽습니다.

was는 부정 대명사 das, alles, etwas 등이 선행사로 쓰일 경우 이를 수식하는 관계 대명사로도 쓰입니다.

Timo weiß <u>alles</u>, **was** seine Frau braucht. 티모는 그의 아내가 필요한 모든 것을 알고 있다.

<u>Nichts</u>, **was** der Mann sagt, ist die Wahrheit. 그 남자가 말하는 것 중 진실은 아무것도 없다.

1 빈칸에 알맞은 정관계 대명사를 넣어 문장을 완성하세요.

(1) Das ist der Mann, _____ mir hilft.

(2) Ich kenne die Frau, _____ du suchst.

(3) Das ist die Stadt, in _____ ich wohne.

(4) Das sind die Kinder, mit _____ ich gern Fußball spiele.

2 두 문장을 관계 대명사를 사용해 하나의 문장으로 연결하세요.

(1) Der Junge ist sehr klug. Der Junge spielt gerne Schach.

➡ _____

(2) Das ist eine Katze. Die Katze gehört meinem Freund.

➡ _____

(3) Ich habe einen Freund. Mein Freund wohnt in Berlin.

➡ _____

(4) Das ist ein Film. Der Film ist sehr spannend.

➡ _____

(5) Wir haben eine Lehrerin. Die Lehrerin erklärt alles sehr gut.

➡ _____

3 빈칸에 알맞은 was 또는 wer를 넣어 문장을 완성하세요.

(1) _____ viel liest, weiß viel.　　(2) Ich verstehe nicht, _____ du sagst.

(3) _____ du suchst, wohnt nicht hier.　　(4) Sie glaubt, _____ sie will.

(5) Er erzählt nur das, _____ er weiß.　　(6) Lisa lernt nur das, _____ sie interessiert.

4 괄호 안 전치사를 참고하여 관계 대명사를 넣어 문장을 완성하세요.

(1) Das Hotel, _____ wir wohnen, kümmert sich ständig um die Sauberkeit. (in)

(2) Der Lehrer, _____ die Schüler viel lernen, ist sehr nett. (von)

(3) Das Motorrad, _____ er fährt, kommt aus Deutschland. (mit)

(4) Der Film, _____ ich mich freue, läuft bald im Kino. (auf)

동사 Ⅳ

MP3 **041**

40 동사의 3요형
★ Verbformen

A Hast du vielleicht meinen Geldbeutel gesehen?

혹시 내 지갑 봤어?

B Leider nicht. Ich dachte, er liegt im Wohnzimmer. Wollen wir ihn zusammen suchen?

유감이지만 못 봤어. 거실에 있는 줄 알았는데.
우리 같이 찾아볼까?

문법 Grammatik

독일어 동사는 다양한 시제와 문장 구조를 만들기 위해 '동사 원형(부정형) - 과거 - 과거 분사형'으로 이루어진 '동사의 3요형'을 가지고 있습니다. 동사의 3요형에는 규칙적으로 변하는 약변화 형태와 불규칙적으로 변하는 강변화 형태가 있으며 모든 동사 활용의 기초가 되기 때문에 반드시 암기해야 합니다.

1 규칙 변화 동사 (약변화)

과거, 과거 분사형에서 어간의 모음이 변하지 않습니다. 과거형에는 어간에 -te를 붙이고, 과거 분사형에서는 어간의 앞에는 ge- 뒤에는 -t를 붙입니다.

동사	부정형(원형)	과거	과거 분사 (p.p.)
형태	-(e)n	어간 + -te	ge+어간+t
동사	kaufen 사다	kaufte	gekauft
분리 동사	einkaufen 장보다	kaufte...ein	eingekauft
비분리 동사	verkaufen 팔다	verkaufte	verkauft
-ieren 동사	telefonieren 통화하다	telefonierte	telefoniert

- 분리 동사일 경우 과거 분사에서 ge-는 전철과 어간 사이에 놓입니다.
- 비분리 동사일 경우 전철과 어간 사이에 ge-를 넣지 않습니다.
- -ieren 동사의 경우 ge-를 넣지 않습니다.

Ich **kaufte** nach der Arbeit ein.
나는 퇴근하고 장을 보았다.

Susanne **kaufte** gestern im Supermarkt ein.
수잔네는 어제 슈퍼마켓에서 장을 봤다.

Miriam **verkaufte** ihr altes Fahrrad für wenig Geld.
미리암은 그녀의 오래된 자전거를 싸게 팔았다.

Mina und ich **telefonierten** sehr lange.
미나와 나는 아주 오랫동안 통화했다.

과거 시제 인칭 어미 변화 *p.164*

어간이 -d, -t, -m, -fn, -gn, -chn으로 끝나는 동사는 과거형과 과거 분사형에서 어간 뒤에 -e를 추가합니다.

부정형 (원형)	과거	과거 분사 (p.p.)
-(e)n	어간 + e + -te	ge + 어간 + e + t
arbeiten 일하다	arbeitete	gearbeitet
reden 말하다	redete	geredet
öffnen 열다	öffnete	geöffnet
atmen 호흡하다	atmete	geatmet

Ich **arbeitete** bei Siemens.
나는 지멘스에서 일했었다.

Wir **redeten** gestern lange über die Zukunft.
우리는 어제 미래에 대해 오래 이야기했다.

Gestern nach dem Sport **öffnete** ich das Fenster.
어제 운동 후에 나는 창문을 열었다.

Er **atmete** tief ein, bevor er mit der Präsentation begann.
그는 발표를 시작하기 전에 깊게 숨을 들이마셨다.

2 불규칙 변화 동사 (강변화)

과거형과 과거 분사형에서 어간의 모음이 변합니다. 어간이 변화 형태가 일정하지 않기 때문에 강변화 3요형은 암기해서 활용해야 합니다. 하지만 과거 분사형은 대부분 어간의 앞에는 ge- 뒤에는 -en을 붙이는 형태를 가지며, 비분리 동사에는 ge-가 붙지 않습니다.

동사	부정형 (원형)	과거	과거 분사 (p.p.)
형태	-(e)n	어간	ge + 어간 + en
동사	kommen 오다	kam	gekommen
분리 동사	ankommen 도착하다	kam...an	angekommen
비분리 동사	bekommen 받다	bekam	bekommen

Die Polizei **kam** schnell zum Unfallort. 경찰은 신속히 사고 현장에 도착했다.
Meine Mutter **kam** vor zwei Tagen in Berlin **an**. 엄마가 이틀 전에 베를린에 도착하셨다.
Mein Freund **sagte**, dass er einen Brief **bekam**. 내 친구가 편지를 받았다고 말했다.

불규칙 동사 중에서는 어간이 불규칙하게 변하지만 과거, 과거 분사에서 규칙 변화 형태를 취하는 혼합 변화 동사도 있습니다.

동사	부정형 (원형)	과거	과거 분사 (p.p.)
혼합 변화 동사	bringen 가져오다	brachte	gebracht
	wissen 알다	wusste	gewusst
	denken 생각하다	dachte	gedacht

Der Kellner **brachte** der Frau ein Glas Wein. 웨이터가 그 여자에게 와인 한 잔을 가져다 주었다.

Ich **wusste** nicht, dass du hier bist. 네가 여기 있는지 몰랐어.

Zu dem Zeitpunkt **dachte** ich, dass alles in Ordnung war. 그 당시 나는 모든 것이 괜찮다고 생각했다.

sein, haben, werden 동사도 불규칙 변화 형태를 가집니다.

동사	부정형 (원형)	과거	과거 분사 (p.p.)
sein	sein ~이다	war	gewesen
haben	haben 가지다	hatte	gehabt
werden	werden ~이/가 되다	wurde	geworden

Als ich sechs Jahre alt **war**, **war** ich im Kindergarten. 내가 6살이었을 때, 나는 유치원에 다녔다.

Früher **hatte** ich lange Haare, aber jetzt habe ich kurze Haare. 예전에는 긴머리였지만, 지금은 머리가 짧다.

Ich **wurde** sehr erfolgreich. 나는 매우 성공했다.

1 학습한 내용과 부록의 '불규칙 동사 변화표'를 참고하여 빈칸의 시제를 채우세요. (부록의 표에서 찾을 수 없는 동사는 규칙 변화합니다.)

동사 원형	과거	과거 분사
(1) gehen		
(2)		gekommen
(3)	dachte	
(4) besuchen		
(5) trinken		
(6) nehmen		
(7)		gefahren
(8)	telefonierte	
(9) schreiben		
(10)		
(11)	hatte	
(12) sein		
(13) werden		

2 시간 표현에 유의하며 괄호 안의 동사 중 알맞은 형태를 고르세요.

(1) Ich (fahre / fuhr) gestern mit dem Bus zur Schule.

(2) Letzten Sonntag (esse / aß) ich ein Stück Kuchen.

(3) Als ich sechs Jahre (bin / war), spielte ich Klavier und Geige.

(4) Im letzten Urlaub (schreibe / schrieb) ich viele Postkarten.

(5) Früher (lese / las) ich jeden Tag Bücher, aber jetzt habe ich keine Zeit dafür.

Kapitel 41 ★ 현재 시제와 과거 시제

Präsens & Präteritum

MP3 **042**

A Siehst du den Mann da drüben? Das ist Marco Schneider!

저기 건너편에 저 남자 보여? 그는 마르코 슈나이더야!

B Ist das Marco, der Klassensprecher? Er war doch dünn und hatte dunkle Haare.

반장이었던 그 마르코? 그는 날씬했고 머리카락이 어두웠잖아.

문법 Grammatik

• **시제**

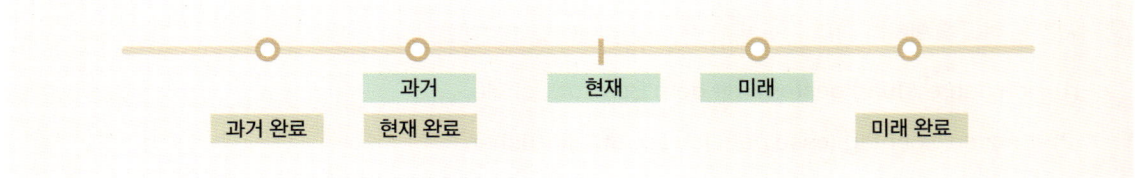

독일어에는 총 6개의 시제가 있습니다. 현재 시제와 과거 시제는 본동사가 인칭에 따라 변화하며, 나머지 시제는 조동사와 함께 사용됩니다. 40과에서 학습한 동사의 3요형을 바탕으로, 상황에 따라 적절한 시제를 선택하는 기준과 각 시제의 형태를 학습해 봅니다.

1 현재 시제

현재 시제는 현재 일어나고 있는 일, 습관적이거나 반복되는 일 등에 관하여 사용됩니다. 동사 원형을 인칭 변화하여 문장을 만듭니다.

현재 일어나는 일	Miriam **liest** ein Buch. 미리암은 책을 읽는다.
습관적이거나 반복되는 일	Morgens **trinkt** meine Mutter Kaffee. 우리 엄마는 아침마다 커피를 마신다.
일반적인 사실이나 진리	Die Erde **dreht** sich um die Sonne. 지구는 태양 주위를 돈다.
미래의 일정/계획 (특정한 시간 부사와 함께 사용)	Nächstes Jahr **reise** ich nach Deutschland. 나는 내년에 독일로 여행한다.
명령문	Lisa, **räum** dein Zimmer **auf**! 리사야, 네 방을 정리해!

2 과거 시제

과거 시제는 과거에 일어난 사건이나 상황을 표현할 때 사용됩니다. 일상 대화에서는 현재 완료 시제가 주로 사용되지만, 다음과 같은 경우에는 일상에서도 과거 시제가 많이 쓰입니다. 과거 시제 문장은 동사의 3요형 중 과거형을 인칭에 맞게 변화하여 구성됩니다.

과거에 일어난 일 (문어체: 문학 작품이나 기사 같은 공식적인 글에서 사용)	Es **war** ein großer Unfall auf der A6. 6번 고속도로에서 큰 사고가 있었다.
sein, haben, werden	Als Kind **hatte** ich viele Stofftiere. 어렸을 때 나는 인형이 많이 있었다.
화법 조동사	Gestern **konnte** ich nicht einschlafen, weil es draußen zu laut war. 밖이 너무 시끄러워서 나는 어제 잠 들 수 없었다.
일부 일반 동사 (wissen, finden, denken, kennen 등)	Ich **fand** die Geschichte sehr spektakulär. 나는 그 이야기가 매우 인상적이었다고 생각했어.
일부 관용 표현 (es geht, es gibt 등)	Letzte Woche **ging** es mir so schlecht, dass ich nur zu Hause **blieb**. 지난주에 너무 아파서 집에만 있었어.

과거 시제의 인칭 변화는 동사의 현재형 인칭 변화와 유사하지만, 1인칭 단수와 3인칭 단수에 인칭 어미가 추가되지 않으므로 주의해야 합니다.

	과거 인칭 어미	**machen** 하다, 만들다	**kommen** 오다
ich	**-**	**machte**	**kam**
du	-st	mache**st**	kam**st**
er/sie/es	**-**	**machte**	**kam**
wir	-(e)n	machte**n**	kam**en**
ihr	-t	machte**t**	kam**t**
sie/Sie	-(e)n	machte**n**	kam**en**

Letzten Sommer **waren** wir am Bodensee. 지난 여름 우리는 보덴 호수에 있었다.

Leon **fuhr** mit dem Zug nach Hamburg. 레온은 기차를 타고 함부르크로 갔다.

Früher **wollte** Johanna unbedingt Lehrerin werden. 예전에 요한나는 꼭 선생님이 되고 싶어 했다.

Gestern **gab** es viele Passagiere an Bord. 어제 비행기에 많은 승객이 있었다.

1 다음 문장을 과거 시제로 바꿔 쓰세요.

(1) Wir <u>haben</u> viel Zeit. ➔ _____

(2) Er <u>geht</u> nach Hause. ➔ _____

(3) Sie <u>spielt</u> Fußball. ➔ _____

(4) Ich <u>esse</u> ein Brötchen. ➔ _____

(5) Ihr <u>trinkt</u> Kaffee. ➔ _____

(6) Der Lehrer <u>erklärt</u> die Grammatik. ➔ _____

(7) Sie <u>schreibt</u> einen Brief. ➔ _____

(8) Wir <u>sehen</u> einen schönen Film. ➔ _____

2 알맞은 동사 형태 선택하기 괄호 안의 동사를 과거 시제로 변형하세요.

(1) Gestern _____ ich lange im Park. *(sein)*

(2) Wir _____ letztes Jahr nach Deutschland. *(fahren)*

(3) Er _____ gestern ein Buch. *(lesen)*

(4) Ihr _____ sehr schnell. *(laufen)*

(5) Die Kinder _____ den ganzen Tag im Garten. *(spielen)*

(6) Du _____ mir eine Nachricht. *(schreiben)*

(7) Sie (Singular) _____ viel Spaß auf der Party. *(haben)*

(8) Letzte Woche _____ er krank. *(sein)*

(9) Ich _____ gestern eine Freundin. *(treffen)*

(10) Ihr _____ die Musik im Radio. *(hören)*

3 아래 현재 시제로 된 이야기를 과거 시제로 바꿔 다시 써 보세요.

Heute <u>gehe</u> ich in den Supermarkt. Ich <u>kaufe</u> Gemüse und Obst. Danach <u>treffe</u> ich meinen Freund. Wir <u>trinken</u> zusammen einen Kaffee. Dann <u>fahren</u> wir nach Hause.

➔ _____

_____

_____

MP3 **043**

A Sophie, was hast du heute gemacht? Hast du auch etwas zu Mittag gegessen?

소피, 오늘 뭐 했니? 점심으로 뭘 먹었어?

B Am Morgen bin ich zur Schule gegangen, habe dann Hausaufgaben gemacht und eine Pizza gegessen.

아침에 학교 갔다가 숙제를 했고 피자를 먹었어요.

문법 Grammatik

현재 완료 시제는 과거의 사건이나 경험을 나타내며, 과거 시제와 의미적으로 거의 유사합니다. 특히 구어체 (일상 회화)에서 주로 사용되며 메시지나 일기 같은 비공식적인 글쓰기에서도 자주 활용됩니다.

1 현재 완료 시제의 구조

현재 완료 시제는 조동사 haben 또는 sein과 동사의 과거 분사형이 결합하여 형성됩니다. 이 때 동사의 성격에 따라 어떤 조동사와 결합 되는지 결정됩니다. 대부분의 타동사는 조동사 haben과 결합하며, 위치의 이동이나 상태의 변화를 나타내는 동사, 일부 자동사는 조동사 sein과 결합합니다. 또한, 과거 분사는 문장의 가장 끝에 위치합니다.

(lernen-lernte-gelernt)

haben의 현재 인칭 변화	과거 분사 (p.p.)	Ich	**habe**	Deutsch	**gelernt.**
		Du	**hast**	Deutsch	**gelernt.**
		Er/Sie/Es	**hat**	Deutsch	**gelernt.**
		Wir	**haben**	Deutsch	**gelernt.**
		Ihr	**habt**	Deutsch	**gelernt.**
		Sie/Sie	**haben**	Deutsch	**gelernt.**

(gehen-ging-gegangen)

sein의 현재 인칭 변화	과거 분사 (p.p.)	Ich	**bin**	nach Hause	**gegangen.**
		Du	**bist**	nach Hause	**gegangen.**
		Er/Sie/Es	**ist**	nach Hause	**gegangen.**
		Wir	**sind**	nach Hause	**gegangen.**
		Ihr	**seid**	nach Hause	**gegangen.**
		Sie/Sie	**sind**	nach Hause	**gegangen.**

2 완료형 시제에서 조동사 haben과 결합하는 동사

4격 지배 타동사	kaufen 사다, essen 먹다, machen 하다, 만들다 등
재귀 동사	(sich) freuen 기쁘게 하다 (기쁘다), verletzen 다치다, fühlen 느끼다, waschen 씻다 등
비인칭 동사	regnen 비가 오다, schneien 눈이 오다, blitzen 번개 치다, donnern 천둥 치다 등
상태 지속 자동사	schlafen 자다, dauern (시간)걸리다 등
화법 조동사	können ~할 수 있다, müssen ~해야만 한다, wollen ~하고자 한다, dürfen ~해도 된다, mögen 좋아하다, sollen ~해야 한다, möchten ~하고 싶다, 원하다

• 상태 지속 자동사: 자동사 중 sein 결합 동사를 제외한 나머지 동사

Matthias **hat** gerade eben einen Kuchen **gegessen**. 마티아스는 지금 막 케이크를 먹었다.

Lisa **hat** sich **gewaschen**. 리사는 씻었다.

In München **hat** es gestern Abend viel **geschneit**. 뮌헨에는 어제 저녁에 눈이 많이 내렸다.

Wir **haben** lange **gearbeitet**. 우리는 오랫동안 일했다.

3 완료형 시제에서 조동사 sein과 결합하는 동사

장소 이동을 뜻하는 동사	fahren (타고) 가다, ankommen 도착하다, fliegen 날다, 비행하다, reisen 여행하다 등
상태 변화를 뜻하는 동사	aufstehen 일어나다, inschlafen 잠들다, schmelzen 녹다, wachsen 자라다 등
3격 지배 동사의 일부	begegnen (우연히)만나다, folgen 따르다, geschehen (사건)발생하다, passieren (사건)일어나다 등
기타	sein ~(이)다, bleiben 머물다, werden ~가 되다 등

Der Zug **ist** pünktlich **angekommen**. 기차가 정시에 도착했다.

Johann **ist** heute früh **aufgestanden**. 요한은 오늘 아침 일찍 일어났다.

Das Kind **ist** sehr schnell **gewachsen**. 그 아이는 매우 빠르게 성장했다.

Gestern **bin** ich meinem Onkel auf der Straße **begegnet**. 어제 나는 거리에서 삼촌과 우연히 마주쳤다.

Meine ältere Schwester **ist** Lehrerin **geworden**. 내 언니는 선생님이 되었다.

4 주의할 점

동사 중에서는 상황에 따라 자동사 또는 타동사로 쓰이는 경우가 있습니다. 이 때, 동사의 의미를 정확히 파악해야 하며, 타동사로 사용될 경우 경우 조동사 haben을 사용해야 합니다.

fahren	자동사	Er **ist** mit dem Motorrad **gefahren**. 그는 오토바이를 타고 갔다.
	타동사	Er **hat** ein Motorrad **gefahren**. 그는 오토바이를 운전했다.

schmelzen	자동사	Der große Eiszapfen **ist geschmolzen**. 큰 고드름이 녹았다.
	타동사	Die Sonne **hat** den großen Eiszapfen **geschmolzen**. 태양이 큰 고드름을 녹였다.

1 괄호 안의 동사를 현재 완료로 바꿔 문장을 완성하세요. 접속사가 쓰인 문장의 경우 동사의 위치에 주의하세요.

(1) Ich _____ ein neues Handy _____. *(kaufen)*

(2) Wir _____ unsere Hausaufgaben _____. *(machen)*

(3) Du _____ den neuen Film _____. *(sehen)*

(4) Sie _____ Deutsch _____, (lernen) während er einen Apfel _____ _____. *(essen)*

(5) Wir _____ ins Kino _____. *(gehen)*, weil wir unser Zimmer schon
_____ _____. *(aufräumen)*

(6) Ich _____ eine Einladung _____ *(schreiben)*, weil ich die Prüfung
_____ _____. *(bestehen)*

(7) Mein Vater _____ seinen Schlüssel _____. *(finden)*

(8) Ihr _____ Kaffee _____. *(trinken)*

2 아래 문장을 현재 완료 시제로 바꿔 쓰세요.

(1) Ich lese ein Buch. → _____

(2) Wir besuchen unsere Großeltern. → _____

(3) Er spielt Tennis. → _____

(4) Ihr kocht Spaghetti. → _____

(5) Sie arbeitet heute lange. → _____

3 빈칸에 적절한 haben 또는 sein을 넣어 문장을 완성하세요.

(1) Ich _____ nach Berlin gefahren.   (2) Er _____ ein Sandwich gegessen.

(3) Wir _____ in die Schule gegangen.   (4) Du _____ einen Brief geschrieben.

(5) Sie (Singular) _____ im Park gelaufen.   (6) Ihr _____ ein neues Auto gekauft.

(7) Er _____ sehr gut geschlafen.   (8) Wir _____ gestern lange gearbeitet.

(9) Sie (Plural) _____ mit dem Fahrrad gefahren.

(10) Ich _____ meine Freunde getroffen.

미래 시제
★ Futur I

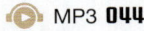

A Wie wird das Wetter morgen? Ich überlege nämlich, einen Ausflug zu machen.
내일 날씨가 어떨까? 소풍 갈까 생각 중이야.

B Gute Idee! Es wird sonnig und warm sein. Wenn es möglich ist, werde ich vielleicht auch mitkommen.
좋은 생각이다! 날씨는 맑고 따뜻할 거야. 가능하면 나도 같이 갈게.

문법 Grammatik

미래에 일어날 일, 화자의 추측 또는 의도 등을 표현할 때 미래 시제를 사용합니다.

1 미래 시제의 형태

미래 시제는 조동사 werden과 동사의 원형(부정형)을 결합하여 형성되며, 동사는 문장의 맨 끝에 위치합니다.

Er **wird** nächstes Jahr nach Europa **reisen**. 그는 내년에 유럽으로 여행할 것이다.

Ich **werde** dich morgen **anrufen**. 나는 내일 너에게 전화할 것이다.

2 미래 시제의 사용

미래의 사건을 보고하거나 의도를 강조할 때	Meine Eltern **werden** auf dem Land ein neues Haus **kaufen**. 우리 부모님은 시골에 새 집을 살 예정이다. Nächste Woche **werden** wir dich am Flughafen **abholen**. 다음 주에 우리가 공항에 너를 데리러 갈게.
예상되는 미래의 사건을 묘사할 때	In 50 Jahren **werden** viele Autos automatisch **fahren**. 50년 후에는 많은 자동차가 자동으로 주행할 것이다.
화자의 추측	Er **wird** sicher das Problem **lösen**. 그는 분명히 그 문제를 해결할 것이다. Das **wird** bestimmt teuer **sein**. 그것은 분명 비쌀 것이다.

- sicher, bestimmt, wohl, wahrscheinlich, vielleicht 등의 확신의 정도를 나타내는 부사를 사용하여 주관적 추측을 나타낼 수도 있습니다.

3 현재 시제와의 구분

독일어에서는 미래를 표현할 때 미래 시제뿐만 아니라 현재 시제도 사용될 수 있습니다. 자연스럽게 문장을 구사하려면 상황에 따라 적절한 시제를 구분하는 것이 중요합니다. 현재 시제는 명확한 계획이나 예정된 사건을 나타낼 때 사용되며, morgen(내일), nächste Woche(다음 주)와 같은 구체적인 시간 표현과 함께 쓰입니다. 반면, 미래 시제는 즉시 일어나지 않을 미래의 사건이나 계획의 확실성이 높지 않은 경우에 주로 사용됩니다.

In diesem Sommer **fliege** ich nach Spanien. 이번 여름에 나는 스페인으로 간다.

Meine Freundin **kommt** ein bisschen später. 내 여자 친구는 조금 늦게 온다.

Das Wetter **sieht** schlecht aus. Es **wird** morgen vielleicht **regnen**.
날씨가 안 좋아 보인다. 내일 아마 비가 올 것 같다.

Ich **werde** in Deutschland **studieren**. 나는 독일에서 공부할 것이다.

Mehr erfahren

1 구체적인 시간 표현

미래 계획이나 예상, 약속을 말할 때 자주 사용되는 시간 표현들입니다.

- demnächst 곧, morgen 내일, übermorgen 모레, nächste Woche 다음 주/ 다음 달/ 내년
- in einer Minute/Stunde/Woche ... 1분/1시간/1주일 뒤에
- in einem Tag/Monat/Jahr ... 하루/한 달/ 일년 뒤

  Wir fahren nächste Woche ans Meer. 우리는 다음 주에 바다에 갈 거야.
  In einer Stunde beginnt der Film. 한 시간 뒤에 영화가 시작해.

2 추측 또는 예상을 나타내는 표현들

- Ich nehme an/Ich denke/Ich vermute ... 나는 ~(이)라고 추측해.
- vermutlich 아마도, wahrscheinlich 아마도, wohl 아마 …, 어쩌면

  Ich nehme an, dass er nächste Woche Zeit hat. 그가 다음 주에 시간이 있을거라고 생각해.
  Vermutlich regnet es demnächst. 아마 곧 비가 올 거야.

1 다음 문장에서 동사를 현재 시제에서 미래 시제로 바꾸세요.

(1) Ich gehe morgen zur Schule.

➜ _____

(2) Er unterschreibt seinen Vertrag.

➜ _____

(3) Wir brauchen Formulare zum Ausfüllen.

➜ _____

(4) Wegen des Fehlers ruft sie ihre Kunden an.

➜ _____

(5) Markus arbeitet in einem Jahr in Deutschland.

➜ _____

2 한국어 문장을 참고한 후 미래 시제를 사용해 추측의 문장으로 옮겨 써 보세요.

(1) Peter는 분명히 집에 머무를 것이다.

➜ _____

(2) 그는 지금 아마 집에 있을 것이다.

➜ _____

(3) Julia는 내년에 분명히 독일에 있을 것이다.

➜ _____

(4) Mia는 곧 새로운 직업을 찾을 것이다.

➜ _____

(5) 다음 달에 아마 나는 내 아내와 함께 스페인에 있을 것이다.

➜ _____

44 과거 완료 시제
★ Plusquamperfekt

🔊 MP3 **045**

A Warum bist du zu spät gekommen?

왜 늦었어?

B Nachdem ich die Wohnung verlassen hatte, habe ich gemerkt, dass ich mein Handy vergessen hatte.

집을 나선 후에 휴대폰을 두고 왔다는 것을 깨달았어.

문법 Grammatik

과거 완료는 과거의 다른 사건보다 더 이전에 발생한 사건을 설명할 때 사용됩니다. 이 시제는 현재 완료 시제와 유사하게 조동사 haben 또는 sein과 과거 분사를 결합하여 만듭니다. 다만, 과거 완료에서는 조동사를 현재형이 아닌 과거형인 hatte, war로 사용해야 한다는 점이 차이점입니다.

1 과거 완료 시제의 형태

(lernen-lernte-gelernt)

haben의 과거 인칭 변화	과거 분사			
		Ich	**hatte**	Deutsch	**gelernt.**
		Du	**hattest**	Deutsch	**gelernt.**
		Er/Sie/Es	**hatte**	Deutsch	**gelernt.**
		Wir	**hatten**	Deutsch	**gelernt.**
		Ihr	**hattet**	Deutsch	**gelernt.**
		Sie/Sie	**hatten**	Deutsch	**gelernt.**

(gehen-ging-gegangen)

sein의 과거 인칭 변화	과거 분사			
		Ich	**war**	nach Hause	**gegangen.**
		Du	**warst**	nach Hause	**gegangen.**
		Er/Sie/Es	**war**	nach Hause	**gegangen.**
		Wir	**waren**	nach Hause	**gegangen.**
		Ihr	**wart**	nach Hause	**gegangen.**
		Sie/Sie	**waren**	nach Hause	**gegangen.**

Er **hatte** den Bus schon **verpasst**, bevor er am Bahnhof ankam.
그가 기차역에 도착하기 전에 이미 버스를 놓쳤다.

Die Touristen konnten das Kunstmuseum nicht besuchen, weil es schon geschlossen
gewesen war. 관광객들은 미술관이 닫혀 있었기 때문에 방문할 수 없었다.

Er war glücklich, weil er die Prüfung **bestanden hatte**.
그는 시험에 합격했기 때문에 매우 행복했다.

Bevor er ins Bett ging, **hatte** er alle Lichter in der Wohnung **ausgemacht**.
잠자리에 들기 전에 그는 집 안의 모든 불을 꺼 두었다.

2 과거 완료 시제의 특징

과거 완료는 과거의 다른 사건보다 먼저 일어난 일을 표현하는 시제입니다. 따라서 시간적 순서를 명확하게 하기 위해 bevor (~전에), nachdem (~후에), als (~했을 때) 와 같은 시간을 나타내는 접속사와 함께 사용되는 경우가 많습니다. 이 때 두 사건 중 먼저 일어난 사건에는 과거 완료 시제를 사용하며, 나중에 일어난 사건은 동사의 성격에 따라 과거형 또는 현재 완료형을 사용합니다. 종속 접속사 *30*과 참고

Nachdem **ich** gefrühstückt **hatte**, bin ich zur Arbeit gegangen.
아침을 먹은 후에 나는 출근했다.

Bevor Julia ins Ausland gezogen ist, **hatte** sie oft ihre Eltern **besucht**.
율리아는 해외로 이사가기 전에 부모님을 자주 방문했다.

Er war sehr müde, weil er die ganze Nacht **gearbeitet hatte**.
그는 밤새 일했기 때문에 매우 피곤했다.

Nachdem wir **angekommen waren**, haben wir zuerst etwas gegessen.
우리는 도착한 뒤에 가장 먼저 뭔가를 먹었다.

Ich war sehr nervös, weil ich das wichtige Dokument **vergessen hatte**.
중요한 문서를 잊어버렸기 때문에 나는 매우 긴장했다.

1 밑줄 친 과거 시제의 문장을 과거 완료 시제로 변형하여 문장을 완성하세요. 동사는 주어진 형태에 맞게 활용해야 합니다.

(1) Als ich ankam, <u>ging er schon</u>.

→ Als ich ankam, _____.

(2) Er war sehr müde, <u>weil er den ganzen Tag arbeitete</u>.

→ Er war sehr müde, weil _____.

(3) <u>Nachdem wir das Schloss besichtigten</u>, gingen wir ins Restaurant.

→ Nachdem _____, gingen wir ins Restaurant.

(4) Ich konnte den Film nicht sehen, <u>weil ich meine Brille verlor</u>.

→ Ich konnte den Film nicht sehen, weil _____.

(5) Bevor sie nach Deutschland zog, <u>besuchte sie einen Deutschkurs</u>.

→ Bevor sie nach Deutschland zog, _____.

2 제시된 문장을 과거 완료 시제로 변형하여 문장을 완성하세요.

(1) Ich habe das Buch schon zweimal gelesen.

→ _____

(2) Wir gingen nach der Schule ins Kino.

→ _____

(3) Er schrieb seiner Freundin in Australien einen Brief.

→ _____

(4) Du bist heute zu früh aufgestanden.

→ _____

3 다음 문장 중 틀린 문장을 찾아 올바르게 고치세요.

(1) Ich hatte ein Auto gekauft, bevor ich habe meinen Führerschein gemacht.

→ _____

(2) Nachdem wir hatten gegessen, wir sind spazieren gegangen.

→ _____

(3) Sie hatte ein Haus gekauft, nachdem sie hat viel Geld gespart.

→ _____

(4) Er hatte nicht geschlafen, weil er hat viel Kaffee getrunken.

→ _____

4 다음 문장에서 빈칸을 채워 문장을 완성하세요.

Gestern war ein langer Tag. Ich (1) _____ _____ (aufstehen), bevor mein

Wecker klingelte. Dann (2) _____ ich _____ (frühstücken), bevor ich zur

Arbeit fuhr.

Als ich im Büro ankam, merkte ich, dass ich meinen Arbeitslaptop zu Hause

(3) _____ _____ (vergessen). Nachdem ich ihn (4) _____ _____

(holen), konnte ich endlich arbeiten.

MP3 **046**

A Glaubst du, dass deine Hausaufgaben heute noch fertig sein werden? Wir wollten ja morgen nach Berlin fahren.

너 오늘 안에 숙제를 끝낼 수 있을 것 같아? 우리 내일 베를린으로 가기로 했잖아.

B Ja, ich werde sie bis heute Abend beendet haben.

응, 오늘 저녁까지 다 끝낼 것 같아.

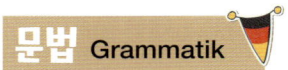

문법 Grammatik

미래 완료는 어떤 사건이나 행위가 미래의 특정 시점까지 완료되리라고 예측하는 것을 표현할 때 사용합니다. 조동사 werden과 '과거 분사 + haben/sein'으로 문장을 만듭니다.

1 미래 완료 시제의 형태

주어	조동사	-	과거 분사	haben/sein 원형
Ich	werde	es bis heute Abend	beendet	haben.

나는 그것을 오늘 밤까지 마칠 것 같아.

주어	조동사	-	과거 분사	haben/sein 원형
Ich	werde	dort	angekommen	sein.

나는 그곳에 도착해 있을 거야.

(beenden – beendete - beendet)

werden의 현재 인칭 변화	과거 분사	Ich	werde	nach Hause	beendet	haben.
		Du	wirst	nach Hause	beendet	haben.
		Er/Sie/Es	wird	nach Hause	beendet	sein.
		Wir	warden	nach Hause	beendet	sein.
		Ihr	werdet	nach Hause	beendet	sein.
		Sie/Sie	werden	nach Hause	beendet	sein.

(gehen - ging - gegangen)

werden의 현재 인칭 변화	과거 분사	Ich	werde	nach Hause	gegangen	sein.
		Du	wirst	nach Hause	gegangen	sein.
		Er/Sie/Es	wird	nach Hause	gegangen	sein.
		Wir	warden	nach Hause	gegangen	sein.
		Ihr	werdet	nach Hause	gegangen	sein.
		Sie/Sie	werden	nach Hause	gegangen	sein.

2 미래 완료 시제의 사용

미래의 특정 시점까지 완료될 일	In einem Jahr **werden** sie ihr Haus **gebaut haben**. 1년 후에 그들은 집을 다 지었을 것이다.
	Bis nächste Woche **wird** er den neuen Krimi **gelesen haben**. 다음 주까지 그는 새 추리 소설을 다 읽었을 것이다.
과거에 대한 추측	Sie **wird** schon nach Hause **gegangen sein**. 그녀는 아마 이미 집에 갔을 것이다.
	Er **wird** sie bestimmt **eingeladen haben**. 그는 그녀를 분명히 초대했을 것이다.

• sicher, bestimmt, wohl, wahrscheinlich, vielleicht 등의 확신의 정도를 나타내는 부사를 사용하여 주관적 추측을 나타낼 수도 있습니다.

1 괄호 안의 동사를 사용하여 미래 완료 시제의 문장으로 변형하세요.

(1) Bis morgen _____ du das Buch _____ _____ (lesen).

(2) In zwei Wochen _____ sie ihre Prüfung _____ _____ (bestehen).

(3) Wir _____ das Haus bis zum Sommer _____ _____ (kaufen).

(4) Bis 18 Uhr _____ ihr schon nach Hause _____ _____ (fahren).

(5) Am Ende des Jahres _____ er viele Erfahrungen _____ _____ (sammeln).

2 아래 문장을 미래 완료 시제로 변형해서 써 보세요.

(1) Er hat Spaghetti gekocht. ➜ _____

(2) Ich habe das Auto repariert. ➜ _____

(3) Sie hat ihr Studium abgeschlossen. ➜ _____

(4) Wir sind nach Berlin gefahren. ➜ _____

(5) Die Kinder haben die Hausaufgaben gemacht. ➜ _____

3 아래 문장을 참고하여 미래 완료를 사용하여 추측하는 문장을 만드세요.

보기 Paul kommt nicht zur Party. *(im Urlaub sein)* ➜ *Er wird im Urlaub gewesen sein*.

(1) Maria hat ihre Hausaufgaben nicht abgegeben. *(vergessen)*

➜ _____

(2) Der Zug ist nicht pünktlich angekommen. *(eine Verspätung haben)*

➜ _____

(3) Tom antwortet nicht auf meine Nachrichten. *(beschäftigt sein)*

➜ _____

(4) Die Schüler wissen die Antwort nicht. *(nicht lernen)*

➜ _____

 MP3 **047**

A Mein altes Auto fährt nicht mehr. Ich habe aber für morgen schon einen Temrin in der Werkstatt.

내 자동차가 더 이상 움직이지 않아. 내일 정비소 예약은 이미 잡아 놨어.

B Gut, dann wird es morgen repariert.

잘됐네, 그럼 내일 수리될 거야.

문법 Grammatik

능동문과는 달리 주어가 동사의 행위 주체가 아니라 행위의 대상이 되는 문장을 수동문이라고 합니다. 수동문을 사용함으로써 동작의 주체인 사람보다 행위가 더 중요하게 강조됩니다. 능동태를 수동태로 바꿀 때 주의할 점은 조동사 werden을 활용하여 능동문의 4격 목적어는 수동문의 주어로, 능동문의 주어는 'von + 3격'으로 바뀌는 것입니다. 행위자가 누구인지 중요하지 않을 경우 'von + 3격'을 생략합니다.

1 수동태 현재형의 기본 구조

	werden + 과거 분사		
Das Gebäude	**wird**	bald	**renoviert.**
주어	조동사	…	과거 분사
이 건물은	된다.	곧	보수

능동태	Lilia schreibt den Brief. 릴리아는 이 편지를 쓴다. 주어 + 동사 + 4격 목적어
수동태	Der Brief **wird** (von Lilia) **geschrieben**. 이 편지를 릴리아에 의해 쓰여진다. 1격 주어 + werden + von 3격 + 과거분사 (p.p.)

> ❗ **주의 Achtung!**
> 능동문에서 수동문으로 바꿀 경우 주어의 단/복수에 맞추어 werden 동사를 인칭 변화해야
> 합니다. 과거 분사가 문장의 맨 마지막에 위치하는 점도 잊지 마세요.

Die Prüfung **wird** am Freitag **geschrieben**.
이 시험은 금요일에 치러진다.

Die Fehler **werden** gerade **untersucht** und anschließend **behoben**.
이 오류는 지금 막 분석되어 해결됩니다.

Die Eintrittskarten **werden** am Eingang der Konzerthalle **kontrolliert**.
입장권은 콘서트홀 입구에서 검표됩니다.

2 수동문 관련 주의 사항

(1) 부정 대명사 man이 주어인 자동사 능동문을 바꿀 때

이 경우 행위자를 'von + 3격'으로 바꿀 수 없기 때문에 비인칭 주어 es를 사용하는 수동태를 사용해야 합니다.
만약 문장의 첫번째 자리에 부사, 부사구 등이 위치하여 어순이 바뀌는 경우 es를 생략해야 합니다.

능동문	Man **spricht** hier auf Deutsch. 여기에서는 독일어로 말한다.
수동문	Es **wird** hier auf Deutsch **gesprochen**. 여기에서는 독일어로 말해진다.
수동 도치문 (es 생략)	Hier **wird** auf Deutsch **gesprochen**. 여기에서는 독일어로 말해진다.

(2) 3격 목적어는 수동문에서 격이 바뀌지 않고 그대로 사용됩니다.

능동문	Er hilft **der alten Frau**. 그는 그 나이든 여자를 돕는다.
수동문	**Der alten Frau** wird (von ihm) geholfen. 그 나이든 여자는 그에게 도움을 받는다.

> ✅ **Tipp**
> 능동문 ↔ 수동문으로 바꿀 경우 원래 문장의 시제를 먼저 파악하고 문장을 만들어야 합니다.
> Mein Vater <u>hat</u> das Auto gewaschen. (능동문 현재 완료)
> → Das Auto <u>ist</u> (von meinem Vater) gewaschen worden. (수동문 현재 완료)

3 **수동문의 시제**

동사를 활용하여 수동문을 만들기 때문에 수동문도 사건의 발생 시점에 따라 다양한 시제로 활용됩니다. 이 때 조동사인 werden을 시제, 문장 형태에 맞게 활용한다고 생각하면 쉽게 수동문으로 바꿀 수 있습니다.

시제	형태	예문
수동문 현재 시제	werden + 과거 분사	Die Aufgaben **werden** nächste Woche **erledigt**. 그 과제들은 다음 주에 완료된다.
수동문 과거 시제	wurde + 과거 분사	Die Aufgaben **wurden** bereits **erledigt**. 그 과제들은 이미 완료되었다.
수동문 현재 완료	ist/sind + 과거 분사 + worden	Die Aufgaben **sind** bereits **erledigt worden**. 그 과제들은 이미 완료되었다.
수동문 미래 시제 I	werden + 과거 분사 + werden	Die Aufgaben **werden** nächste Woche **erledigt werden**. 그 과제들은 다음 주에 완료될 것이다.
수동문 미래 시제 II (미래 시점에 완료될 일에 대한 추측의 의미)	werden + 과거 분사 + worden + sein	Die Aufgaben **werden** nächste Woche **erledigt worden sein**. 그 과제는 다음 주에 완료 되었을 것이다.

4 **화법 조동사를 포함한 수동태**

문장의 두 번째 자리에 다양한 화법 조동사를 넣어 수동문을 만들 수 있습니다. 독일어를 사용함에 있어 주로 사용되는 시제는 현재 시제, 과거 시제 그리고 미래형 I식 입니다. 이때 현재, 과거 시제에서는 werden 동사를, 미래형 I식에서는 화법 조동사를 부정형으로 문장의 끝으로 보냅니다.

시제	형태	예문
수동문 현재 시제	화법 조동사 현재형 + 과거 분사 (p.p.) + werden	Die Aufgaben **müssen** nächste Woche **erledigt werden**. 그 과제들은 다음 주에 완료되어야만 한다.
수동문 과거 시제	화법 조동사 과거형 + 과거 분사 (p.p.) + werden	Die Aufgaben **mussten** bereits **erledigt werden**. 그 과제들은 이미 완료되어야만 했다.
수동문 미래 시제 I	werden + 과거 분사 (p.p.) + werden + 화법 조동사	Die Aufgaben **werden** nächste Woche **erledigt werden müssen**. 그 과제들은 다음 주에 완료되어야 할 것이다.

1 다음 능동문을 수동문으로 바꿔 보세요.

> 보기 Der Arzt untersucht meinen Körper. 그 의사는 내 몸을 진찰한다.
> ➜ *Mein Körper wird (vom Arzt) untersucht.*

(1) Wir bestellen eine Pizza. 우리는 피자 하나를 주문한다.

➜ _____

(2) Meine Kollegin verschickt die Einladungen. 내 여자 동료는 그 초대장들을 발송한다.

➜ _____

(3) Man trinkt viel Alkohol in Deutschland. 독일에서는 술을 많이 마신다.

➜ _____

(4) Die Schüler machen jeden Tag die Hausaufgaben. 학생들은 매일 숙제를 한다.

➜ _____

2 다음 표지판을 보고 〈보기〉의 동사를 활용하여 금지를 의미하는 문장을 능동문, 수동문으로 만드시오.

parken   essen   telefonieren   laut sprechen

보기 | 능동 여기에서 흡연하면 안 된다. ➜ *Hier darf man nicht rauchen.*
     | 수동 여기에서 흡연되면 안 된다. ➜ *Hier darf nicht geraucht werden.*

(1) | 능동 여기에서 먹으면 안 된다. ➜ _____ .
    | 수동 여기에서 먹히면 안 된다. ➜ _____ .

(2) | 능동 여기에서 통화하면 안된다. ➜ _____ .
    | 수동 여기에서 통화되면 안된다. ➜ _____ .

(3) | 능동 여기에서 말하면 안 된다. ➜ _____ .
    | 수동 여기에서 말해지면 안 된다. ➜ _____ .

3 우리말 표현에 맞게 독일어로 작문하고 수동문으로 바꾸어 보세요.

> **보기** 마틴은 그 빵을 자른다.
> → **능동** *Martin schneidet das Brot.*
> → **수동** *Das Brot wird von Martin geschnitten.*

(1) Anna는 그 책을 읽는다. *(das Buch, lesen)*

→ **능동** _____

→ **수동** _____

(2) Maria는 편지 한 통을 쓴다. *(der Brief, schreiben)*

→ **능동** _____

→ **수동** _____

(3) 우리는 이 쓰레기를 분리했다. *(der Müll, trennen)*

→ **능동** _____

→ **수동태 과거형** _____

→ **수동태 현재 완료형** _____

47 lassen 동사

★ das Verb lassen

🔊 MP3 **048**

A Guten Tag, ich möchte auschecken. Kann ich meinen Koffer bis heute Abend hier lassen? Ich hole ihn später ab.

안녕하세요. 체크아웃하고 싶습니다. 제 짐을 오늘 저녁까지 여기 둘 수 있을까요? 나중에 찾으러 올게요.

B Ja, natürlich. Oder wir können ihn auch gegen Aufpreis zum Bahnhof bringen lassen.

네, 물론입니다. 또는 추가 요금을 내시면 기차역까지 가져다 드릴 수도 있습니다.

 문법 Grammatik

독일어의 lassen동사는 다양한 의미를 지니고 있어 여러 상황에서 사용될 수 있습니다. 주로 쓰이는 상황과 특징은 다음과 같습니다.

1 lassen 동사의 형태 및 사용

	현재형	과거형	현재 완료형 (본동사인 경우)	현재 완료형 (조동사인 경우)
ich	lasse	ließ	habe gelassen	habe 동사 원형 + lassen
du	lässt	ließt	hast gelassen	hast 동사 원형 + lassen
er/sie/es	lässt	ließ	hat gelassen	hat 동사 원형 + lassen
wir	lassen	ließen	haben gelassen	haben 동사 원형 + lassen
ihr	lasst	ließt	habt gelassen	habt 동사 원형 + lassen
sie/Sie	lassen	ließen	haben gelassen	haben 동사 원형 + lassen

• lassen은 완료 시제에서 조동사 haben과 결합합니다.

lassen을 본동사로 사용	무엇인가를 그대로 두다/놓다	Ich **lasse** mein Auto hier. 나는 내 차를 여기 둔다.
		Lass mich in Ruhe. 나를 내버려 둬.
lassen + 동사 원형 (lassen을 조동사로 사용)	누군가에게 무엇을 하게 하다	Melina **lässt** ihre Wohnung **renovieren**. 멜리나는 그녀의 집을 리모델링하게 한다.
	허락/금지	Ich **lasse** meinen Sohn nicht Computer **spielen**. 나는 아들이 컴퓨터 게임을 못하게 한다.
	방해 금지 요청	**Lass** mich **ausreden**! 내가 말 다 끝내게 해 줘!
	공손한 요청/제안	**Lass** uns das Projekt **starten**. 우리 프로젝트를 시작하자.

• lassen은 목적어로 주로 4격을 사용합니다.

2 시제 변화 시 유의할 점

lassen동사는 조동사와 본동사로 모두 사용 되기 때문에 시제 변화를 할 때 주의가 필요합니다. 특히, 완료시제에서는 lassen이 조동사 또는 본동사인지에 따라 과거 분사의 형태가 달라집니다.

	lassen을 본동사로 사용한 경우	lassen을 조동사로 사용한 경우
현재 시제	Ich **lasse** mein Auto hier. 나는 내 차를 여기 둔다.	Melina **lässt** ihre Wohnung **renovieren**. 멜리나는 그녀의 집을 리모델링하게 한다.
현재 완료	Ich **habe** mein Auto hier **gelassen**. 나는 내 차를 여기 두었다.	Melina **hat** ihre Wohnung **renovieren lassen**. 멜리나는 그녀의 집을 리모델링하게 했다.

Mehr erfahren

lassen 동사는 재귀 대명사 sich와 함께 쓰여 수동의 의미를 대신 표현할 수 있습니다.
이 표현들은 능동형을 유지하면서도 의미는 '~할 수 있다', '~이/가 가능하다'와 같은 수동의 의미를 전달하기 때문에 특히 일상생활에서 더 자주 사용됩니다.

Der Text **lässt sich** einfach lesen. 이 글은 쉽게 읽힌다. (= 읽을 수 있다.)

Diese massive Tür **lässt sich** nicht öffnen. 이 무거운 문은 열리지 않는다. (= 열 수 없다.)

▶ 현재 시제	Der Text	**lässt sich**	leicht	verstehen	이 글은 쉽게 이해된다.
▶ 과거 시제	Der Text	**ließ sich**	leicht	verstehen	이 글은 쉽게 이해됐다.
▶ 현재 완료 시제	Der Text	**hat sich**	leicht	verstehen lassen.	이 글은 쉽게 이해됐다.

1 lassen 동사를 괄호 안의 시제에 맞게 활용하여 빈칸을 채우세요.

(1) Ich _____ mein Auto reparieren. (현재)

(2) Er _____ sich die Haare schneiden _____ . (현재 완료)

(3) Wir _____ die Kinder lange draußen spielen. (과거)

(4) Sie _____ die Wand neu streichen _____ . (현재 완료)

(5) Ich _____ mir ein Kleid nähen. (과거)

(6) Ihr _____ die Tür offen. (현재)

(7) Der Chef _____ die Mitarbeiter länger arbeiten. (과거)

2 아래 문장을 lassen을 사용하여 다시 쓰세요.

(1) Der Mechaniker repariert mein Auto.

→ Ich _____

(2) Der Friseur schneidet ihr die Haare.

→ Sie _____

(3) Der Lehrer gibt uns viele Hausaufgaben.

→ Wir _____

3 주어가 직접 하는 행위인지 시키는 행위인지 구분하여 다음 문장을 완성하세요. 필요한 문장에는 lassen을 추가하여 문장을 만드세요.

(1) Wenn ich krank bin, _____ (der Arzt / mich / untersuchen).

(2) Wir haben keine Zeit, aber wir _____ (unser Auto / waschen).

(3) Sie hat kein Geld, deshalb _____ (ihr Fahrrad / reparieren).

(4) Der Lehrer war streng und _____ (die Schüler / eine Stunde / warten).

(5) Mein Freund ist sehr nett und _____ (mich / seinen Computer / benutzen).

48 접속법 I식
★ Konjunktiv I

 MP3 **049**

Die Polizei berichtet, dass es in der Innenstadt zu einem Verkehrsunfall gekommen sei. Laut der Polizei sei die Lage in der Stadt unter Kontrolle. Außerdem informiert sie, die Straßen seien wieder frei und alle öffentlichen Verkehrsmittel fahren planmäßig.

경찰에 따르면, 시내 중심가에서 교통사고가 발생해 도로가 통제되고 있다고 했는데요, 지금은 통제가 풀리고 모든 대중교통이 정상 운행 중이라고 합니다.

독일어 화법에는 직설법, 명령법, 그리고 접속법이 있습니다. 접속법은 타인의 말을 전달할 때, 공손한 요청을 할 때, 또는 비현실적인 상황을 표현할 때 사용됩니다. 타인의 발언은 직접 인용과 간접 인용으로 전달할 수 있는데 간접 인용은 발언을 객관적이고 간략하게 전달하는 데 사용되며, 뉴스나 공적인 발표 등에서 자주 나타납니다. 이러한 간접 인용은 일반적으로 접속법 I식으로 표현됩니다. 접속법에는 I식과 II식이 있습니다.

1 접속법 I식의 형태 및 사용

접속법 I식은 직설법 동사의 현재형을 어간으로 삼아 인칭 변화합니다. 접속법 I식에서 인칭 변화 어미는 항상 -e로 시작하고 3인칭 단수형이 가장 빈번하게 사용됩니다.

	현재 인칭 어미	직설법 현재	접속법 어미	접속법 I식
ich	-e	komme	-e	komme
du	-st	kommst	-est	kommest
er/sie/es	-t	kommt	-e	komme
wir	-en	kommen	-en	kommen
ihr	-t	kommt	-et	kommet
sie/Sie	-en	kommen	-en	kommen

기타 다른 동사들의 접속법 I식 형태도 학습해 봅시다.

	접속법 어미	sein	haben	werden	helfen	können
ich	-e	sei	habe	werde	helfe	könne
du	-est	seiest	habest	werdest	helfest	könnest
er/sie/es	-e	sei	habe	werde	helfe	könne
wir	-en	seien	haben	werden	helfen	können
ihr	-et	seiet	habet	werdet	helft	könnet
sie/Sie	-en	seien	haben	werden	helfen	können

	접속법 어미	müssen	sollen	dürfen	wollen	mögen
ich	-e	müsse	solle	dürfe	wolle	möge
du	-est	müssest	sollest	dürfest	wollest	mögest
er/sie/es	-e	müsse	solle	dürfe	wolle	möge
wir	-en	müssen	sollen	dürfen	wollen	mögen
ihr	-et	müsset	sollet	dürfet	wollet	möget
sie/Sie	-en	müssen	sollen	dürfen	wollen	mögen

• 화법 조동사 möchten은 mögen 동사의 접속법 II식 형태로, 접속법 I식 형태가 없습니다.

Er sagt, er **habe** die Aufgabe schon erledigt.   그는 이미 그 일을 끝냈다고 말한다.

Sie sagt, sie **könne** nächste Woche kommen.   그녀는 다음 주에 올 수 있다고 말한다.

Der Lehrer sagt, die Prüfung **sei** schwer.   선생님은 시험이 어렵다고 말한다.

Der Minister sagt, er **sei** unschuldig bei diesem Ereignis.   장관은 이 사건에서 자신은 무죄라고 말한다.

실제 일상생활에서는 접속법 I식 보다는 직설법이나 접속법 II식이 간접 화법에 더 자주 쓰입니다.

Er sagt, er **hat** die Aufgabe schon **erledigt**. 그는 이미 그 일을 끝냈다고 말한다.

Sie sagt, sie **könnte** nächste Woche kommen. 그녀는 다음 주에 올 수 있다고 말한다.

Der Lehrer sagt, die Prüfung **wäre** schwer. 선생님은 시험이 어렵다고 말한다.

Der Minister sagt, er **ist** unschuldig bei diesem Ereignis. 장관은 이 사건에서 자신은 무죄라고 말한다.

접속법 I식의 동사 형태와 직설법의 동사 모양이 같을 때에는 구분을 위해 접속법 II식의 동사형으로 대체됩니다.

Alle öffentlichen Verkehrsmittel **fahren** planmäßig.
모든 대중교통이 계획대로 운행중이라고 말했다. (접속법 1식으로 쓰였으나 직설법 fahren과 구분 불가)

Alle öffentlichen Verkehrsmittel **würden** planmäßig **fahren**.
모든 대중교통이 계획대로 운행중이라고 말했다. (직설법과 구분하기 위해 간접 화법임에도 접속법 II식 사용)

2 접속법 I식의 시제

접속법 I식의 과거형은 하나뿐입니다. 과거형은 조동사 haben 또는 sein의 접속법 1식 형태와 과거 분사로 만들어집니다.

	접속법 I식 현재	접속법 I식 과거	접속법 I식 현재	접속법 I식 과거
ich	komme	**sei** gekommen	plane	**habe** geplant
du	komm**est**	**seiest** gekommen	plan**est**	**habest** geplant
er/sie/es	**komme**	**sei** gekommen	**plane**	**habe** geplant
wir	kommen	**seien** gekommen	planen	**haben** geplant
ihr	komm**et**	**seiet** gekommen	plan**et**	**habet** geplant
sie/Sie	kommen	**seien** gekommen	planen	**haben** geplant

Er sagte, er **sei gestern** im Krankenhaus gewesen. 그는 어제 병원에 있었다고 말했다.

Sie meinte, dass sie das Buch schon **gekauft habe**. 그녀는 이미 그 책을 샀다고 말했다.

Der Chef erzählte, dass das Meeting sehr produktiv **gewesen sei**.
상사는 그 회의가 매우 생산적이었다고 말했다.

1 괄호 안의 동사를 접속법 I식으로 변형하여 빈칸을 채우세요.

(1) Er sagt, er _____ (sein) ein guter Koch.

(2) Sie meint, sie _____ (haben) viel zu tun.

(3) Der Lehrer erklärt, die Prüfung _____ (beginnen) um 9 Uhr.

(4) Er behauptet, er _____ (können) sehr gut Deutsch sprechen.

(5) Sie sagt, sie _____ (wissen) die Antwort nicht.

(6) Der Chef meint, die Mitarbeiter _____ (müssen) pünktlich sein.

(7) Der Reporter berichtet, die Mannschaft _____ (gewinnen).

(8) Die Zeitung schreibt, das Wetter _____ (bleiben) sonnig.

2 다음 문장을 간접 화법으로 바꾸세요.

(1) Peter: „Ich bin faul und demotiviert."

➡ Peter sagt, _____.

(2) Lisa: „Ich habe keine Zeit."

➡ Lisa meint, _____.

(3) Der Professor: „Die Studenten im Labor machen große Fortschritte."

➡ Der Professor erklärt, _____.

(4) Der Reporter: „Das Fußballmannschaft spielt sehr gut."

➡ Der Reporter sagt, _____.

(5) Die Ärztin: „Die Patientin fühlt sich nun besser."

➡ Die Ärztin berichtet, _____.

3 아래 문장에서 접속법 I식이 잘못 사용된 부분을 찾아 올바르게 수정하세요.

(1) Er berichtet, sie hat gewonnen.

(2) Die Zeitung schreibt, das Wetter ist schlecht.

(3) Sie meint, er kann sehr gut tanzen.

(4) Der Arzt sagt, der Patient soll nehmen die Medizin.

49 접속법 II식
★ Konjunktiv II

 MP3 **050**

A Wenn ich in Paris wäre, würde ich den Eiffelturm besuchen und mir weitere Sehenswürdigkeiten anschauen!

만약 내가 파리에 있다면 에펠탑을 보고 다른 관광지도 구경할 거야.

B Ich auch! Bei schönem Wetter könnte ich den ganzen Tag draußen verbringen.

나도! 날씨 좋을 때 하루 종일 밖에서 시간을 보낼 수 있을 것 같아.

문법 Grammatik

접속법 II식은 주로 실제 사실에 반대되는 상황에 대한 가정이나 소망을 나타내거나 겸손하고 정중하게 의사를 표현할 때 사용합니다. 상황을 가정할 경우 접속사 wenn (~라면)을 사용한 부문장과 결합될 수도 있습니다.

1 접속법 II식의 형태 및 사용

접속법 II식은 직설법 동사의 과거형을 어간으로 삼아 인칭 변화하는데 이 때 불규칙 동사 과거형의 어간 모음이 a, o, u 인 경우 ä, ö, ü로 변모음화 됩니다. 또는 'würde + 동사 원형'의 형태로도 인칭 변화합니다.

	접속법 어미	직설법 과거 (machen)	접속법 II식	직설법 과거 (kommen)	접속법 II식
	① 직설법 과거를 토대로 접속법 II식을 만드는 경우				
ich	-e	machte	machte	kam	käme
du	-est	machtest	machtest	kamst	kämest
er/sie/es	-e	machte	machte	kam	käme
wir	-en	machten	machten	kamen	kämen
ihr	-et	machtet	machtet	kamt	kämet
sie/Sie	-en	machten	machten	kamen	kämen

기타 다른 동사들의 접속법 II식 형태도 학습해 봅니다.

	접속법 어미	sein	haben	werden	helfen	können
ich	-e	wäre	hätte	würde	hälfe	könnte
du	-est	wärest	hättest	würdest	hälfest	könntest
er/sie/es	-e	wäre	hätte	würde	hälfe	könnte
wir	-en	wären	hätten	würden	hälfen	könnten
ihr	-et	wäret	hättet	würdet	hälfet	könntet
sie/Sie	-en	wären	hätten	würden	hälfen	könnten

	접속법 어미	müssen	sollen	dürfen	wollen	möchten
ich	-e	müsste	sollte	dürfte	wollte	möchte
du	-est	müsstest	solltest	dürftest	wolltest	möchtest
er/sie/es	-e	müsste	sollte	dürfte	wollte	möchte
wir	-en	müssten	sollten	dürften	wollten	möchten
ihr	-et	müsstet	solltet	dürftet	wolltet	möchtet
sie/Sie	-en	müssten	sollten	dürften	wollten	möchten

• 화법 조동사 möchten 은 mögen 동사의 접속법 II식 형태로 '~하고 싶다'의 형태로 직설법에서 자주 쓰입니다.

Wenn er Zeit **hätte, machte** er mehr Sport. 그가 시간이 더 있으면 운동을 더 많이 할 텐데.

Ich **wünschte,** sie **wäre** hier. 그녀가 여기 있었으면 좋겠다.

Wenn er der Chef **wäre**, **hätte** er mehr Verantwortung. 그가 상사라면 책임감을 더 많이 느낄 텐데.

An deiner Stelle **hälfe** ich gern Kindern in Not. 내가 너라면 어려움에 처한 아이들을 기꺼이 도울 거야.

접속법 II식은 접속사 'als ob 주어 + ⋯ +동사', 'als 주어 + 동사 + ⋯' (마치 ~인 것처럼)과 결합해서도 자주 쓰입니다.

Er tut so, **als ob** er alles wüsste. 그는 마치 모든 것을 아는 것처럼 행동한다.

Sie sieht aus, **als** wäre sie müde. 그녀는 마치 아픈 것처럼 보인다.

①번 처럼 직설법 과거로 접속법 II식을 만들 경우, 불규칙 동사라면 과거형을 외워 경우에 따라 추가로 변모음하는 등 번거로운 단계를 거쳐야 하기 때문에 접속법 II식은 기본 동사인 sein, haben, werden 및 화법 조동사를 제외하고는 주로 'würde + 동사 원형'으로 사용합니다.

An deiner Stelle **hälfe** ich gern Kindern in Not. 내가 너라면 어려움에 처한 아이들을 기꺼이 도울 거야.

An deiner Stelle **würde** ich gern Kindern in Not **helfen**. 내가 너라면 어려움에 처한 아이들을 기꺼이 도울 거야.

• 오늘 그녀와 춤추고 싶다.

② 〈würde + 동사 원형〉 으로 접속법 II식을 만드는 경우					
	würd-				**문장의 끝**
ich	würde				
du	würdest				
er/sie/es	würde	heute	gerne	mit ihr	**tanzen**.
wir	würden				
ihr	würdet				
sie/Sie	würden				

2 접속법 II식의 사용

소망	Er **wäre** gern auf Hawaii. 그는 하와이에 있었으면 좋겠다고 생각한다. Er **hätte** am liebsten eine luxuriöse Villa. 그는 고급 빌라가 가장 갖고 싶다. Er **würde** gern am Privatstrand liegen. 그는 프라이빗 해변에서 쉬고 싶어 한다.
비현실적 사실 (현재 사실의 반대)	Wenn ich im Lotto **gewinnen würde**, **würde** ich fünf Häuser **kaufen**. 내가 로또에 당첨된다면, 나는 다섯 채의 집을 살텐데. Wenn ich viel Zeit **hätte**, **wäre** ich glücklich. 내가 시간이 많다면 행복할 텐데.
공손한 화법	Entschuldigung, **könnten** Sie mir **helfen**? 죄송하지만 저를 도와주실 수 있나요? **Würden** Sie bitte das Fenster **schließen**? 창문을 닫아 주실 수 있나요?
조언	Du **solltest** mehr **schlafen**. 너는 더 자야 해. An deiner Stelle **würde** ich mit ihm **sprechen**. 내가 너라면 그와 이야기할 텐데.
제안	Wir **könnten** zusammen ins Kino **gehen**. 우리 영화관 갈 수 있을 듯 해. Vielleicht **könnten** wir uns morgen **treffen**. 아마도 우리 내일 만날 수 있을 듯 해.

> ✓ **Tipp** ....
> 독일에서 접속법 II식은 상황에 따른 거절의 화법으로도 많이 사용됩니다.
> 예 Wenn ich nicht beschäftigt wäre, würde ich dir helfen.
>   내가 안 바쁘다면 너를 도울 텐데. (현실: 도울 가능성은 있지만 바빠서 도울 수 없음.)

3 접속법의 시제

접속법은 4개의 시제 (현재, 과거, 미래, 미래 완료)가 있지만 현재 시제와 더불어 과거 시제가 가장 빈번하게 쓰이므로 과거 시제에 대해 학습해 봅니다. 과거 시제는 직설법에서 완료 시제를 만들었던 것처럼 'haben/sein + 과거 분사' 형태로 만들지만, 조동사만 접속법 II식의 형태로 씁니다. 의미는 지난 사건에 대한 반대 또는 후회가 됩니다.

hätte/wäre + 과거 분사

현재	Wenn ich viel Zeit **hätte**, **wäre** ich **glücklich**. 내가 시간이 많다면 행복할 텐데.
과거	Wenn ich viel Zeit **gehabt hätte**, **wäre** ich glücklich **gewesen**. 내가 시간이 많았더라면 행복했을 텐데.

'würde + 동사 원형'으로 접속법 현재 시제를 만들었을 경우 본동사가 완료 시제에서 haben/sein (hätte/wäre) 중 어떤 조동사와 결합할 지 동사의 성격을 기준으로 판단하여 올바른 조동사를 선택합니다.

현재 완료 시제 *42*과 참고

gewinnen (당첨되다, 얻다), kaufen (사다)는 타동사이므로 haben(hätte)와 결합

현재	Wenn ich im Lotto **gewinnen würde**, **würde** ich fünf Häuser kaufen. 내가 로또에 당첨된다면, 나는 다섯 채의 집을 살 텐데.
과거	Wenn ich im Lotto **gewonnen hätte**, **hätte** ich fünf Häuser **gekauft**. 내가 로또에 당첨됐었다면, 나는 다섯 채의 집을 샀었을 텐데.

fahren (운전하다, 가다), reisen (여행하다)는 장소의 이동을 나타내므로 sein(wäre)와 결합

현재	Wenn er Auto **fahren würde**, **würde** er mit dem Auto durch Korea **reisen**. 만약 그가 차를 운전할 수 있다면, 그는 차로 한국을 여행할 텐데.
과거	Wenn er Auto **gefahren wäre**, **wäre** er mit dem Auto durch Korea **gereist**. 만약 그가 차를 운전했더라면, 그는 차로 한국을 여행했을 텐데.

참고 Mehr erfahren

소망이나 희망을 이야기 할 때 gern, lieber, am liebsten 등의 부사를 같이 사용하여 정도를 표현하는 경우가 많습니다. 또한 접속법 II식을 쓰게 되면 말투가 보다 더 공손하고 부드러워지며, 조언을 할 경우 이번 과에서 배운 'An deiner/Ihrer Stelle … (너/당신의 입장이라면)'과 같은 표현을 쓰면 상대에게 겸손하고 배려 있는 조언을 전달하는 느낌을 줄 수 있습니다. deiner/Ihrer 대신 다른 인칭의 소유 관사 3격을 사용할 수도 있습니다.

Ich **hätte lieber** ein Zimmer mit Balkon. 나는 발코니 있는 방을 더 선호해.

An seiner Stelle würde ich einen Arzt aufsuchen. 그의 입장이라면 병원에 가 보겠습니다.

1 괄호 안의 동사를 접속법 II식의 형태 중 하나로 변형하여 빈칸을 채우세요.

(1) Wenn ich mehr Zeit hätte, _____ ich mehr Bücher. *(lesen)*

(2) Ich _____ gern eine Weltreise machen. *(mögen)*

(3) Wenn du dir mehr Zeit nehmen und üben würdest, _____ du besser spielen. *(können)*

(4) Sie _____ glücklicher, wenn sie weniger arbeiten _____. *(sein / müssen)*

(5) Wenn wir ein größeres Haus _____, hätten wir mehr Platz. *(haben)*

(6) Er _____ gerne ein Auto _____, aber er hat kein Geld. *(kaufen)*

2 다음 문장을 wenn 절을 사용하여 소망 또는 비현실 화법을 나타내는 접속법 II식 문장으로 옮기세요.

(1) Ich habe kein Geld. Ich kann nicht reisen.

➡ Wenn ich _____, könnte ich reisen.

(2) Sie ist krank. Sie kann nicht zur Schule gehen.

➡ Wenn sie _____, würde sie zur Schule gehen.

(3) Er hat keine Zeit. Er besucht seine Familie nicht.

➡ Wenn er _____, würde er seine Familie besuchen.

(4) Wir haben kein Auto. Wir fahren immer mit dem Bus.

➡ Wenn wir _____, würden wir nicht mit dem Bus fahren.

(5) Du lernst nicht genug. Du bestehst die Prüfung nicht.

➡ Wenn du _____, würdest du die Prüfung bestehen.

3 아래 문장을 접속법 II식의 과거형으로 바꿔 보세요.

(1) Ich habe das Flugzeug verpasst. Ich bin nicht nach Paris geflogen.

➡ Wenn ich das Flugzeug nicht verpasst hätte, _____.

(2) Sie hat nicht genug gelernt. Sie hat die Prüfung nicht bestanden.

➡ Wenn sie _____, hätte sie die Prüfung bestanden.

(3) Wir haben das Museum nicht besucht. Wir haben viel verpasst.

➡ Wenn wir _____ hätten wir nicht so viel verpasst.

(4) Er hat das Geld verloren. Er konnte das Auto nicht kaufen.

➡ Wenn er _____, hätte er das Auto kaufen können.

(5) Du hast zu schnell gesprochen. Ich habe dich nicht verstanden.

➡ Wenn du _____, hätte ich dich verstanden.

4 아래의 한국어 문장을 'an + 소유 관사 3격 + Stelle' 표현과 접속법을 활용하여 독일어로 써 보세요.

(1) 내가 너라면 더 일찍 자겠어.

➡ _____.

(2) 제가 당신이라면 한 번 더 물어보겠습니다.

➡ _____.

(3) 제가 그라면 부모님을 방문하겠습니다.

➡ _____.

(4) 내가 그녀라면 조심하겠다.

➡ _____.

(5) 내가 너희들이라면 그리 오래 기다리지 않을 거야.

➡ _____.

간접 의문문
Indirekte Fragen

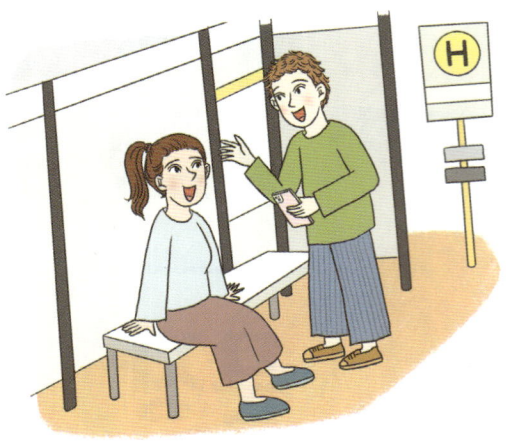

A **Kannst du mir sagen, wann der nächste Bus kommt?**

다음 버스가 언제 오는지 알려줄 수 있어?

B **Ich weiß es auch nicht genau, aber ich kann für dich nachschauen, ob der Bus pünktlich kommt.**

나도 정확히는 모르지만 너를 위해 버스가 정시에 오는지 확인해 볼 수 있어.

문법 Grammatik

간접 의문문은 다른 사람의 말을 인용하거나 직접적으로 질문하지 않고 간접적으로 질문할 때 사용됩니다. 일반적으로 의문사를 포함하는 경우가 많으며 '예/아니오'로 답할 수 있는 형태로 나타납니다. 간접 의문문을 사용하면 직접 의문문보다 더 명확하고 공손한 뉘앙스를 전달할 수 있습니다.

1 간접 의문문의 구조 및 사용

의문사가 있는 직접 의문문은 부문장으로 바뀌어 동사가 후치됩니다.

직접 의문문	간접 의문문
Wo ist der Bahnhof? 기차역은 어디 있나요?	Können Sie mir sagen, **wo der Bahnhof ist**? 기차역이 어디있는지 말해 주실 수 있나요?
Wie lange dauert die Fahrt nach Berlin? 베를린으로 가는데 얼마나 걸리나요?	Wissen Sie, **wie lange die Fahrt nach Berlin dauert**? 베를린까지 가는데 얼마나 걸리는지 아세요?
Wie viel verdient man als Polizist? 경찰관으로서 얼마나 많이 버나요?	Ich möchte gern wissen, **wie viel man als Polizist verdient**. 경찰관으로서 얼마나 많이 버는지 알고 싶습니다.

만약 직접 의문문에 의문사가 없다면 접속사 'ob (~인지 아닌지)'을 추가하여 동사를 후치합니다.

직접 의문문	간접 의문문
Ist der Bahnhof in der Nähe von hier? 기차역이 여기 근처에 있나요?	Wissen Sie, ob der Bahnhof in der Nähe von hier ist? 기차역이 여기 근처에 있는지 아시나요?
Ist es noch weit zum Bahnhof? 역까지 아직 멉니까? Gibt es im Hotel ein Schwimmbad? 호텔에 수영장이 있나요?	Können Sie mir sagen, ob es noch weit zum Bahnhof ist? 역까지 아직 멀었는지 말해 주실 수 있나요? Ich habe keine Ahnung, ob es im Hotel ein Schwimmbad gibt. 호텔에 수영장이 있는지 모르겠어요.

간접 의문문의 주문장으로 주로 사용되는 표현은 다음과 같습니다. 주문장이 질문이 아닐 경우 문장 부호는 물음표를 쓰지 않습니다.

Wissen Sie, / Haben Sie eine Idee, ...? 아시나요,

Können/Könnten/Würden Sie mir sagen, ...? 저에게 말씀해 주실 수 있나요,

Ich möchte gern wissen, ... 알고 싶습니다,

Ich habe keine Ahnung, ... 저는 모르겠어요,

2 간접 의문문으로 다른 사람의 말을 전달할 때

간접 의문문의 형식으로 다른 사람의 말을 전달할 수 있습니다. 이 경우, 사건을 전달하는 화자가 바뀌기 때문에 대명사, 소유 관사 등 인칭과 관련된 문장 성분을 바꾸어야 한다는 점을 잊지 마세요.

Nele   Wo kann ich mein Fahrrad abstellen? 자전거를 어디에 세울 수 있을까?

Melanie   Nele hat gefragt, wo sie ihr Fahrrad abstellen kann.
         넬레가 그녀의 자전거를 어디에 세울 수 있는지 물어봤어.

1 다음 직접 의문문을 간접 의문문으로 바꾸세요.

(1) „Wann beginnt der Film?"

➜ Ich weiß nicht, _____ .

(2) „Wo wohnen deine Eltern?"

➜ Kannst du mir sagen, _____ .

(3) „Wie alt ist deine Tochter?"

➜ Ich möchte wissen, _____ .

(4) „Warum bist du nicht gekommen?"

➜ Er fragte mich, _____ .

(5) „Was hast du gestern gemacht?"

➜ Sie frage mich, _____ .

(6) „Welches Buch liest du gerade?"

➜ Sie möchte wissen, _____ .

(7) „Wer hat die Tür geöffnet?"

➜ Weißt du, _____ .

(8) „Wie lange dauert die Fahrt nach Seoul?"

➜ Ich bin mir nicht sicher, _____ .

2 괄호 안의 단어를 활용하여 간접 의문문을 완성하세요.

(1) Ich weiß nicht, _____ (ob / er / kommen / heute).

(2) Kannst du mir sagen, _____ (wo / wohnen / er)?

(3) Ich frage mich, _____ (wann / wir / Prüfungen haben).

(4) Er möchte wissen, _____ (gemacht haben / wer / das).

(5) Sie fragt, _____ (warum / du / so müde / sein).

(6) Wir wissen nicht, _____ (wie viel / das Ticket / kosten).

(7) Ich möchte wissen, _____ (du / morgen / haben / Zeit / ob).

(8) Sie fragt sich, _____ (was / er / jetzt / tun).

3 다음 대화를 읽고, 빈칸을 적절한 간접 의문문으로 채우세요.

(1) A Ich habe gehört, dass Lilia in den Urlaub fährt!

   B Ja, aber ich weiß nicht genau, _____.
   (wohin / sie / fahren)

(2) A Und wann fährst du los?

   B Ich bin mir nicht sicher, _____.
   (wann / ich / losfahren)

(3) A Hast du schon ein Hotel gebucht?

   B Nein, ich weiß noch nicht, _____.
   (welches Hotel / sein / preiswert)

(4) A Und mit wem reist du?

   B Tja, ich weiß nicht. Ich frage mich selbst, _____.
   (wer / mit mir / reisen)

4 다음 문장을 읽고 틀린 부분을 수정하세요.

(1) Kannst du mir sagen, ob hat sie Zeit?

   ➔ _____

(2) Könnten Sie mir sagen, wo ich kurz die Hände können waschen?

   ➔ _____

(3) Ich weiß nicht, wie viel kostet das Ticket.

   ➔ _____

(4) Wir möchten gern wissen, hat der Laden geöffnet.

   ➔ _____

(5) Weißt du, wie funktioniert es?

   ➔ _____

 MP3 **052**

A David, hast du Zeit, mir kurz zu helfen?

다비드, 잠깐 나 도와줄 시간 있어?

B Tut mir leid, gerade geht es nicht, weil ich viel zu tun habe. Aber ich könnte später kurz vorbeikommen.

미안해. 지금은 일이 많아서 안되지만, 나중에 잠깐 들를 수 있어.

문법 Grammatik

'zu + 동사 원형' 구문을 zu 부정문이라고 합니다. 행위의 목적이나 의도를 명확하게 전달하기 위해 사용하며 문장 안에서 명사적 기능을 하며 주어, 목적어, 술어, 부가어 등 다양한 용법으로 활용됩니다.

1 zu 부정문의 형태 및 구조

zu 부정문 안에는 주어가 없으며 'zu + 동사 원형'은 문장의 가장 끝에 위치합니다.

Es macht mir viel Spaß, Deutsch **zu** lernen. 독일어를 배우는 것은 재미있다.

Ich liebe es, Baseball **zu** spielen. 야구 하는 것을 너무 좋아한다.

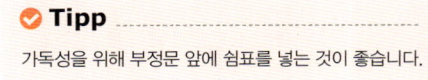

> **✓ Tipp**
> 가독성을 위해 부정문 앞에 쉼표를 넣는 것이 좋습니다.

독일어 동사의 특징에 따라 zu의 위치가 변합니다.

일반 동사	Ich versuche, eine europäische Sprache **zu** <u>lernen</u>. 나는 유럽 언어를 배우려고 노력하고 있다.
분리 동사	Julia hat beschlossen, früh auf**zu**stehen. 율리아는 일찍 일어나기로 결심했다.
비분리 동사	Helena hofft, ihre Großeltern bald **zu** <u>besuchen</u>. 헬레나는 곧 조부모님을 방문하기를 바란다.
화법 조동사	Martin mag es nicht, jeden Tag putzen **zu** <u>müssen</u>. 마틴은 매일 청소해야 하는 것을 싫어한다.
수동태	Es ist nervig, von meinem Bruder gestört **zu** <u>werden</u>. 내 형제에게 방해받는 것은 짜증난다.

• 분리 동사의 경우 전철과 토대 동사 사이에 zu를 넣습니다.

> ✔ **Tipp**
>
> 화법 조동사, 수동태의 경우 평서문에서 두 번째 자리에 위치하는 동사가 동사 원형으로 바뀌어 문장의 끝에 위치합니다.
>
> **(위의 화법 조동사, 수동태 문장에 대한 평서문)** Martin muss jeden Tag putzen. / Ich werde von meinem Bruder gestört.

2 zu 부정문의 사용

추상 명사의 부가어로 쓰일 때	Ich habe (keine) Lust/Zeit, ... zu ... 나는 ~할 마음/시간이 있다(없다)
	Ich habe die Chance/Möglichkeit, ... zu ... 나는 ~할 기회/가능성이 있다
	Es macht mir (keinen) Spaß/Freude/Angst, ... zu... 나는 ~하는 것이 (없다) 재미있다/ 기쁘다/ 두렵다
동사의 보충어로 쓰일 때	Ich freue/ärgere mich, ... zu ... 나는 ~해서 기쁘다/화가 나다
	Ich hoffe/befürchte, ... zu ... 나는 ~할 것을 바란다/두려워하다
	Ich plane/habe vor, ...zu ... 나는 ~할 계획이다/예정이다
	Ich fange an/versuche, ... zu ... 나는 ~하기 시작하다/ ~하려고 시도하다
es의 의미로 쓰일 때	Es ist gut/schön/super, ... zu ... ~하는 것은 좋다/훌륭하다
	Es ist wichtig/anstrengend, ... zu ... ~하는 것은 중요하다/힘들다
	Ich finde es gut/schlecht, ... zu ... 나는 ~하는 것이 좋고/나쁘다고 생각하다

Ich habe keine Lust, ins Kino **zu** gehen. 나는 영화관에 갈 마음이 없다.

Ich freue mich, dir helfen **zu** können. 나는 너를 도와줄 수 있어 기쁘다.

Es ist anstrengend, im Sommer draußen **zu** arbeiten. 여름에 밖에서 일하는 것은 힘들다.

3 dass 문장과 zu 부정문

접속사 dass 가 포함된 문장을 'zu + 부정문'으로 바꾸어 쓸 수 있습니다.

Ich hoffe, dass **ich** die Sprachprüfung bestehe. 나는 내가 어학 시험에 합격하기를 바란다.

Ich hoffe, die Sprachprüfung **zu bestehen**. (O) 나는 내가 어학 시험에 합격하는 것을 바란다.

단, 주문장의 주어와 부문장의 주어가 같을 경우에만 가능하니 문장을 바꿀 때 유의해야 합니다.

Ich hoffe, dass **du** die Sprachprüfung bestehst. 나는 네가 어학 시험에 합격하기를 바란다.

Ich hoffe, du die Sprachprüfung zu bestehen. (✗) 나는 네가 어학 시험에 합격하는 것을 바란다. (불가함.)

1 괄호 안의 동사를 'zu + 부정형' 형태로 바꿔 문장을 완성하세요.

(1) Er hat versucht, _____ (mich / anrufen), aber ich war noch nicht zu Hause.

(2) Wir haben keine Lust, _____ (am Wochenende / arbeiten).

(3) Ich plane, _____ (nicht / sondern nach Paris / nach Deutschland / reisen).

(4) Ihr habt vergessen, _____ (das Fenster im Klassenzimmer / schließen).

2 문장을 'zu + 부정형'을 활용하여 보기처럼 다시 써 보세요.

보기 Ich habe keine Zeit, und ich kann dir nicht helfen. → Ich habe keine Zeit, *dir zu helfen*.

(1) Er hat keine Lust. Und er trinkt keinen Kaffee.

→ _____

(2) Wir haben keine Lust und wir möchten nicht früh aufstehen.

→ _____

(3) Sie hatte keine Möglichkeit, und sie konnte das Problem nicht lösen.

→ _____

3 'zu + 부정문'을 사용하여 문장을 연결하세요.

(1) Ich hoffe, dass ich dich bald wiedersehen kann.

→ _____

(2) Sie versucht, dass sie pünktlich zur Arbeit kommt.

→ _____

(3) Ich finde es wichtig, dass man regelmäßig Sport macht.

→ _____

(4) Er plant, dass er im Winter eine Reise nach Deutschland macht.

→ _____

52 zu 부정문을 활용한 구문

★ Konnektoren um... zu, ohne ... zu, statt ... zu

🔊 MP3 **053**

A Ich muss immer arbeiten, statt joggen zu gehen...

나는 조깅하러 가는 대신 항상 일해야만 해.

B Du könntest aber wenigstens spazieren gehen, um deinen Kopf abzuschalten!

하지만 머리를 식히기 위해 산책이라도 할 수 있잖아!

 문법 Grammatik

zu 부정문은 다른 전치사와 결합하여 목적이나 이유 또는 대안을 나타내는 구문을 만들 수 있습니다.

1 구문의 종류

um... zu	~ 하기 위해	Er lernt viel, **um** die Sprachprüfung **zu** bestehen. 그는 어학 시험에 합격하기 위해 많이 공부한다.
ohne .... zu	~ 하지 않고	Er ist gegangen, **ohne** etwas **zu** sagen. 그는 아무 말도 하지 않고 갔다.
(an)statt ... zu	~ 하는 대신에	Sie geht ins Theater, **anstatt** zu Hause **zu** bleiben. 그녀는 집에 있는 대신 영화관에 간다.
haben + zu	~ 해야 한다	Du **hast** deine Hausaufgaben **zu** machen. 너는 숙제를 해야 한다.

brauchen + zu	~ 할 필요가 없다	Du **brauchst** nicht **zu** kommen, wenn du keine Zeit hast. 시간이 없다면, 너는 올 필요가 없다.
sein + zu	~ 될 수 있다/ 되어야 한다	Die Aufgabe **ist zu** lösen. 그 과제는 해결될 수 있다.

2 zu 부정문을 부문장으로 바꾸기

접속사 dass 가 사용된 부문장을 'zu + 동사 원형'으로 바꿀 수 있었던 것처럼 아래 구문들도 상응하는 종속 접속사를 사용해서 주어를 포함한 완전한 문장으로 바꿀 수 있습니다. 이때, 동사는 후치됩니다.

zu 부정문	접속사를 사용한 문장
um... zu ~ 하기 위해	, damit ...
Er geht ins Fitnessstudio, **um** gesund **zu** bleiben. 그는 건강을 유지하기 위해 헬스장에 간다.	= Er geht ins Fitnessstudio, **damit** er gesund bleibt.
ohne ... zu ~ 하지 않고	, ohne dass ...
Ich gehe zur Arbeit, **ohne zu** frühstücken. 나는 아침을 먹지 않고 출근한다.	= Ich gehe zur Arbeit, **ohne dass** ich frühstücke.
(an)statt ... zu ~ 하는 대신에	, (an)statt dass ...
Sie fährt mit dem Bus, **(an)statt** zu Fuß **zu** gehen. 그녀는 걸어가는 대신 버스를 탄다.	= Sie fährt mit dem Bus, **anstatt dass** sie zu Fuß geht.

haben ... zu, brauchen ... zu, sein ... zu 구조는 모두 화법 조동사를 사용한 문장으로 바꿀 수 있습니다. 이 때 동사 앞에 zu를 절대 쓰지 않아야 합니다.

zu 부정문	화법 조동사를 사용한 문장
haben...zu ~ 해야 한다 (규범적 의무)	müssen
Sie **hat** die Präsentation heute noch **zu beenden**. 그녀는 오늘 안으로 프레젠테이션을 끝내야 한다.	= Sie **muss** die Präsentation heute noch **beenden**.
brauchen...zu ~ 하지 않고	müssen nicht/kein-
Sie **braucht** nicht zum Arzt **zu gehen**, wenn es ihr besser geht. 그녀가 나아졌다면, 의사에게로 갈 필요는 없다.	= Sie **muss nicht** zum Arzt **gehen**, wenn es ihr besser geht.

sein … zu 표현은 werden 수동태를 쓰지 않고도 수동적 의미(가능·의무)를 표현하는 구조입니다. 이 때 주어는 주로 사물이며, 행위자는 드러나지 않습니다. 이 문장을 화법 조동사로 바꾸면, 의미를 그대로 유지하기 위해 보통 수동태(화법 조동사 + 과거 분사 + werden) 구조를 사용합니다. 다만 man을 주어로 하는 능동문도 의미상 가능합니다.

zu 부정문		화법 조동사를 사용한 문장
sein...zu ~될 수 있다 (가능성)		können
Dieser Text **ist** leicht **zu** verstehen. 이 글은 쉽게 이해될 수 있다.	=	Dieser Text **kann** leicht **verstanden werden**. Man kann diesen Text leicht verstehen. 이 글을 쉽게 이해할 수 있다.
sein...zu ~되어야 한다 (의무)		müssen
Die Tür **ist** abends ab**zu**schließen. 이 문은 저녁에 잠겨야 한다.	=	Die Tür **muss** abends **abgeschlossen werden**. Man muss abends die Tür abschließen. 저녁에 문을 잠가야 한다.

Mehr erfahren

독일인들이 자주 사용하는 gerade/schon dabei sein + zu 동사 원형

어떤 행동이 지금 진행 중이거나 이미 진행되고 있음을 나타내는 표현으로, 일상 대화에서 자주 사용됩니다.

Ich **bin gerade dabei**, meine Kinder vom Kindergarten **abzuholen**.
나는 내 아이들을 유치원에서 픽업하는 중이야.

Unser Team **ist schon dabei**, das Problem **zu lösen**.
우리 팀은 이미 그 문제를 해결하고 있는 중이야.

1 um…zu, statt…zu, ohne…zu 중 하나를 골라 괄호 안의 동사를 문맥에 맞게 변형하여 문장을 완성하세요.

(1) Ich lerne jeden Tag Deutsch, _____ (mein Deutsch verbessern).

(2) Er geht ins Fitnessstudio, _____ (zu Hause bleiben).

(3) Sie fährt in die Stadt, _____ (einkaufen).

(4) Er hat das Haus verlassen, _____ (mit uns sprechen).

(5) Wir haben die Dokumentation gesehen, _____ (mehr darüber erfahren).

2 다음 문장에서 접속사 (damit…, ohne dass…, (an)statt dass…) 구조를 'zu + 부정문' 구조로 변형하세요.

(1) Ich stehe früh auf, damit ich den Zug nicht verpasse.

➡ _____

(2) Ich trinke Tee, anstatt dass ich Kaffee trinke.

➡ _____

(3) Er schreibt alles auf, damit er nichts vergisst.

➡ _____

(4) Sie kauft ein Kleid, ohne dass sie es anprobiert.

➡ _____

(5) Er isst Fastfood, anstatt dass er gesundes Essen kocht.

➡ _____

(6) Wir haben das Essen bestellt, ohne dass wir die Speisekarte gelesen haben.

➡ _____

14

상황별
표현

 MP3 **054**

A Frau Stein, könnten Sie sich kurz vorstellen?

슈타인 씨, 간단히 자기소개를 해 주실 수 있나요?

B Ja, gerne. Mein Name ist Johanna Stein und ich komme aus der Schweiz. Es freut mich sehr, hier zu sein.

네, 그럼요. 제 이름은 요한나 슈타인이고 스위스에서 왔습니다. 여기 있다는 것이 정말 기쁩니다.

 **Grammatik**

1 자신을 소개할 때 쓸 수 있는 표현

아래의 키워드를 토대로 상대방과 대화를 나누며 자신을 소개할 수 있도록 연습해 봅니다.

Name 이름	A Wie heißen Sie / heißt du? 이름이 뭐예요?
	Wie ist Ihr/dein Name? 이름이 어떻게 되나요?
	B Ich heiße Johanna Stein. 저는 요한나 슈타인입니다.
	Mein Name ist Johanna Stein. 제 이름은 요한나 슈타인입니다.
Alter 나이	A Wie alt sind Sie / bist du? 몇 살이예요?
	B Ich bin 21 Jahre alt. 저는 21살입니다.

출신 국가의 경우 대부분의 국가는 중성이지만 남성, 여성 또는 복수인 국가도 있습니다. 이 경우, 3격 정관사를 사용해야 합니다.

Herkunft / Land 국적	A	Woher kommen Sie / kommst du? 어디서 오셨나요? Aus welchem Land kommen Sie / kommst du? 어떤 국가에서 오셨나요?
	B	Ich komme aus Korea / aus dem Iran / aus den Niederlanden. 저는 한국 / 이란 / 네덜란드에서 왔어요.

- 남성 국가: der Iran 이란, der Irak 이라크, der Sudan 수단
- 여성 국가: die Schweiz 스위스, die Türkei 튀르키예, die Slowakei 슬로바키아 등
- 복수 국가: die Niederlande 네덜란드, die USA 미국

Wohnort 거주지	A	Wo wohnen Sie / wohnst du? 어디 살아요?
	B	Ich wohne in Berlin. 저는 베를린에 살아요 Ich wohne im Iran / in der Schweiz / in den USA. 나는 이란/스위스/미국에 살아요.

- 도시가 아닌 특정 국가에 거주한다고 할 때도 남성, 여성, 복수 국가는 3격 정관사를 사용해야 합니다.

Sprachen 언어	A	Welche Sprachen sprechen Sie / sprichst du? 어떤 언어를 말하나요? Was sprechen Sie / sprichst du? 무엇을 말하나요?
	B	Ich spreche Koreanisch, Englisch und ein bisschen Deutsch. 저는 한국어, 영어 그리고 독일어를 조금 합니다.

- 언어명은 중성 명사이지만 말할 때는 관사를 사용하지 않습니다.

Beruf 직업	A	Was machen Sie / machst du (beruflich)? 직업이 무엇인가요? Was sind Sie / bist du von Beruf? 직업이 무엇인가요?
	B	Ich arbeite als Arzt. / Ich bin Arzt. 저는 의사입니다. Ich bin Schüler/Student. 저는 (초,중,고)학생/대학생 입니다.

- 학생의 경우 직업을 소개할 때 arbeiten 동사를 쓰지 않습니다.

Hobby 취미	A	Was ist dein/Ihr Hobby? 취미가 뭐예요? 단수형 Was sind deine/Ihre Hobbys? 취미가 뭐예요? 복수형 Was machen Sie / machst du gern? 무엇을 즐겨하세요?
	B	Mein Hobby ist Tennis spielen. 제 취미는 테니스 치기예요. Meine Hobbys sind Kochen und Schach spielen. 제 취미는 요리하기, 체스 두기예요. Ich lese gern und höre gern Musik. 저는 독서를 즐기고 음악을 즐겨 들어요.

- machen 동사로 취미를 물을 경우 같은 동사로 대답하는 것이 아니라 행위를 나타내는 동사를 활용해야 합니다.
  예) Schach spielen 체스를 두다: Ich mache Schach spielen. (✕) → Ich spiele gern Schach. (〇)

(1) 주요 언어 관련 어휘

Deutsch 독일어　　　　　Koreanisch 한국어　　　　Spanisch 스페인어

Englisch 영어　　　　　　Japanisch 일본어　　　　　Portugiesisch 포르투갈어

Französisch 프랑스어　　　Chinesisch 중국어　　　　Russisch 러시아어

(2) 주요 직업 관련 어휘 (남/여)

der Arzt/die Ärztin 의사　　　　der/die Verkäufer/in 판매원　　　der/die Musiker/in 음악가

der/die Ingenieur/in 엔지니어　　der/die Architekt/in 건축가　　　der/die Student/in 대학생

der Koch/die Köchin 요리사　　　der/die Polizist/in 경찰관　　　der/die Lehrer/in 교사

der/die Angestellte 회사원　　　　der Beamte/die Beamtin 공무원

- '회사원'과 '남자 공무원'은 어미 변화를 하는 직업 명사입니다. 직업을 소개할 때는 무관사이므로 강변화 어미가
  적용됩니다:
  예) Ich bin Angestellter. (남자) / Ich bin Angestellte. (여자)
  　　Ich bin Beamter. (남자) / Ich bin Beamtin. (여자)

(3) 취미 관련 표현

Sport machen 운동하다　　　schwimmen 수영하다　　　fotografieren 사진을 찍다

Fahrrad fahren 자전거 타다　spazieren 산책하다　　　　Fußball spielen 축구하다

joggen 조깅하다　　　　　　malen 그림 그리다　　　　　singen 노래하다

tanzen 춤추다　　　　　　　Musik hören 음악을 듣다　　lesen 독서하다

reisen 여행하다　　　　　　Filme schauen 영화를 보다　kochen 요리하다

- Sport machen 같이 명사와 동사가 합쳐진 표현은 명사를 문장의 맨 뒤에 둡니다.
  예) Er macht gern Sport. 그는 운동을 즐겨한다.

- 동사 gehen을 조동사로 활용하면 '~하러 가다'라는 의미의 문장을 만들 수 있습니다.
  예) joggen gehen 조깅하러 가다. – Jedes Wochenende gehe ich joggen. 매 주말에 나는 조깅하러 간다

1 다음 질문에 자기를 소개하는 답변을 독일어로 써 보세요.

(1) Wie heißen Sie?

➡ _____

(2) Woher kommen Sie?

➡ _____

(3) Wie alt sind Sie?

➡ _____

(4) Haben Sie Geschwister?

➡ _____

(5) Sind Sie verheiratet?

➡ _____

(6) Wo wohnen Sie?

➡ _____

(7) Was machen Sie beruflich?

➡ _____

(8) Was sind Ihre Hobbys?

➡ _____

(9) Welche Sprachen sprechen Sie?

➡ _____

(10) Warum lernen Sie Deutsch?

➡ _____

2 자기소개 구문을 활용하여 다른 사람을 소개하는 글을 써 봅시다.

(1)

- Name: Anna Schmidt
- Herkunft: München, Deutschland
- Alter: 28 Jahre
- Familienstand: Ledig
- Familie: Eltern, ein Bruder

- Wohnort: Berlin
- Beruf: Studentin (Psychologie)
- Hobbys: Lesen
- Sprachen: Deutsch, Englisch, Französisch

→ _____

_____

_____

_____

(2)

- Name: Thomas Rößler
- Herkunft: Wien, Österreich
- Alter: 45 Jahre
- Familienstand: Verheiratet
- Familie: Ehefrau, zwei Kinder

- Wohnort: Frankfurt
- Beruf: Arzt
- Hobbys: Tennis und Golf
- Sprachen: Deutsch, Spanisch

→ _____

_____

_____

_____

(3)

- Name: Herta Klein
- Herkunft: Basel, Schweiz
- Alter: 72 Jahre
- Familienstand: Verheiratet
- Familie: Ehemann und zwei Kinder

- Wohnort: Zürich
- Beruf: Hausfrau
- Hobbys: Gartenarbeit und Malen
- Sprachen: Deutsch, Französisch

→ _____

_____

_____

_____

54 시간 묻고 답하기

★ Nach Uhrzeiten fragen

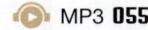 MP3 **055**

A **Wie spät ist es?**
몇 시야?

B **Es ist Viertel vor zwei.**
1시 45분이야.

문법 Grammatik

독일에는 공식 시각과 일상 시각이 있습니다. 공식 시각은 24시간제로 방송과 같은 공적인 상황에서 사용합니다. 일상(비공식) 시각은 12시간제로 일상에서 시간을 이야기 할 때 사용합니다. '~시' 단위로는 Uhr를 사용하며 '~분'을 나타내는 Minuten은 사용하지 않습니다. 시간을 물을 때는 비인칭 주어인 es를 사용하여 Wie spät ist es? 또는 Wie viel Uhr ist es? 라고 묻습니다.

1 공용 시각 읽기

(1) '~시 ~분'의 순서로 읽으며 시(時) 뒤에 단위 Uhr를 씁니다.

- `09.00` Wie spät ist es? – Es ist neun **Uhr**. 몇 시인가요? – 9시입니다.
- `09.15` Wie spät ist es? – Es ist neun **Uhr** fünfzehn. 몇 시인가요? 9시 15분입니다.
- `13.30` Wie spät ist es? – Es ist dreizehn **Uhr** dreißig. 몇 시인가요? 13시 30분입니다.

2 일상 시각 읽기

(1) 일상 시각을 읽을 때 필요한 vor ~전, nach ~후, Viertel 15분, halb 30분 전 용어를 사용해야 하고, 읽는 방법은 ① '분 vor/nach 시' 또는 ② 'halb 시(+1)'가 있습니다.

(2) 정각은 '시(Uhr)' 단위를 쓰거나 생략할 수 있습니다.

09.00 Es ist neun (Uhr). 9시입니다.

10.00 Es ist zehn (Uhr). 10시입니다.

(3) 12시간제를 사용하기 때문에 오전, 오후를 명확하게 말하고 싶을 경우 시간 부사를 사용합니다. 시간 부사를 사용하면 단위 Uhr를 사용해야 합니다.

| morgens 아침에 | vormittags 오전에 | mittags 정오에/낮에 |
| nachmittags 오후에 | abends 저녁에 | nachts 밤에 |

09.00 Es ist neun Uhr abends. 저녁 9시입니다.

10.00 Es ist zehn Uhr morgens. 오전 10시입니다.

(4) 시계를 읽는 기준은 정각 또는 30분 입니다. 20분~40분은 30분과 가까우므로 주로 30분을 기준으로 합니다. 읽는 방법에 주의해서 '분 vor/nach 시' 또는 'halb 시(+1)'로 읽습니다.

09.10 Es ist zehn nach neun. 9시 10분입니다.

10.15 Es ist Viertel nach zehn. 10시 15분입니다.

11.30 Es ist halb zwölf. 11시 30분입니다.

12.45 Es ist Viertel vor eins. 12시 45분입니다.

230

3 시간 전치사의 활용

(1) ~시에: '정각 ~시'를 표현할 경우 전치사 um을 사용합니다.

Um dreizehn Uhr fährt der Zug ab. 13시(오후 1시)에 기차가 출발한다.

Wir treffen uns **um** neun vor der Schule. 9시에 학교 앞에서 만나자.

(2) ~시 부터 ~시 까지: 전치사 von ... bis...를 사용합니다.

Von 8 **bis** 16 Uhr haben wir Unterricht. 8시부터 오후 4시까지 수업이 있다.

Der Supermarkt ist **von** 7 **bis** 22 Uhr geöffnet. 슈퍼마켓은 7시부터 저녁 10시까지 열려 있다.

(3) ~시쯤: 전치사 gegen을 사용합니다.

Ich komme **gegen** 17 Uhr nach Hause. 나는 오후 5시쯤 집으로 온다.

Mein Freund hat mich **gegen** 10 Uhr angerufen. 내 남자친구는 10시쯤 나에게 전화했다.

(4) ~시 부터: 종료 시점이 언급되지 않고 출발 시점을 강조하여 표현할 때 전치사 ab을 사용합니다.

Ab 8 Uhr haben wir Unterricht. 우리는 8시부터 수업이 있다.

Der Supermarkt ist **ab** 7 Uhr geöffnet. 슈퍼마켓은 7시부터 열려 있다.

(5) ~시 와 ~시 사이: 전치사 zwischen ... und ...를 사용합니다.

Zwischen 8 **und** 9 Uhr kommt der Techniker vorbei. 8시와 9시 사이에 기술자가 들른다.

Ich fange **zwischen** 7 **und** 8 Uhr mit der Arbeit an. 7시와 8시 사이에 나는 근무를 시작한다.

(6) 정확한 숫자 없이 대략적으로 시간 표현을 할 때 kurz vor (모자란), kurz nach (조금 지난), gleich (곧)도 사용합니다.

Es ist **kurz vor** 12 / Es ist **kurz nach** 12. 12시 조금 전이다 / 12시 조금 지났다.

Es ist **gleich** 12. 곧 12시다.

1 다음을 일상 시각으로 써 보세요.

Wie spät ist es? Es ist …

(1)  ➡ _____

(2)  ➡ _____

(3)  ➡ _____

(4)  ➡ _____

2 한국어 문장을 참고하여 빈칸에 알맞은 시간 전치사를 넣으세요.

(1) Der Film beginnt _____ 20 Uhr. 영화는 20시에 시작해요.

(2) Wir treffen uns _____ Sonntag. 우리는 일요일에 만나요.

(3) _____ 23 Uhr gehe ich ins Bett. 저는 23시에 자러 가요.

(4) Der Zug kommt _____ 6 Uhr in Frankfurt an. 기차는 6시에 프랑크푸르트에 도착해요.

(5) Ich arbeite _____ 9 Uhr _____ 17 Uhr. 저는 9시부터 17시까지 일해요.

3 한국어 문장을 참고하여 독일어로 써 보세요.

(1) 나는 15시에 상사와 미팅이 있습니다.

➡ _____

(2) 내 어머니는 내일 8시에 병원에 가야만 합니다.

➡ _____

(3) 내 남편은 9시부터 17시까지 일합니다.

➡ _____

(4) 우리 10시에서 11시 사이에 만날까?

➡ _____

55 날씨 묻고 답하기
★ Nach dem Wetter fragen

🔊 MP3 **056**

A **Wie ist das Wetter heute?**
오늘 날씨는 어때?

B **Es ist richtig schön draußen.**
Wollen wir zusammen Fahrrad
fahren, wenn du Zeit hast?
바깥 날씨가 정말 좋아. 너 시간이 있으면 우리 같이
자전거 탈래?

문법 Grammatik

날씨를 나타낼 때는 주로 비인칭 주어 es를 사용하고, 날씨를 표현하는 비인칭 동사 및 기본 동사 sein,
haben, werden 등을 사용하여 다양하게 표현합니다. 이 때 동사를 3인칭 단수 형태로 쓰는 것 또한 잊지 마
세요.

1 〈비인칭 주어 es + sein 동사 + 형용사〉를 활용한 일반적인 날씨 표현

Es ist sonnig. (= Die Sonne scheint.) (날씨가) 맑다.

Es ist bewölkt / wolkig / bedeckt. (날씨가) 흐리다.

Es ist neblig. 안개가 꼈다.

Es ist windig. 바람이 분다.

Es ist regnerisch. 비가 온다.

Es ist stürmisch. 폭풍이 분다

2 〈비인칭 주어 es + 비인칭 동사〉를 활용한 일반적인 날씨 표현

Es regnet. 비가 온다.

Es nieselt. 이슬비(가랑비)가 내린다.

Es schneit 눈이 온다.

Es donnert 천둥이 친다.

Es blitzt. 번개가 친다.

Es hagelt. 우박이 내린다.

• viel 많이, stark 강하게 등의 부사를 사용하여 동사를 강조할 수 있습니다.

3 관용 표현 〈es gibt + 4격: ~이/가 있다〉를 활용한 일반적인 날씨 표현

Es gibt ein Gewitter. 천둥 번개가 친다. (악천후)

Es gibt Nebel. 안개가 끼었다.

Es gibt starken Wind. 강한 바람이 분다.

Es gibt viel Schnee. 눈이 많이 왔다.

4 〈비인칭 주어 es + sein 동사 + 형용사〉를 활용한 날씨에 대한 감각 표현

Es ist kalt. (날씨가) 춥다.

Es ist warm. (날씨가) 따뜻하다.

Es ist heiß. (날씨가) 덥다.

Es ist kühl. (날씨가) 서늘하다.

Es ist schwül. (날씨가) 후덥지근해요.

Es ist trocken. (날씨가) 건조해요.

5 날씨에 대한 직접적인 감각 표현

Ich friere / schwitze. 나는 (얼 정도로) 춥다 / 땀을 흘린다.

Ich zittere vor Kälte. 나는 추위 때문에 떨고 있어.

Ich sterbe vor Hitze. 나는 더위 때문에 죽겠어.

(1) 사람이 느끼는 체감 기온을 언급하고 싶을 경우 사람은 반드시 3격으로 활용해야 합니다.

Es ist mir kalt. 나는 춥다.

Mir ist (es) kalt. 나는 춥다.

Meinem Kind ist (es) sehr heiß. 내 아이는 매우 덥다.

✔ **Tipp**

사람을 강조하고 싶을 경우 사람이 문장의 첫번째 자리에 등장하고 주어 동사는 도치 됩니다. 이 때 es는 생략 가능합니다.

6 온도 표현

온도를 이야기 할 때도 주로 비인칭 주어 es 를 사용합니다. 단위로는 Grad (Celsius) 도 를 사용하며 동사는 비인칭 주어인 es에 맞추는 것이 아니라 기온에 맞추어 단수 또는 복수 동사를 사용해야 합니다. 영상은 plus, 영하는 minus로 표기할 수 있지만 영상의 기온은 주로 단위를 생략하고 씁니다.

Es ist ein Grad (Celsius). 1도입니다.

Es sind 20 Grad (Celsius). 20도입니다.

Es sind minus 10 Grad (Celsius). 영하 10도입니다.

Die Temperaturen liegen bei 20 Grad (Celsius). 기온이 20도에 달합니다.

참고
Mehr erfahren

방위 (Himmelsrichtungen) 관련 표현

der Norden 북쪽

der Nordwesten 북서쪽   der Nordosten 북동쪽

der Westen 서쪽   der Osten 동쪽

der Südwesten 남서쪽   der Südosten 남동쪽

der Süden 남쪽

östlich von ~ ~의 동쪽에	westlich von ~ ~의 서쪽에
nördlich von ~ ~의 북쪽에	südlich von ~ ~의 남쪽에
das Norddeutschland 북독일	das Süddeutschland 남독일
das Mitteldeutschland 중부 독일	im Osten/Westen/Süden/ Norden 동/서/남/북쪽에

1 날씨와 기온을 나타내는 표현입니다. 다음 문장을 읽고 알맞은 단어를 채우세요.

(1) Heute _____ es sonnig.

(2) Wie ist das _____ heute?

(3) Es _____ 15 Grad.

(4) Die Temperaturen _____ _____ 20 Grad.

2 체감 기온을 나타내는 표현입니다. 그림 속의 내가 날씨를 어떻게 느끼는지 독일어로 써 보세요.

(1)

➜ _____

(2)

➜ _____

(3)

➜ _____

(4)

➜ _____

(5)

➜ _____

3 독일의 일기 예보를 읽고 문제를 풀어 보세요.

Wettervorhersage für Deutschland

Am Montag gibt es im Norden viele Wolken und manchmal Regen.
Die Temperaturen liegen zwischen 8 und 12 Grad. Im Süden ist das Wetter
schön. Es gibt viel Sonne und keinen Regen. Dort wird es bis zu 18 Grad warm.
Der Wind ist nicht stark. Am Dienstag wird es kälter. Es gibt viele Wolken.
In der Nacht kann es im Süden sehr kalt werden. Vielleicht gibt es sogar Frost.
Die höchste Temperatur am Tag ist 10 Grad.

---

(1) Wie ist das Wetter im Norden am Montag?

ⓐ sonnig ⓑ regnerisch ⓒ neblig

(2) Wie warm wird es im Süden am Montag?

ⓐ bis zu 8 Grad ⓑ bis zu 12 Grad ⓒ bis zu 18 Grad

(3) Wo ist es sonnig?

ⓐ im Norden ⓑ im Süden ⓒ in ganz Deutschland

Kapitel 56 ★ 만날 약속 정하기
sich verabreden

🔊 MP3 **057**

A Hast du am Samstag Zeit? Vielleicht könnten wir etwas unternehmen und uns um 13 Uhr im Café am Bismarckplatz treffen.

토요일에 시간 있어? 우리 토요일 오후 1시에 비스마르크 광장 카페에서 만나서 뭔가 같이 하는 게 어떨까?

B Ja, das klingt super! Ich freue mich schon darauf!

응, 너무 좋다! 벌써 기대돼!

 **Grammatik**

약속을 제안하고 승낙, 거절하는 다양한 표현들을 배워 봅시다.

1 약속을 제안할 때

(1) 일반적으로 약속을 제안할 때는 아래와 같은 표현을 사용합니다.

> Wollen wir uns treffen? 우리 만날래?
>
> Wollen wir etwas unternehmen? 우리 만나서 놀까?
>
> Wollen wir zusammen ins Kino gehen? 우리 같이 영화관에 갈까?
>
> Hast du Lust, ... zu 동사 원형? ~하는 데 관심 있니?
>
> Lass uns ... 동사 원형. 우리 ~하자!

> ❗ **주의 Achtung!**
>
> '만나서 놀다'라는 표현을 할 때 spielen 놀다 동사를 쓰지 않고 unternehmen (일, 행위를) 감행하다 동사를 사용하므로 주의합니다. spielen은 어린 아이들이 또래에게 만나서 놀자고 하는 맥락에 사용합니다.

A **Hast du Lust,** ins Schwimmbad zu gehen?

일요일에 시간 있어? 수영장 갈래?

B Das ist eine gute Idee! 그거 좋은 생각이다!

238

(2) 날짜 및 시간을 정할 때는 passen (맞다) 동사와 Geht es…? (가능하니?), Wie wäre es mit…? (~은/는 어때?) 등의 표현을 사용합니다.

> Wann passt es dir? 언제 괜찮아?
>
> Geht es bei dir am [요일] um [시간]? [요일] [시간]에 가능해?
>
> Wie wäre es mit [시간] am [요일]? [요일] [시간]은 어때?
>
> Hast du am [요일] Zeit? 너 [요일]에 시간 있니?

A Lass uns ins Kino gehen! **Geht es bei dir am** Freitag **um** 18 Uhr?
   우리 영화관 가자! 금요일 저녁 6시에 가능해?

B Ja, das geht. Lass uns zehn Minuten früher vor dem Kino treffen.
   응, 가능해! 우리 10분 일찍 영화관 앞에서 만나자.

(3) 상대방의 의사를 물어볼 때는 다음과 같은 표현을 주로 사용합니다.

> Passt dir das? 그거 (제안한 것) 괜찮아?
>
> Was hältst du davon? 그거 어떻게 생각해?
>
> Hast du eine andere Idee / einen anderen Vorschlag? 다른 생각/제안 있어?

2 약속을 승낙하고 거절할 때

승낙	거절
Ja, gerne! / Sehr gerne! 응, 좋아! / 정말 좋아! Das passt! 딱 맞고 좋아! (Das ist eine) gute Idee! 좋은 생각이야! Natürlich! / Klar! 물론이지! Auf jeden Fall! 당연하지! Das klingt gut! / Das hört sich gut an! 좋아! (좋게 들린다) Ich bin dabei! 나도 함께 할게!	Tut mir leid, aber ich kann nicht. 미안하지만 안 돼. Das passt leider nicht. 유감이지만 맞지 않아. Leider habe ich keine Zeit. 아쉽지만 시간이 없어. Ich bin schon verabredet. 이미 약속이 있어. Ich bin schon verplant. 이미 일정이 있어. Leider geht es bei mir nicht. 아쉽게도 나는 안돼. (기타) Das macht nichts! 괜찮아!

단순히 거절하고 끝내는 것이 아니라 대안을 제안하는 것이 좋습니다. 여기에서는 다시 제안의 표현을 사용할 수 있습니다.

> Aber vielleicht ein anderes Mal? 하지만 다음에 가능할까?
>
> Wie wäre es nächste Woche? 다음 주는 어때?
>
> Geht es vielleicht am Montag? 혹시 월요일은 가능해?

A Hast du am Samstag Zeit? Wollen wir zusammen essen gehen?
토요일에 시간 있어? 같이 밥 먹으러 갈래?

B **Tut mir leid, ich kann nicht.** Ich bin schon verabredet.
미안하지만 못 가. 이미 약속이 있어.

A Oh, schade! **Vielleicht ein anderes Mal?** 아쉽다. 그럼 다음 번에 가능할까?

B **Ja. gerne!** Wie wäre es nächste Woche? 응, 좋아! 다음 주는 어때?

A **Das klingt gut!** 좋아!

(1) 시간 관련 어휘

der Montag 월요일   der Dienstag 화요일   der Mittwoch 수요일

der Donnerstag 목요일   der Freitag 금요일   der Samstag 토요일

der Sonntag 일요일   das Wochenende 주말   diese Woche 이번 주

nächste Woche 다음 주   heute 오늘   morgen 내일

übermorgen 모레   gestern 어제   vorgestern 엊그제

(2) 인사말 관련 표현 및 어휘

Guten Morgen! (아침) 안녕하세요   Guten Tag! (낮) 안녕하세요

Guten Abend! (저녁) 안녕하세요   Gute Nacht! (밤) 잘 자요!

Auf Wiedersehen! 안녕히 계세요/가세요 (격식)   Tschüs! 잘 가! (친한 사이)

gleich (매우 짧은 시간 내) 곧   bald (gleich 보다는 비교적 긴 시간) 곧

später 나중에

Bis (시간 부사/요일/시간 등) ~에 보자! Bis morgen / Montag / 13 Uhr! 내일 봐! / 월요일에 봐! / 13시에 봐!

1 아래 대화에서 빈칸에 들어갈 적절한 표현을 고르세요.

    A   Hallo, hast du am Freitagabend Zeit?

(1) B ⓐ "Ja, das passt mir gut."   ⓑ "Nein, da habe ich schon etwas vor."

    A   Super! Wann und wo treffen wir uns?

(2) B ⓐ "Um 18 Uhr vor dem Café." ⓑ "Wie wäre es mit Samstag statt Freitag?"

    A   Perfekt! Bis dann!

2 약속을 정하려는 상황에서 답변으로 자연스러운 표현을 선택하세요.

(1) Kannst du am Freitag?

    ⓐ Ja, das geht.

    ⓑ Oh, schade! Vielleicht hast du nächste Woche Zeit?

(2) Wollen wir zusammen essen gehen?

    ⓐ Ja, ich bin dabei!

    ⓑ Nein, danke. Ich gehe lieber allein essen.

(3) Ich kann leider nicht zum Konzert mitkommen.

    ⓐ Das macht nichts! Vielleicht ein anderes Mal.

    ⓑ Das gibt's nicht. Du musst trotzdem kommen!

3 친구와 약속을 정하는 상황극을 연습해 봅시다. 한국어 표현을 보고 독일어로 써 보세요.

A	안녕, 마리아! 토요일에 시간 있어? 우리 만날래?	→ _____
B	마틴, 안녕! 유감이지만 (시간이) 안 맞아. 일요일에 시간 있어?	→ _____
A	응, (시간) 맞아! 어디서 만날래?	→ _____
B	카페에서 만나는 건 어때?	→ _____
A	응, 좋은 생각이야! 몇 시에?	→ _____
B	아마도 15시에?	→ _____
A	완벽해! 기대된다! 그 때 보자!	→ _____
B	일요일에 봐!	→ _____

MP3 **058**

A Hallo, Karin! Wie geht es dir?

안녕, 카린! 잘 지내? 얼굴이 좀 안 좋아 보여.

B Ich bin gestresst, weil ich so viel zu tun habe und habe auch Kopfschmerzen.

할 일이 너무 많아서 스트레스를 받았고, 두통도 있어.

문법 Grammatik

1 안부를 묻고 답할 때

안부를 묻는 기본 표현에서는 사람을 보통 3격으로 표현합니다. 기본적인 표현은 'Wie geht es + 사람 3격?'이지만, 일상에서는 다양한 표현들도 자주 사용됩니다. 이러한 표현들은 주로 비격식적인 상황에서 쓰이므로, 상대와의 관계와 말하는 상황에 주의해야 합니다.

> Wie geht es dir / Ihnen? 어떻게 지내? / 어떻게 지내세요?
> Wie läuft´s / Wie geht´s? 어떻게 지내?
> Alles gut? / Alles in Ordnung? 괜찮아?
> Wie fühlst du dich? 기분이 어때?
> (Mir geht es) super! / prima! / toll! 정말 좋아! / 최고야! / 아주 좋아!
> (Mir geht es) sehr gut. 매우 좋아!
> (Mir geht es) gut. 좋아!
> Es geht. 그냥 그래.
> (Mir geht es) nicht so gut. = schlecht 별로 안 좋아. / 안 좋아.

> ✅ **Tipp**
>
> geht es는 geht's로 생략해서 표현할 수도 있습니다.

242

2 아픈 곳을 묻고 답할 때

아픈 곳을 물을 때 fehlen 아프다, 답할 때 weh|tun 아프다 동사를 활용할 수 있습니다. 이 때, 사람은 반드시 3격으로 표현해야 합니다. 기본 동사 'haben + 병명'을 사용해서 아픈 곳을 표현할 수도 있지만 이 경우 통증을 갖고 있는 사람은 1격 주어로 표현해야 합니다.

> Was fehlt dir / Ihnen? (= Was ist los mit dir/Ihnen?) 어디가 아프니? / 어디가 아프세요?
> Der Kopf tut mir weh. = Mir tut der Kopf weh. (내) 머리가 아파.
> Ich habe Kopfschmerzen. 나는 두통이 있어.
> Ich habe Fieber / Husten / Schnupfen. 나는 열이 있어. / 기침이 나. / 콧물이 나.
> Ich habe eine Erkältung. = Ich bin erkältet. 나는 감기에 걸렸어.
> Gute Besserung! 쾌유를 빌어요!

3 기타 심신의 상태, 감정을 표현할 때

> Ich habe Hunger. / Ich bin hungrig. 나는 배고파.
> Ich habe Durst. 나는 갈증 나.
> Ich bin gestresst / müde / krank / beschäftigt / glücklich / traurig.
> 스트레스 받아. / 피곤해. / 아파. / 바빠. / 행복해. / 슬퍼.
> (Es) ist mir langweilig. = Mir ist langweilig. 지루해.
> Ich habe Angst. 무서워, 두려워.

> **❗ 주의 Achtung!**
>
> 지루한 감정을 표현할 때는 비인칭 주어 es를 사용하고, 사람은 3격으로 사용해야 합니다.
> Ich bin langweilig. 라고 하면 '나는 지루한 사람'이라는 뜻이 되니 주의하세요.

4 화법 조동사 sollen으로 건강 관련 유의 사항 말하기

타인에게 조언할 때 쓰이는 화법 조동사 sollen 을 사용하여 상대에게 건강 관련 유의 사항을 전달할 수 있습니다.

> Du sollst zum Arzt gehen. 너는 병원에 가야 해.
> Sie sollen dreimal am Tag das Medikament nehmen. 하루에 세 번 이 약을 복용해야 합니다.

신체 부위 관련 어휘 (단수, 복수형)

das Haar, die Haare	머리카락	der Zahn, die Zähne	치아
das Auge, die Augen	눈	die Nase, die Nasen	코
das Ohr, die Ohren	귀	der Hals, die Hälse	목
der Mund, die Münder	입	die Schulter, die Schultern	어깨
der Arm, die Arme	팔	die Hand, die Hände	손
der Finger, die Finger	손가락	der Bauch, die Bäuche	배
der Rücken, die Rücken	등, 허리	das Bein, die Beine	다리
das Knie, die Knie	무릎	der Fuß, die Füße	발
der Zeh, die Zehen	발가락		

• '신체 부위 + (n) + Schmerzen 통증'으로 병명을 말할 수 있습니다.
  예) 치통: Zahn + Schmerzen = Zahnschmerzen

1 다음 질문과 알맞은 대답을 연결해 보세요.

(1) Wie geht es dir?   •   • ⓐ Ja, ich habe Kopfschmerzen.

(2) Wie fühlst du dich heute? •   • ⓑ Nein, ich bin nur müde.

(3) Bist du erkältet?   •   • ⓒ Mir geht es gut, danke!

(4) Hast du Kopfschmerzen? •   • ⓓ Ich habe Fieber und Halsschmerzen.

(5) Was fehlt dir?   •   • ⓔ Ich fühle mich nicht so gut.

2 괄호 안의 한국어 문장을 참고해서 다음 대화를 완성하세요.

A Hallo Tom, wie geht es dir?

B _____. Und dir? 매우 잘 지내.

A Mir geht es gut. Warum siehst du so müde aus?

B _____. 나는 감기에 걸렸어.

A Oh nein! Hast du Kopfschmerzen?

B _____. 응, 그리고 열도 나.

A Dann solltest du dich ausruhen und einen Tee trinken.

3 진료를 받으러 간 상황극을 연습해 봅시다. 한국어 표현을 보고 독일어로 써 보세요.

Arzt	안녕하세요! 어디가 아프신가요?	→ _____
Patient	저는 복통이 있고 열이 나요. 많이 피곤하고요.	→ _____
Arzt	언제부터 통증이 있었나요?	→ _____
Patient	이틀 전 부터요.	→ _____
Arzt	감기에 걸리셨네요. 차를 많이 드세요. 쾌유를 빕니다!	→ _____
Patient	감사합니다.	→ _____

Kapitel 58 편지 쓰기
★ **Briefe schreiben**

 MP3 **059**

Betreff: Bewerbung für das Ausbildungsprogramm

Berlin, den 25.10.2025

Sehr geehrte Damen und Herren,
hiermit bewerbe ich mich für Ihr Ausbildungsprogramm, da ich
mich sehr für die Konditorei interessiere. Ich bin derzeit Schülerin
an der Berufsschule XY und möchte meine Kenntnisse in der Praxis
erweitern. Ich bin motiviert und lerne gerne neue Dinge. (...)

제목: 직업 교육 프로그램 지원

존경하는 담당자님께,

저는 귀하의 직업 교육 프로그램에 지원하고자 합니다. 저는 제과업에 큰 관심이 있으며, 현재 XY 직업 학교에
재학 중입니다. 제 이론적인 지식을 실무에서 확장하고 싶습니다. 저는 동기 부여가 되어 있으며,
새로운 것을 배우는 것을 좋아합니다. (…)

문법 Grammatik

1 편지를 시작할 때 호칭(Anrede)과 날짜 쓰기

편지의 처음에는 제목과 더불어 편지를 받는 사람을 언급해야 합니다. 수신인을 언급하며 인사도 겸하므
로 인사말은 생략합니다. 편지를 받는 사람과의 관계에 따라 사용해야 하는 호칭이 달라지니 주의해야
합니다. 수신인을 언급하고 나면 쉼표를 찍고 줄을 바꾸어 소문자로 편지의 내용을 시작합니다. (인칭 대
명사 Sie 당신 또는 일반 명사일 경우 대문자로 시작합니다.)

> **· 공식적인 편지 – 직장, 기관 등에 보내는 편지**
>
> Sehr geehrte Damen und Herren, 존경하는 관계자 여러분, (받는 사람이 불확실 할 때)
>
> Sehr geehrter Herr Müller, 존경하는 뮐러 씨, (남성)
>
> Sehr geehrte Frau Müller, 존경하는 뮐러 씨, (여성)

- **반 공식적인 편지**

  Guten Tag Herr/Frau Müller, 안녕하세요, 뮐러 씨. (남성/여성)

  Hallo Herr/Frau Müller, 안녕하세요, 뮐러 씨. (남성/여성)

- **비공식적인 편지 – 친구, 가족, 지인에게 보내는 편지**

  Hallo / Lieber Johann, 안녕, / 친애하는 요한,

  Hallo / Liebe Johanna, 안녕, / 친애하는 요한나,

  Hallo zusammen, 안녕, 얘들아,

  Liebe Kolleginnen und Kollegen, 친애하는 동료 여러분,

- 날짜는 편지의 오른쪽 윗 부분에 '편지를 쓴 지역 + 정관사 den + 일/월/년'의 순서대로 기입합니다.
  예) 함부르크에서 2026년 3월 5일에 편지를 쓸 경우: Hamburg, den 05.03.2026

> ✅ **Tipp**
>
> 편지를 받는 대상이 남성, 여성 총 두 명일 경우 각각 언급해 줍니다.
> 이 때 항상 여성을 먼저, 남성을 다음에 언급합니다.
>
> 예 Sehr geehrte Frau Müller,
>   Sehr geehrter Herr Müller,

2 편지를 마무리하는 인사 말 쓰기

편지를 마무리 할 때에도 편지의 공식적인 정도, 받는 사람과의 관계에 따라 알맞은 표현을 선택해야 합니다. 편지의 본문이 끝나면 한 줄을 띄워 인사말을 작성합니다.

- **공식적인 편지 – 직장, 기관 등에 보내는 편지**

  Mit freundlichen Grüßen 친근한 인사를 전합니다. (일반적으로 사용되는 표현)

  Mit besten Grüßen 최고의 인사를 전합니다.

- **반 공식적인 편지**

  Freundliche Grüße 친절한 인사를 전합니다.

  Beste/Viele Grüße 최고의 / 많은 인사를 전합니다.

  Herzliche Grüße 진심 어린 인사를 전합니다.

  Schöne Grüße 좋은 인사를 전합니다.

- **비공식적인 편지 – 친구, 가족, 지인에게 보내는 편지**

  Liebe Grüße (LG) 사랑을 담아 인사할게.

  Viele Grüße (VG) 많은 사랑을 담아 인사해.

  Alles Liebe 사랑을 담아

편지 관련 어휘 및 표현

der Brief	편지	die Unterschrift	서명
das Schreiben	서신, 편지	der/die Briefträger/in	집배원
die E-Mail	이메일	der Briefkasten	우체통
der Betreff	제목	die Postleitzahl	우편 번호
die Anrede	호칭	das Porto	우편 요금
die Grußformel	인사말	die Versandkosten	배송비
der Briefkopf	발신자 정보 (머리글)	die Sendungsverfolgung	배송 추적
das Datum	날짜	per Einschreiben	등기로
der Absender	발신자	per Luftpost	항공편으로
der Empfänger	수신자	das Paket, das Päckchen	소포, 작은 소포
verschicken/senden	보내다	einwerfen	(우체통에) 넣다
zustellen / liefern	배달/배송하다	frankieren	우표를 붙이다

• 사람 3격 Bescheid sagen/geben 미리 알리다/통보하다

  예) Bitte sag/gib mir Bescheid, ob du kommen kannst! 올 수 있는지 미리 알려줘!

1 편지의 시작에 쓰는 호칭과 인사말입니다. 왼쪽 한국어 문장을 독일어로 옮겨 보세요.

(1) 존경하는 관계자 여러분, (받는 사람이 불확실 할 때)

→ _____

(2) 존경하는 슈미트씨 (Schmidt, 남성)

→ _____

(3) 존경하는 슈미트씨 (Schmidt, 여성)

→ _____

(4) 친애하는 요한 (Johann, 남성)

→ _____

(5) 친애하는 유나 (Yuna, 여성)

→ _____

2 편지에 사용되는 표현입니다. 아래 문장의 빈칸을 채워 완전한 문장을 만드세요.

(1) Mit freundlichen _____.

(2) Liebe / Viele _____.

(3) _____ Liebe

3 다음 빈칸에 들어갈 알맞은 편지 양식의 표현을 골라 넣어 보세요.

ⓐ Erika Musterfrau, Bahnhofstraße 2,
6XXXX Frankfurt am Main

ⓑ Max Mustermann
Burgstraße 5
6XXXX Wiesbaden

ⓒ Frankfurt, 15.12.2026

ⓓ Kündigung der Wohnung

ⓔ Sehr geehrter Herr Mustermann,

ⓕ hiermit kündige ich den Mietvertrag für die
Wohnung in der Bahnhofstraße 2, in der 2.
Etage. [...] Bitte senden Sie mir eine schriftliche
Bestätigung der Kündigung.

ⓖ Mit freundlichen Grüßen

ⓗ Erika Musterfrau

(1) Betreff   (   )

(2) Absender   (   )

(3) Datum   (   )

(4) Empfänger   (   )

(5) Grußformel   (   )

(6) Anrede   (   )

(7) Text   (   )

(8) Unterschrift (   )

4 친구를 생일 파티에 초대하는 글을 써 봅시다. 독일어 도움 표현과 한국어 표현을 보고 독일어로 써 보세요.

친애하는 안나(Anna)에게,

나는 4월 15일에 생일이고 너를 내 파티로 초대하고 싶어.

모두가 17시에 우리 집으로 (bei mir zu Hause) 올 거야.

케이크랑 음료가 (das Getränk) 있을 거야.

너는 음료를 가져올 필요가 없어.

네가 온다면 나는 매우 기쁠 것 같아.

네가 올 수 있는지 나에게 미리 말해 줘.

많은 사랑을 담아 인사해.

릴리아(Lilia)가

→ _____

_____

_____

_____

_____

_____

_____

_____

_____

_____

부록

- 추가 문법
- 정답
- 문법 색인

추가 문법

I 중요한 3, 4격 지배 동사

1. 3격 지배 동사

동사	예문
antworten 대답하다	Das Kind antwortet **dem Lehrer**. 아이가 선생님에게 대답한다.
auffallen 눈에 띄다	Die bunte Jacke fällt **mir** auf. 알록달록한 재킷이 내 눈에 띈다.
begegnen 우연히 만나다	Wir sind **ihm** auf der Straße begegnet. 우리는 거리에서 그를 우연히 만났다.
danken 감사하다	Ich danke **Ihnen** für die Hilfe. 도움을 주셔서 감사합니다.
einfallen 갑자기 생각나다	**Mir** fällt eine gute Idee ein! 좋은 생각이 떠올랐어!
fehlen 부족하다, 그립다	**Mir** fehlt Zeit. / Du fehlst **mir**. 나는 시간이 부족해. / 난 네가 그리워.
folgen 따르다	Folgen Sie **mir** bitte! 저를 따라오세요!
gefallen 마음에 들다	Das grüne Hemd gefällt **mir** sehr gut. 그 초록색 셔츠가 내 마음에 든다.
gehören 속하다	Das Bild gehört **meinem Onkel**. 그 그림은 내 삼촌의 것이다.
gelingen 성공하다	Der Kuchen ist **mir** gut gelungen. 그 케이크가 잘 되었다.
glauben 믿다	Ich glaube **dir**. 나는 너를 믿어.
gratulieren 축하하다	Wir gratulieren **dir** zum Geburtstag! 생일 축하해!
helfen 도움을 주다	Können Sie **mir** bitte helfen? 저를 도와주시겠어요?
leidtun 미안하다	Es tut **mir** sehr leid. 정말 죄송합니다.
passen (사이즈) 맞다	Die blaue Hose passt **mir** nicht. 이 파란 바지는 나에게 맞지 않는다.
schmecken 맛이 나다	Die Suppe schmeckt **mir** gut. 그 수프가 맛있다.
stehen 어울리다	Diese Farbe steht **dir** nicht so gut. 이 색깔은 너에게 잘 어울리지 않아.
wehtun 아프다	Der Kopf tut **mir** weh. 머리가 아프다.
zuhören 경청하다	Alle Schüler hören **ihrem Lehrer** zu. 모든 학생들이 선생님의 말을 경청한다.

2. 4격 지배 동사

동사	예문
abholen 데리러 가다	Ich hole **dich** morgen vom Bahnhof ab. 나는 내일 기차역에 널 데리러 갈게.
anrufen 전화 걸다	Er ruft **seinen Freund** an. 그는 그의 친구에게 전화를 건다.
anziehen 옷을 입다	Sie zieht **die Jacke** an. 그녀는 재킷을 입는다.
beantworten 대답하다	Die Chefin beantwortet **die E-Mails**. 사장(여)은 이메일에 답한다.

bekommen 받다	Ich bekomme **Geschenke** zum Geburtstag. 나는 생일 선물을 받는다.
benutzen 사용하다	Kann ich **deinen Computer** benutzen? 네 컴퓨터를 사용해도 될까?
besichtigen 구경하다	Wir besichtigen **das Brandenburger Tor** in Berlin. 우리는 베를린에서 브란덴부르크 문을 구경한다.
besuchen 방문하다	Ich besuche **meine Eltern** am Sonntag. 나는 일요일에 부모님을 방문한다.
bezahlen 지불하다	Ich bezahle **die Rechnung** im Café. 나는 카페에서 계산서를 지불한다.
brauchen 필요하다	Er braucht **einen Regenschirm**. 그는 우산이 필요하다.
einladen 초대하다	Er lädt **mich** zur Party ein. 그는 나를 파티에 초대한다.
erklären 설명하다	Der Lehrer erklärt **die Grammatik**. 선생님이 문법을 설명한다.
feiern 파티하다	Ich feiere am Samstag **meinen Geburtstag**. 나는 토요일에 내 생일 파티를 한다.
finden 발견하다, 생각하다	Ich finde **den Film** sehr interessant. 나는 그 영화가 매우 흥미롭다고 생각한다.
fragen 질문하다	Ich frage **meinen Vater**. 나는 아버지에게 질문한다.
gründen 설립하다	Der Chef gründet **eine neue Firma**. 사장이 새로운 회사를 설립한다.
heiraten 결혼하다	Er heiratet **seine Freundin** im Juni. 그는 6월에 여자 친구와 결혼한다.
mögen 좋아하다	Ich mag **deutsches Essen**. 나는 독일 음식을 좋아한다.
nehmen 취하다, 가지다	Ich nehme **die U-Bahn**. 나는 지하철을 탄다.
treffen 만나다	Er trifft heute **seine Freunde** im Park. 그는 공원에서 여자 친구를 만난다.
vereinbaren 협의하다	Ich möchte **einen Termin** vereinbaren. 나는 약속(예약)을 잡고 싶다.
wiederholen 반복하다	Können Sie bitte **den Satz** wiederholen? 그 문장을 다시 말해 주시겠어요?
zahlen 계산하다	Ich zahle **das Schnitzel**. 나는 슈니첼을 계산한다.

3. 3·4격 지배 동사

동사	예문
anbieten 제공하다, 제안하다	Die Kellnerin **bietet** dem Gast ein Glas Wasser **an**. 종업원이 손님에게 물 한 잔을 제공한다.
bestätigen 확인해 주다	Bitte **bestätigen** Sie mir den Kündigungseingang. 해지 접수를 제게 확인해 주세요.
bestellen 주문해 주다	Er **bestellt** seinem Freund ein Bier. 그는 친구에게 맥주를 주문해 준다.
bieten 제공하다	Die Firma **bietet** den Mitarbeitern gute Arbeitsbedingungen. 회사는 직원들에게 좋은 근무 조건을 제공한다.
bringen 가져다주다	**Bringst** du mir bitte den Schlüssel? 열쇠를 나에게 가져다줄래?
empfehlen 추천하다	Der Arzt **empfiehlt** dem Patienten ein Medikament. 의사가 환자에게 약을 추천한다.
erklären 설명하다	Können Sie mir das Problem **erklären**? 그 문제를 저에게 설명해 주실 수 있나요?

erlauben 허락하다	Meine Eltern **erlauben** mir das Computerspiel. 부모님은 나에게 컴퓨터 게임을 허락한다.
geben 주다	Er **gibt** seinem Kind Taschengeld. 그는 아이에게 용돈을 준다.
kaufen 사 주다	Er **kauft** ihr ein schönes Kleid. 그는 그녀에게 예쁜 원피스를 사 준다.
leihen 빌려주다	Kannst du mir deinen Laptop **leihen**? 네 노트북을 나에게 빌려줄 수 있니?
mitbringen (함께) 가져오다	Ich **bringe** dir einen Cappuccino **mit**. 내가 너에게 카푸치노 한 잔 갖다 줄게.
mitteilen 알려주다, 전달하다	Bitte **teilen** Sie mir noch die Uhrzeit **mit**. 시간도 함께 알려주세요.
sagen 말해 주다	Kannst du mir bitte die Wahrheit **sagen**? 진실을 나에게 말해 줄 수 있니?
schenken 선물하다	Ich **schenke** meiner Frau Blumen. 나는 아내에게 꽃을 선물한다.
schicken 보내다	Sie **schickt** ihrem Vater einen Brief. 그녀는 아버지에게 편지를 보낸다.
schulden 빚지다	Du **schuldest** mir noch zehn Euro. 너는 아직 나에게 10유로를 빚지고 있어.
verbieten 금지하다	Meine Eltern **verbieten** mir das Computerspiel. 부모님은 나에게 컴퓨터 게임을 금지한다.
verdanken ~덕분이다	Ich **verdanke** meinem Lehrer meinen Erfolg. 나는 선생님 덕분에 성공했다.
vermitteln 중개하다, 전달하다	Die Agentur **vermittelt** den Kunden eine Wohnung in guter Lage. 그 업체는 고객에게 좋은 위치의 집을 중개해 준다.
verschreiben 처방하다	Ärzte **verschreiben** den Patienten Medikamente. 의사들은 환자들에게 약을 처방한다.
versprechen 약속하다	Er **verspricht** seiner Mutter Hilfe. 그는 어머니에게 도움을 약속한다.
vorlesen 읽어 주다	Der Vater **liest** dem Kind eine Geschichte **vor**. 아버지는 아이에게 이야기를 읽어 준다.
vorschlagen 제안하다	Er **schlägt** mir einen Ausflug **vor**. 그는 나에게 소풍을 제안한다.
vorstellen 소개하다	Maria **stellt** mir ihre Schwester **vor**. 마리아는 나에게 그녀의 여동생을 소개한다.
wegnehmen 빼앗다	Der Dieb **nimmt** einer Frau die Tasche **weg**. 도둑이 한 여자에게서 가방을 빼앗는다.
wünschen 바라다, 기원하다	Ich **wünsche** dir viel Erfolg! 너의 큰 성공을 바라!
zeigen 보여 주다	Können Sie mir den Weg zum Bahnhof **zeigen**? 역으로 가는 길을 저에게 보여줄 수 있나요?
zuordnen 배정하다, 대응시키다	**Ordnen** Sie den Texten die passenden Bilder **zu**! 글에 알맞은 그림을 연결하세요.

Ⅱ 특정 전치사를 수반하는 주요 동사 (전치사 목적어)

동사	예문
abhängen von 3격 ~에 달려 있다	Es **hängt vom** Wetter **ab**. 그것은 날씨에 달려 있다.
achten auf 4격 ~에 주의하다	Bitte **achten** Sie **auf** den Verkehr! 교통 상황에 주의하세요.
anfangen mit 3격 ~을/를 시작하다	Herr Meyer **fängt mit** der Arbeit **an**. 마이어 씨는 일을 시작한다.
ankommen auf 4격 ~에 달려 있다	Es **kommt auf** deine Entscheidung **an**. 그것은 너의 결정에 달려 있다.
antworten auf 4격 ~에 답하다	Ich **antworte auf** deine Frage. 나는 너의 질문에 대답한다.
sich⁴ ärgern über 4격 ~에 화나다	Ich **ärgere mich über** die Verspätung. 나는 지각에 화가 난다.
aufhören mit 3격 ~을/를 중단하다	**Hör** bitte **mit** dem Rauchen **auf**! 금연해!
aufpassen auf 4격 ~에 주의하다, 돌보다	**Pass auf** dich **auf**! 너 자신을 잘 돌 봐! (조심해!)
sich⁴ bedanken bei 3격 **für** 4격 ~에게 ~에 대해 감사하다	Ich **bedanke mich bei** Ihnen **für** Ihr Verständnis. 이해해 주셔서 감사합니다.
sich⁴ bemühen um 4격 ~을/를 위해 노력하다	Er **bemüht sich um** ein gesundes Leben. 그는 건강한 삶을 위해 노력한다.
sich⁴ beschäftigen mit 3격 ~에 몰두하다	Seit einem Monat **beschäftige** ich **mich mit** dem Projekt. 나는 한 달째 그 프로젝트에 몰두하고 있다.
sich⁴ beschweren bei 3격 **über** 4격 ~에게 ~에 대해 불평하다	Er **beschwert sich beim** Kellner **über** das kalte Essen. 그는 차가운 음식에 대해 웨이터에게 불평한다.
sich⁴ bewerben bei 3격 **um** 4격 ~에 ~을/를 지원하다	Maria **bewirbt sich bei** einer Firma um eine Arbeitsstelle. 마리아는 회사 일자리에 지원한다.
bitten um 4격 ~을/를 부탁하다	Ich **bitte** Sie **um** einen Rückruf. 당신께 전화 회신을 부탁드려요.
denken an 4격 ~을/를 생각하다	Ich **denke** immer **an** meine Familie. 나는 항상 가족을 생각한다.
einladen zu 3격 ~에 초대하다	Er **lädt** mich **zum** Geburtstag **ein**. 그는 나를 생일 파티에 초대한다.
sich⁴ entscheiden für 4격 ~을/를 결정하다	Ich **entscheide mich für** das Studium im Ausland. 나는 해외에서의 학업을 (하기로) 결정한다.
sich⁴ entschuldigen bei 3격 **für** 4격 ~에게 ~대해 사과하다	Ich **entschuldige mich bei** Ihnen **für** das Missverständnis. 오해에 대해 사과 드립니다.
sich⁴ erinnern an 4격 ~을/를 기억하다	**Erinnerst** du **dich an** mich? 나를 기억하니?
sich⁴ erkundigen nach 3격 ~에 대해 문의하다	Ich **erkundige mich nach** den Fahrzeiten. 나는 운행 시간표에 대해 문의한다.
sich⁴ freuen auf 4격 ~을/를 기대하다	Ich **freue mich auf** die Ferien. 나는 방학을 기대한다.
sich freuen über 4격 ~을/를 기뻐하다	**Freust** du **dich über** das Geschenk? 선물이 기쁘니?
sich⁴ gewöhnen an 4격 ~에 익숙해지다	Ich habe **mich an** das Wetter **gewöhnt**. 나는 그 날씨에 익숙해졌다.
halten für 4격 ~(이)라고 생각하다	Er **hält** mich **für** ehrlich. 그는 나를 정직하다고 생각한다.
sich⁴ handeln um 4격 ~에 관한 것이다	Es **handelt sich um** die Interkulturalität. 그것은 상호 문화성에 관한 것이다.

hoffen auf 4격 ~을/를 희망하다	Wir **hoffen auf** gutes Wetter. 우리는 좋은 날씨를 바란다.
hören von 3격 ~의 소식을 듣다	Wir haben lange nichts **von** ihm **gehört**. 우리는 오랫동안 그의 소식을 듣지 못했다.
sich⁴ informieren über 4격 ~에 대해 정보를 얻다	Ich **informiere mich über** das Thema. 나는 그 주제에 대해 정보를 얻는다.
sich⁴ interessieren für 4격 ~에 관심이 있다	Julia **interessiert sich für** Kunst. 율리아는 예술에 관심이 있다.
sich⁴ konzentrieren auf 4격 ~에 집중하다	Ich **konzentriere mich auf** die Aufgabe. 나는 과제에 집중한다.
sich⁴ kümmern um 4격 ~을/를 돌보다	Kannst du **dich um** das Abendessen **kümmern**? 저녁 준비 좀 해 줄 수 있니?
rechnen mit 3격 ~을/를 예상하다	Auf der Veranstaltung **rechnen** wir **mit** vielen Besuchern. 우리는 행사에서 많은 방문객을 예상한다.
schreiben an 4격 ~에게 쓰다	**Schreib** eine Postkarte **an** mich! 나에게 엽서를 써!
teilnehmen an 3격 ~에 참가하다	Ich **nehme an** der Veranstaltung **teil**. 나는 그 행사에 참가한다.
sich⁴ treffen mit 3격 ~와/과 만나다	Morgen **treffe** ich **mich mit** meinen Verwandten. 나는 내일 친척들과 만난다.
träumen von 3격 ~을/를 꿈꾸다	Er träumt **immer von** einer Weltreise. 그는 늘 세계여행을 꿈꾼다.
sich⁴ verabreden mit 3격 ~와/과 약속하다	Ich habe **mich mit** meinen Eltern **verabredet**. 나는 부모님과 약속을 잡았다.
sich⁴ verabschieden von 3격 ~와/과 작별하다	Martin **verabschiedet sich von** seinen Kollegen. 마틴은 동료들과 작별한다.
sich⁴ verlieben in 4격 ~와/과 사랑에 빠지다	Ich habe **mich in** ihn **verliebt**. 나는 그와 사랑에 빠졌다.
sich⁴ vorbereiten auf 4격 ~을/를 준비하다	Ich **bereite mich auf** die Sprachprüfung **vor**. 나는 어학 시험을 준비한다.
warnen vor 3격 ~에 대해 경고하다	Ärzte **warnen vor** der Gefahr. 의사들은 위험성을 경고한다.
sich⁴ wenden an 4격 ~에게 문의하다	Bei Fragen **wenden** Sie **sich** gern **an** mich. 질문이 있으시면 저에게 문의하세요.
zweifeln an 3격 ~을/를 의심하다	Ich **zweifle an** seiner Ehrlichkeit. 나는 그의 정직함을 의심한다.

Ⅲ 주요 재귀 동사

동사	예문
sich⁴ ändern 바뀌다	Das Wetter **ändert sich** jeden Tag. 날씨가 매일 바뀐다.
sich⁴ anfühlen ~하게 느껴지다	Der Stoff **fühlt sich** weich **an**. 그 천이 부드럽게 느껴진다.
sich⁴ anmelden 등록하다	Ich habe **mich für** den Deutschkurs **angemeldet**. 나는 독일어 강좌에 등록했다.
sich⁴ anziehen 옷을 입다	Er **zieht sich** schnell **an**. 그는 빨리 옷을 입는다.

sich⁴ auskennen 잘 알다	Meine Mutter **kennt sich** in München gut **aus**. 우리 엄마는 뮌헨을 잘 안다.	
sich⁴ ausruhen 쉬다	Im Urlaub sollten Sie **sich ausruhen**. 휴가 때는 쉬어야 합니다.	
sich⁴ ausziehen 옷을 벗다	Wenn ich zu Hause bin, **ziehe** ich **mich** schnell **aus**. 집에 오면 나는 빨리 옷을 벗는다.	
sich⁴ beeilen 서두르다	**Beeil dich**, sonst verpasst du deinen Bus. 서둘러, 안 그러면 버스를 놓칠 거야.	
sich⁴ befinden 위치하다	Das Rathaus **befindet sich** in der Stadtmitte. 시청은 도심에(시내에) 있다.	
sich⁴ beruhigen 진정하다	Bitte **beruhig dich**. Alles ist in Ordnung. 진정해, 모든 게 괜찮아.	
sich⁴ bewegen 움직이다	Beim Sport **bewege** ich **mich** viel. 운동할 때 나는 많이 움직인다.	
sich⁴ duschen 샤워하다	Morgens **dusche** ich **mich**. 나는 아침마다 샤워한다.	
sich⁴ erholen 회복하다	Ich **erhole mich** im Urlaub. 나는 휴가 중에 회복한다 (쉰다).	
sich⁴ erkälten 감기에 걸리다	Meine jüngere Schwester hat **sich erkältet**. 여동생이 감기에 걸렸다.	
sich⁴ kämmen 머리를 빗다	Ich **kämme mich** vor dem Spiegel. 나는 거울 앞에서 머리를 빗는다.	
sich⁴ langweilen 지루해 하다	Mario **langweilt sich** zu Hause. 마리오는 집에서 지루해 한다.	
sich⁴ melden 연락하다, 신고하다	Später **melde** ich **mich** bei dir! 나중에 너한테 연락할게!	
sich⁴ treffen 만나다	**Treffen** wir **uns** im Einkaufszentrum? 우리 쇼핑몰에서 만날까?	
sich⁴ verabschieden 작별하다	Ich **verabschiede mich** von meinen ehemaligen Arbeitskollegen. 나는 예전 직장 동료들에게 작별 인사를 한다.	
sich⁴ verändern 변화하다	Julian hat **sich** viel **verändert**. 율리안은 많이 변했다.	
sich⁴ verletzen 다치다	Beim Sport habe ich **mich** am Bein **verletzt**. 운동하다가 다리를 다쳤다.	
sich⁴ vorstellen 자기소개하다	Gerne **stelle** ich **mich vor**. Mein Name ist Patrick Weber. 기꺼이 저를 소개하겠습니다. 제 이름은 파트릭 베버입니다.	
sich³ (4격) vorstellen 상상하다	Ich **stelle mir** eine schöne Zukunft **vor**. 나는 아름다운 미래를 상상한다.	
sich⁴ waschen 씻다	Ich **wasche mich** jeden Abend. 나는 매일 저녁 씻는다.	
sich⁴ wundern 놀라다	Das Team **wundert sich** über das unglaubliche Ergebnis. 그 팀은 그 믿을 수 없는 결과에 놀라고 있다.	
sich³ 4격 wünschen ~을/를 바라다	Er **wünscht sich** viel Gesundheit. 그는 건강하기를 바란다.	
sich³ Zeit lassen 시간을 갖다	**Lassen** Sie **sich Zeit**. Wir haben es nicht eilig. 천천히 하세요. 우리는 급하지 않아요.	
sich³ Zeit nehmen 시간을 내다	**Nimm dir Zeit**, eine neue Fremdsprache zu erlernen. 새로운 외국어를 배우는데 시간을 좀 내.	

Ⅳ 주요 불규칙 동사 변화표

*동사형은 3인칭 단수(er/sie/es/man) 기준입니다.

동사 원형	의미	현재 시제	과거형	현재 완료
abbrechen	중단하다	bricht…ab	brach…ab	hat abgebrochen
abfahren	출발하다	fährt … ab	fuhr … ab	ist abgefahren
abgeben	제출하다, 내주다	gibt … ab	gab … ab	hat abgegeben
abschließen	완료하다, 끝내다	schließt … ab	schloss … ab	hat abgeschlossen
anbieten	제공하다	bietet … an	bot … an	hat angeboten
anfangen	시작하다	fängt … an	fing … an	hat angefangen
ankommen	도착하다	kommt … an	kam … an	ist angekommen
anrufen	전화를 걸다	ruft … an	rief … an	hat angerufen
ansehen	보다, 관람하다	sieht … an	sah … an	hat angesehen
anziehen	(의류를)입다, 끌다	zieht … an	zog … an	hat angezogen
auffallen	눈에 띄다	fällt…auf	fiel…auf	ist aufgefallen
aufstehen	기상하다, 일어나다	steht … auf	stand … auf	ist aufgestanden
ausgeben	지출하다, 발행하다	gibt … aus	gab … aus	hat ausgegeben
ausgehen	외출하다	geht … aus	ging … aus	ist ausgegangen
aussteigen	하차하다	steigt … aus	stieg … aus	ist ausgestiegen
ausziehen	이사하다 (의류를)벗다	zieht … aus	zog … aus	ist ausgezogen hat ausgezogen
backen	굽다	bäckt/backt	buk/backte	hat gebacken
befehlen	명령하다	befiehlt	befahl	hat befohlen
beginnen	시작하다	beginnt	begann	hat begonnen
beibringen	가르치다	bringt…bei	brachte…bei	hat beigebracht
behalten	소지하다, 유지하다	behält	behielt	hat behalten
bekommen	받다, 얻다	bekommt	bekam	hat bekommen
bewerben	지원하다	bewirbt	bewarb	hat beworben
biegen	구부러지다, 굽히다	biegt	bog	hat gebogen
bieten	제공하다, 내어놓다	bietet	bot	hat geboten
bitten	요청하다	bittet	bat	hat gebeten
bleiben	머무르다	bleibt	blieb	ist geblieben
braten	굽다, 구워지다	brät	briet	hat gebraten

동사 원형	의미	현재 시제	과거형	현재 완료
brechen	깨지다, 부러뜨리다	bricht	brach	hat gebrochen
brennen	타다, 태우다	brennt	brannte	hat gebrannt
bringen	가져다주다, 가져오다	bringt	brachte	hat gebracht
denken	생각하다	denkt	dachte	hat gedacht
einfallen	갑자기 생각나다	fällt … ein	fiel … ein	ist eingefallen
einladen	초대하다	lädt … ein	lud…ein	hat eingeladen
einschlafen	잠이 들다	schläft … ein	schlief … ein	ist eingeschlafen
einsteigen	승차하다	steigt … ein	stieg … ein	ist eingestiegen
einziehen	들어가다, 끌어들이다	zieht … ein	zog … ein	ist eingezogen
empfangen	수신하다	empfängt	empfing	hat empfangen
empfehlen	추천하다	empfiehlt	empfahl	hat empfohlen
entscheiden	결정하다	entscheidet	entschied	entschieden
erfahren	경험하다	erfährt	erfuhr	hat erfahren
erkennen	인식하다	erkennt	erkannte	hat erkannt
essen	먹다	isst	aß	hat gegessen
fahren	(타고) 가다	fährt	fuhr	ist gefahren
fallen	떨어지다	fällt	fiel	ist gefallen
fernsehen	티비를 보다	sieht … fern	sah … fern	hat ferngesehen
finden	발견하다, 생각하다	findet	fand	hat gefunden
fliegen	날다, 날리다	fliegt	flog	ist geflogen
fliehen	도망가다, 피하다	flieht	floh	ist geflohen
geben	주다	gibt	gab	hat gegeben
gefallen	마음에 들다	gefällt	gefiel	hat gefallen
gehen	가다	geht	ging	ist gegangen
gelingen	성공하다	gelingt	gelang	ist gelungen
genießen	즐기다	genießt	genoss	hat genossen
geschehen	(사건/일) 발생하다	geschieht	geschah	ist geschehen
gewinnen	이기다, 얻다	gewinnt	gewann	hat gewonnen
gießen	붓다, 따르다	gießt	goss	hat gegossen
haben	가지다	hat	hatte	hat gehabt

동사 원형	의미	현재 시제	과거형	현재 완료
halten	붙잡다, 지속하다, 멈추다	hält	hielt	hat gehalten
hängen	걸다, 걸려있다	hängt	hängte (타동사) hing (자동사)	hat gehängt (타동사) gehangen (자동사)
heben	들어 올리다	hebt	hob	hat gehoben
heißen	~라고 불리다	heißt	hieß	hat geheißen
helfen	도움을 주다	hilft	half	hat geholfen
kennen	알다	kennt	kannte	hat gekannt
klingen	소리나다, 울리다	klingt	klang	hat geklungen
kommen	오다	kommt	kam	ist gekommen
laden	싣다, 적재하다	lädt	lud	hat geladen
lassen	그대로 두다, 시키다	lässt	ließ	hat gelassen
laufen	달리다	läuft	lief	ist gelaufen
leiden	고통을 겪다, 시달리다	leidet	litt	hat gelitten
leidtun	미안하다, 유감스럽다	tut … leid	tat … leid	hat leidgetan
leihen	빌려 주다	leiht	lieh	hat geliehen
lesen	읽다	liest	las	hat gelesen
liegen	놓여 있다	liegt	lag	hat gelegen
losfahren	출발하다	fährt … los	fuhr … los	ist losgefahren
missverstehen	오해하다	missversteht	missverstand	hat missverstanden
mitbringen	가지고 오다, 휴대하다	bringt … mit	brachte … mit	hat mitgebracht
mitkommen	함께 오다	kommt … mit	kam … mit	ist mitgekommen
mitnehmen	가지고 가다	nimmt … mit	nahm … mit	hat mitgenommen
mögen	좋아하다	mag	mochte	hat gemocht
nehmen	잡다, 취하다, 고르다 …	nimmt	nahm	hat genommen
nennen	이름짓다, 명하다	nennt	nannte	hat genannt
raten	추측하다, 충고하다	rät	riet	hat geraten
reiben	문지르다, 비비다	reibt	rieb	hat gerieben
riechen	냄새 나다/맡다	riecht	roch	hat gerochen
rufen	외치다, 부르다	ruft	rief	hat gerufen
scheinen	빛나다, ~듯 하다	scheint	schien	hat geschienen
schieben	밀다	schiebt	schob	hat geschoben

동사 원형	의미	현재 시제	과거형	현재 완료
schiefgehen	잘못되다, 실패하다	geht...schief	ging...schief	ist schiefgegangen
schlafen	자다	schläft	schlief	hat geschlafen
schlagen	때리다, 치다	schlägt	schlug	hat geschlagen
schließen	닫다	schließt	schloss	hat geschlossen
schmeißen	내던지다	schmeißt	schmiss	hat geschmissen
schneiden	자르다	schneidet	schnitt	hat geschnitten
schreiben	쓰다, 작성하다	schreibt	schrieb	hat geschrieben
schreien	소리지르다, 외치다	schreit	schrie	hat geschrien
schwimmen	수영하다	schwimmt	schwamm	geschwommen
sehen	보다	sieht	sah	hat gesehen
sein	～이다	ist	war	ist gewesen
singen	노래하다	singt	sang	hat gesungen
sinken	가라앉다	sinkt	sank	ist gesunken
sitzen	앉아있다	sitzt	saß	hat gesessen
spazieren gehen	산책 가다	geht ... spazieren	ging ... spazieren	ist spazieren gegangen
sprechen	말하다	spricht	sprach	hat gesprochen
springen	뛰다, 뛰어오르다	springt	sprang	ist gesprungen
stattfinden	일어나다, 행해지다	findet ... statt	fand ... statt	hat stattgefunden
stechen	찌르다	sticht	stach	hat gestochen
stehen	서 있다	steht	stand	hat gestanden
stehlen	훔치다	stiehlt	stahl	hat gestohlen
steigen	오르다	steigt	stieg	ist gestiegen
sterben	죽다	stirbt	starb	ist gestorben
streiten	싸우다	streitet	stritt	hat gestritten
teilnehmen	참가/참여하다	nimmt ... teil	nahm ... teil	hat teilgenommen
tragen	나르다, 걸치다	trägt	trug	hat getragen
treiben	몰다, 행하다, 추진하다	treibt	trieb	hat getrieben
treffen	만나다	trifft	traf	hat getroffen
treten	밟다, 발 들이다	tritt	trat	hat getreten
trinken	마시다	trinkt	trank	hat getrunken

동사 원형	의미	현재 시제	과거형	현재 완료
tun	하다, 행동하다	tut	tat	hat getan
übertragen	양도/송신/번역하다	überträgt	übertrug	hat übertragen
überweisen	송금/이체하다	überweist	überwies	hat überwiesen
überwinden	극복하다	überwindet	überwand	hat überwunden
umsteigen	환승하다, 바꾸다	steigt … um	stieg … um	ist umgestiegen
umziehen	(옷을)갈아입다, 이사하다	zieht … um	zog … um	ist umgezogen
unterbrechen	중단하다, 방해하다	unterbricht	unterbrach	hat unterbrochen
unterhalten	즐겁게 대화하다	unterhält	unterhielt	hat unterhalten
unternehmen	(일) 감행하다, 착수하다	unternimmt	unternahm	hat unternommen
unterschreiben	서명하다	unterschreibt	unterschrieb	hat unterschrieben
verbieten	금지하다	verbietet	verbot	hat verboten
verbinden	연결하다, 결합하다	verbindet	verband	hat verbunden
verbringen	시간을 보내다	verbringt	verbrachte	hat verbracht
vergessen	잊다	vergisst	vergaß	hat vergessen
vergleichen	비교하다	vergleicht	verglich	hat verglichen
verlassen	떠나다	verlässt	verließ	hat verlassen
verlieren	잃어버리다, 패하다	verliert	verlor	hat verloren
vermeiden	피하다, 예방하다	vermeidet	vermied	hat vermieden
verschieben	연기하다, 미루다	verschiebt	verschob	hat verschoben
verschwinden	사라지다	verschwindet	verschwand	ist verschwunden
versprechen	약속/다짐하다	verspricht	versprach	hat versprochen
verstehen	이해하다	versteht	verstand	hat verstanden
vertreten	대표하다, 대리하다	vertritt	vertrat	hat vertreten
vorschlagen	제안하다	schlägt … vor	schlug … vor	hat vorgeschlagen
vorstellen	앞에 세우다, 소개하다	stellt … vor	stellte … vor	hat vorgestellt
wachsen	자라다, 성장하다	wächst	wuchs	ist gewachsen
waschen	씻다, 세척하다	wäscht	wusch	hat gewaschen
weggehen	가 버리다	geht … weg	ging … weg	ist weggegangen
weglassen	빼놓다, 생략하다	lässt…weg	ließ…weg	hat weggelassen
wegwerfen	던져 버리다	wirft … weg	warf … weg	hat weggeworfen

동사 원형	의미	현재 시제	과거형	현재 완료
wehtun	아프게 하다	tut … weh	tat … weh	hat wehgetan
werden	~이/가 되다	wird	wurde	ist geworden
werfen	던지다	wirft	warf	hat geworfen
widersprechen	이의를 제기하다	widerspricht	widersprach	hat widersprochen
wiegen	무게를 달다	wiegt	wog	hat gewogen
wissen	알다	weiß	wusste	hat gewusst
ziehen	끌다, 이사하다	zieht	zog	hat gezogen (끌다) ist gezogen (이사/이동하다)
zugeben	인정하다	gibt…zu	gab…zu	hat zugegeben
zwingen	강요하다	zwingt	zwang	hat gezwungen

정답

Lektion 1 | 명사와 관사

Kapitel 01 명사의 성

p.26

1 der: Mann, Frühling, Schnee, Morgen, Präsident
die: Frau, Katze, Übung, Sicherheit
das: Brötchen, Training, Auto, Sprechen, Zentrum

2 (1) Lehrerin   (1) Köchin
(3) Studentin   (4) Sängerin

3 die, der, das, das, das, das

Kapitel 02 명사의 수

p.30

1 (1) die Schüler   (2) die Kinder
(3) die Mütter   (4) die Mädchen
(5) die Väter   (6) die Freunde
(7) die Wohnungen   (8) die Lehrerinnen
(9) die Bücher   (10) die Autos
(11) die Söhne   (12) die Museen

2 (1) Kinder   (2) Äpfel
(3) Frauen   (4) Lehrer
(5) Handys   (6) Brüder

3 (1) Ich habe zwei Fische im Aquarium.
(2) Die Männer sitzen im Restaurant.
(3) Sebastian besucht drei Museen in Berlin.
(4) Er hat drei Stühle.
(5) Ich bekomme zwei Zeugnisse.
(6) Sie kauft drei Brötchen.

Kapitel 03 정관사

p.35

1 (1) der Lehrerin   (2) des Vaters
(3) das Museum   (4) den Mann
(5) dem Koch

2 (1) dem   (2) Das
(3) die   (4) die
(5) dem   (6) Der

3 (1) den Koreaner   (2) <u>den Franzosen</u>
(3) <u>den Spanier</u>   (4) <u>den Chinesen</u>
(5) <u>den Bär</u>   (6) <u>den Affen</u>
(7) <u>den Hund</u>   (8) <u>den Löwen</u>

3 (1) ○   (2) ✕, des Löwen
(3) ○   (4) ✕, Die Studenten
(5) ○

Kapitel 04 부정관사 및 무관사

p.38

1 (1) einen   (2) einem, einen
(3) ein   (4) einer, eine
(5) Ein

2 (1) ○   (2) ✕, ein
(3) ○   (4) ✕, eines Lehrers
(5) ○

3 (1) Ich habe einen Apfel.
(2) Ein Mann sucht eine Tasche.
(3) Anna hat eine Schwester.
(4) Julian kauft eine Lampe.
(5) Eine Katze ist schwarz.

4 (1) ein   (2) ein
(3) ein   (4) ein
(5) eine   (6) das, ein

Kapitel 05 소유 관사

p.41

1 (1) mein   (2) meine
(3) seiner   (4) unser
(5) deine

2 (1) ○   (2) ✕, Ihr
(3) ✕, eure   (4) ○
(5) ✕, ihren

3 (1) Mein Haus ist groß.

(2) Seine Mutter ist Lehrerin.

(3) Ist euer Garten schön?

(4) Ihre Lehrerin ist nett.

(5) Ich sehe deinen Vater.

4 (1) meine, Mein, meine, Mein, sein

(2) unser, Mein, Sein, deine

Lektion 2 | 동사 I

Kapitel 06 규칙 변화 동사

p.46-47

1 (1) kommt   (2) gehe

(3) trinkt   (4) schreibt

(5) wohnt   (6) lebt

(7) heißen   (8) wandert

(9) sammle

2 (1) kommst, komme, kommt

(2) macht, machen

(3) arbeitest, arbeite

(4) Gehst, gehe

3 (1) wohne   (2) stehe

(3) frühstücke   (4) geht

(5) fahre   (6) lerne

4 (1) Tanzt, tanze   (2) Reisen, reise

(3) Hören, höre   (4) Sammelst, sammle

(5) Singst, singt   (6) Wohnen, wohne

Kapitel 07 불규칙 변화 동사

p.50

1 (1) fährt   (2) trifft

(3) sieht   (4) weiß

(5) läuft

2 (1) liest, fährt   (2) nehme, nimmt

(3) hält, läuft   (4) vergisst

(5) wäscht

3 (1) kommt   (2) liest

(3) weiß   (4) läuft

(5) macht   (6) nimmt

(7) kauft   (8) trinkt

(9) lernt   (10) schläft

(11) trifft   (12) gibt

4 (1) Sie spricht Deutsch.

(2) Sie liest. / Sie liest Bücher.

(3) Sie schläft.

Lektion 3 | 대명사 I

Kapitel 08 인칭 대명사의 3격 및 4격

p.54

1 (1) Er   (2) Sie

(3) Sie   (4) er

(5) Es

2 (1) ihm   (2) ihm

(3) ihr   (4) dich

(5) mir

3 (1) ihnen   (2) sie

(3) ihr   (4) sie

(5) ihr

4 (1) ihn → ihm   (2) ich → mir

(3) ihn → ihm   (4) dich → dir

Kapitel 09 소유 대명사

p.57-58

1 (1) meine   (2) ihres / ihrs

(3) meines / meins   (4) unsere

(5) seine

2 (1) Meines / Meins   (2) meine

(3) Seines / Seins   (4) deine

(5) Unsere

3 (1) seines / seins   (2) ihre

(3) seine   (4) ihre

(5) seines / seins

4 (1) deiner, Meiner   (2) deine, Meine

    (3) deiner, Meiner   (4) deine, Meine

5 (1) deiner   (2) Sein

    (3) ihres   (4) meiner

6 (1) ○

    (2) ✕, deiner → dein

    (3) ✕, meiner → meine

    (4) ✕, ihr → ihrer

Lektion 4 | 동사 II

Kapitel 10   화법 조동사

p.62

1 (1) kann   (2) müssen

    (3) darf   (4) Willst/Möchtest

    (5) muss / will

2 (1) kann   (2) müssen

    (3) dürft   (4) will

    (5) mögen

3 (1) Ich möchte ins Theater gehen.

    (2) Du willst ein Auto kaufen.

    (3) Wir können dir helfen.

    (4) Peter will Deutsch lernen.

    (5) Ihr dürft nicht laut sprechen.

4 Willst, kann, muss, Wollen, können

Kapitel 11   분리, 비분리 동사

p.66

1 (분리 동사): anrufen, mitkommen, aufstehen, einkaufen, weggehen, ankommen, fernsehen, aussteigen

2 (1) stehe ... auf   (2) rufst ...an

    (3) besuchen, ✕   (4) empfiehlt, ✕

    (5) räumt...auf

3 (1) Er steht um 8 Uhr auf.

    (2) Siehst du abends fern?

    (3) Ich steige in die U-Bahn ein.

    (4) Marie kauft morgen im Supermarkt ein.

    (5) Das Baby schläft schnell ein.

4 (1) stehe   (2) auf

    (3) frühstücke   (4) erklärt

    (5) kaufe   (6) ein

    (7) komme   (8) zurück

    (9) sehe   (10) fern

Kapitel 12   명령문

p.69

1

du	ihr	Sie
Komm!	Kommt!	Kommen Sie!
Warte!	Wartet!	Warten Sie!
Sprich!	Sprecht!	Sprechen Sie!
Nimm!	Nehmt!	Nehmen Sie!
Sei!	Seid!	Seien Sie!
Hab!	Habt!	Haben Sie!

2 (1) Machen   (2) Warte

    (3) Lest   (4) Nimm

    (5) Stehen Sie

3 (1) Sprich bitte langsam!

    (2) Lest mal das Buch!

    (3) Warten Sie bitte hier!

4 (1) 지시   (2) 부탁

    (3) 조언   (4) 요구

Kapitel 13   재귀 대명사와 재귀 동사

p.72

1 (1) mich   (2) sich

    (3) uns   (4) sich

    (5) mich

2 (Im Badezimmer) mich, mich, mich

    (Am Wochenende) mich, mich, mir

3 (1) mich → mir   (2) ○

    (3) mich → dich   (4) ○

    (5) Ich beeile mich jeden Morgen.

4 (1) Wir freuen uns auf den Urlaub.

(2) Rasierst du dich jeden Morgen?

(3) Thomas trifft sich mit seinen Freunden.

Lektion **5** 의문문

Kapitel **14** 의문사가 있는 의문문

p.77

1 (1) Woher   (2) Wo

(3) Wohin   (4) Wann

(5) Warum

2 (1) Welches   (2) Welchen

(3) Welches   (4) Welche

(5) Welche

3 (1) Was für ein   (2) Was für eine

(3) Was für einen   (4) Was für ein

(5) Was für ein

4 (1) Wen   (2) Wem

(3) Was   (4) Wessen

(5) Wem

Kapitel **15** 의문사가 없는 의문문

p.80

1 (1) Kommst du aus Deutschland?

(2) Wohnt Peter in Berlin?

(3) Kann sie gut schwimmen?

(4) Gehen wir heute ins Kino?

(5) Ist er Pilot?

2 (1) ⓐ   (2) ⓑ

(3) ⓐ

3 (1) Nein   (2) Doch

(3) Ja   (4) Nein

(5) Doch

Lektion **6** 수사, 부사 및 부정사

Kapitel **16** 수사

p.85

1 (1) zwölf

(2) fünfundzwanzig

(3) (ein)hundertsiebenundvierzig

(4) (ein)tausendsechzehn

2 (1) 79   (2) 238

(3) 94   (4) 1350

(5) 99 000

3 (1) dreiundzwanzig   (2) fünfzig

(3) acht   (4) vierhundertfünfzig

4 (1) zwölf   (2) sieben

(3) vier   (4) sechzig

(5) elf

Kapitel **17** 부사

p.89

1 (1) Hinten   (2) Vorne

(3) Oben   (4) Links

(5) Rechts

2 (1) früh   (2) hier

(3) gut   (4) hinten

3 (1) Ich fahre morgen nach Berlin. / Morgen fahre ich nach Berlin.

(2) Er sitzt draußen auf der Bank. / Draußen sitzt er auf der Bank.

(3) Mein Bruder spielt gut Klavier.

(4) Lisa spricht ein bisschen Deutsch.

(5) Fahren Sie dort bitte vorsichtig! / Dort fahren Sie bitte vorsichtig!

Kapitel **18** 부정문

p.93–94

1 (1) keine   (2) keinen

(3) keine   (4) keinen

(5) kein

2 (1) ich bin nicht verheiratet

  (2) ich wohne nicht in Berlin

  (3) ich arbeite nicht bei Siemens

  (4) ich trainiere nicht gern

  (5) das ist nicht meine Mutter

3 (1) kein   (2) nicht

  (3) nicht   (4) keinen

  (5) nicht

4 (1) Ich gehe heute nicht zur Schule.

  (2) Maria trinkt nicht gern Kaffee.

  (3) Meine Eltern verstehen die Frage nicht.

  (4) Er kauft abends kein Wasser.

Lektion 7 | 전치사

Kapitel 19 3격 지배 전치사

p.98

1 (1) bei   (2) nach

  (3) von   (4) Seit

  (5) aus   (6) mit

2 (1) der   (2) der

  (3) dem   (4) der

  (5) einem

3 (1) zu das → zum (zu dem)

  (2) mit seine → mit seiner

  (3) seit ein → seit einem

  (4) Nach das → Nach dem

  (5) gegenüber den → gegenüber dem

Kapitel 20 4격 지배 전치사

p.101

1 (1) für   (2) gegen

  (3) ohne   (4) um

  (5) durch

2 (1) für meinen Sohn (2) um 13 Uhr

  (3) durch den Tunnel

---

3 (1) seinen → seine (2) die → das

  (3) mein → meine (4) den → die

Kapitel 21 3, 4격 지배 전치사

p.104

1 (1) In der   (2) In die

  (3) An der   (4) Auf dem

  (5) Auf den

2 (1) in das   (2) in die

  (3) in dem   (4) auf das

  (5) vor dem

3 (1) die   (2) das

  (3) den   (4) die

  (5) den

4 (1) Stellt er den Schinken in den Kühlschrank?

  (2) Du kannst jetzt in den Zug einsteigen.

  (3) Ich sitze gern auf dem Sofa.

Kapitel 22 시간 전치사

p.107

1 (1) Am   (2) im

  (3) um, um   (4) Nach

  (5) in

2 (1) von, bis   (2) im

  (3) An   (4) vor

  (5) Ab

3 (1) Letzte   (2) jedes

  (3) nächste   (4) jeden

  (5) Nächstes

Kapitel 23 2격 전치사

p.110

1 (1) Wegen des   (2) Während der

  (3) statt des   (4) Außerhalb der

  (5) Trotz des

2 (1) Während   (2) Trotz

  (3) Statt   (4) innerhalb

  (5) Wegen

3 (1) Wegen, des, s (2) Statt, des, s

(3) Trotz, der (4) laut, des, s

(5) während, der (6) bezüglich, des, s

(7) Innerhalb, einer

Lektion 8 | 형용사

Kapitel 24 형용사 어미 변화

p.115

1 (1) es (2) er

(3) e (4) en

(5) e (6) e

(7) es

2 (1) Neue (2) frisches

(3) schöne (4) grünes

(5) altes (6) kleinen, roten

(7) großen

3 (1) kleiner → kleines

(2) schöne → schönes

(3) schöne → schönen

(4) große → großen

(5) neue → neuen

4 (1) neuen (2) großen

(3) kleine (4) roten

(5) jungen (6) schönes

(7) alte

Kapitel 25 형용사 비교 변화

p.119

1

원급	비교급	최상급
klein	kleiner	kleinst
interessant	interessanter	interessantest
groß	größer	größt
gern	lieber	am liebsten
gut	besser	best
teuer	teurer	teuerst
hoch	höher	höchst

2 (1) wärmer (2) älter

(3) schneller (4) besser

(5) kleiner

3 (1) schnelle, am schnellsten

(2) teure, am teuersten

(3) meisten, am meisten

4 (1) schönsten (2) jünger

(3) älteste (4) langsam

(5) besser

Kapitel 26 형용사의 명사화

p.122

1 (1) Jugendliche (2) Deutsche

(3) Kranke (4) Bekannte

(5) Neues

2 (1) Junge (2) Alte

(3) Kaltes (4) Neue

(5) Teures

3 (1) Deutsche → Deutschen

(2) Bekannten → Bekannte

(3) Kranker → Kranke

(4) Alle Gutes → Alles Gute

(5) warme → Warmes

4 (1) Gutes (2) neue

(3) sicheren (4) einfache

(5) Gute (6) Notwendige

Kapitel 27 형용사처럼 사용되는 분사

p.126

1 (1) sprechend (2) schlafend

(3) arbeitend (4) lachend

(5) kochend

2 (1) weinendes (2) bellende

(3) singende (4) fliegenden

3 (1) gekauft (2) angekommen

(3) gefahren (4) geschrieben

4 (1) e   (2) es

    (3) e   (4) en

    (5) es

Lektion 9 | 접속사

Kapitel 28 등위 접속사

p.130

1 (1) aber   (2) oder

    (3) denn   (4) und

    (5) sondern

2 (1) aber   (2) oder

    (3) denn   (4) sondern

    (5) und

3 (1) Ich lerne gern, aber ich habe nicht viel Zeit.

    (2) Wir fahren nicht nach Italien, sondern (wir fahren) nach Spanien.

    (3) Er arbeitet viel, aber er verdient nicht viel Geld.

    (4) Es regnet draußen und ich nehme den Regenschirm.

    (5) Ich esse keinen Fisch, aber (ich esse) Fleisch. / Ich esse keinen Fisch, sondern (ich esse) Fleisch.

Kapitel 29 접속사적 부사

p.133

1 (1) deshalb   (2) inzwischen

    (3) sonst   (4) danach

    (5) trotzdem

2 (1) Ich lerne jeden Tag, trotzdem mache ich Fehler.

    (2) Trink deinen Tee schnell, sonst wird er kalt.

    (3) Ich esse kein Fleisch, stattdessen esse ich viel Gemüse.

    (4) Zuerst lese ich ein Buch, anschließend gehe ich spazieren.

    (5) Ich warte auf den Bus, inzwischen höre ich Musik.

3 (1) deshalb/deswegen/daher/darum

    (2) dann

    (3) deshalb/deswegen/daher/darum

    (4) trotzdem

    (5) Danach

    (6) stattdessen

Kapitel 30 종속 접속사

p.137

1 (1) wenn   (2) Weil

    (3) so dass   (4) Obwohl

    (5) Seit

2 (1) Du lernst viel, so dass du gute Noten bekommst.

    (2) Wenn sie viel Zeit hat, besucht sie mich. / Sie besucht mich, wenn sie viel Zeit hat.

    (3) Als ich jung war, wohnte ich in Berlin.

    (4) Bevor wir gehen, müssen wir alle Türen abschließen.

    (5) Seitdem ich kein Auto habe, muss ich mit dem Bus zum Supermarkt fahren.

3 (1) weil   (2) damit

    (3) bis   (4) Obwohl

    (5) Obwohl

Kapitel 31 상관 접속사

p.140

1 (1) sowohl ... als auch

    (2) weder ... noch

    (3) nicht nur ... sondern auch

    (4) entweder ... oder

    (5) nicht ... sondern

2 (1) Er hat kein Auto, sondern ein Fahrrad.

    (2) Maja geht nicht zum Supermarkt, sondern auf den Markt.

    (3) Ich möchte entweder ins Kino oder ins Schwimmbad gehen.

(4) Marius spricht sowohl Deutsch als auch
   Französisch.

(5) Ich esse weder Fleisch noch Fisch.

3 (1) Ich gehe morgen entweder ins Kino oder
   ins Café.

(2) Wir kaufen entweder den blauen Mantel
   oder das rote Hemd.

(3) Dieser Supermarkt ist zwar klein, aber er
   verkauft frisches Obst.

(4) Je fleißiger ich Deutsch lerne, desto mehr
   Wörter kenne ich.

Lektion 10 | 동사 Ⅲ

Kapitel 32 3격 지배 동사

p.144

1 (1) meinem Bruder

(2) meiner Mutter

(3) dem neuen Lehrer

(4) dir

(5) mir

2 (1) mir   (2) ihm

(3) uns   (4) dir

(5) dir, mir, dir

3 (1) gehört   (2) wünsche

(3) tut ... weh   (4) schreibt

(5) stehen   (6) schadet

Kapitel 33 4격 지배 동사

p.147

1 (1) suchen   (2) Brauchst

(3) sehen   (4) hat

(5) nimmst

2 (1) Sie bekommt eine Blume.

(2) Anna und Tom machen einen Kuchen, denn
   ihre Mutter hat Geburtstag.

(3) Er braucht einen Wohnwagen, obwohl er
   kein Camping mag.

(4) Jonas nimmt ein Stück Kuchen, weil er
   Hunger hat.

3 (1) e, e   (2) ✕, es

(3) en, en   (4) die, e

(5) en, en   (6) en, en

Kapitel 34 3, 4격 지배 동사

p.149

1 (1) en, ✕, ✕, es   (2) em, e

(3) en, n, die   (4) mir, ✕, es

(5) en, n, e

2 (1) ihr eine Einladung

(2) eurem Lehrer einen Brief

(3) uns ihr altes Haus

(4) seinem Schüler ein neues Thema zum
   Lernen

(5) unseren Lehrern das Problem

3 (1) Ich gebe meiner Freundin oft Geschenke.

(2) Ich erkläre meiner jüngeren Schwester
   manchmal etwas.

(3) Ich schreibe meinem besten Freund etwas
   Lustiges.

(4) Ich empfehle meinem Chef ein gutes
   Restaurant.

Kapitel 35 es를 사용한 표현

p.153

1 (1) Seit gestern regnet es viel.

(2) Wie geht es Ihnen?

(3) Es ist schon achtzehn Uhr!

(4) Es dauert lange, bis der Bus kommt.

(5) Wie spät ist es?

2 (1) ist   (2) gibt

(3) dauert   (4) klingelt

(5) finde

3 (1) Es gibt viele Touristen in der Stadt. / In der Stadt gibt es viele Touristen

(2) Es regnet den ganzen Tag.

(3) Es geht mir gut.

(4) Von hier dauert es 20 Minuten. / Es dauert 20 Minuten von hier.

Kapitel 36 특정 전치사와 함께 쓰이는 동사

p.157-158

1 (1) interessiere, mich, für

(2) denkt, an

(3) wartest, auf

(4) freuen, uns, auf

(5) ärgert euch über

2 (1) auf   (2) gewöhnen

(3) mit   (4) über

(5) an

3 (1) Worauf   (2) Woran

(3) Um wen   (4) Wonach

(5) Worauf

4 (1) daran   (2) über ihn

(3) darüber   (4) um sie

5 (1) ©   (2) ⓐ

(3) ⓓ   (4) ⓑ

(5) ⓔ

6 (1) Ich denke daran, dass wir noch einen Termin vereinbaren müssen.

(2) Wir hoffen darauf, dass das Wetter am Wochenende besser wird.

(3) Die Eltern ärgern sich darüber, dass die Kinder das Zimmer nicht aufräumen.

(4) Sie wartet darauf, dass ihr Freund sie zurückruft.

Lektion 11 | 대명사 II

Kapitel 37 지시 대명사

p.163

1 (1) dieses   (2) dieses

(3) derselben   (4) Welches

(5) solche

2 (1) dasselbe   (2) Solche

(3) Jeder   (4) Diejenigen

(5) Solche

3 (1) Dieses   (2) Diese

(3) der   (4) diesen

(5) denselben

Kapitel 38 부정 대명사

p.166

1 (1) nichts   (2) jemand

(3) niemand   (4) jemand

2 (1) keinem   (2) Man

(3) niemanden   (4) jemand

(5) niemand

3 (1) Ich helfe niemandem.

(2) Ich werde keinem die Wahrheit sagen.

(3) Sie spricht mit jemandem.

(4) Ich kaufe nichts, weil ich kein Geld habe.

Kapitel 39 관계 대명사

p.170

1 (1) der   (2) die

(3) der   (4) denen

2 (1) Der Junge, der gerne Schach spielt, ist sehr klug.

(2) Das ist eine Katze, die meinem Freund gehört.

(3) Ich habe einen Freund, der in Berlin wohnt.

(4) Das ist ein Film, der sehr spannend ist.

(5) Wir haben eine Lehrerin, die alles sehr gut erklärt.

3 (1) Wer   (2) was

  (3) Wen   (4) was

  (5) was   (6) was

4 (1) in dem   (2) von dem

  (3) mit dem   (4) auf den

Lektion 12 | 동사 IV

Kapitel 40 동사의 3요형

p.175

1 (1) ging, gegangen

  (2) kommen, kam

  (3) denken, gedacht

  (4) besuchte, besucht

  (5) trank, getrunken

  (6) nahm, genommen

  (7) fahren, fuhr

  (8) telefonieren, telefoniert

  (9) schrieb, geschrieben

  (10) haben, gehabt

  (11) war, gewesen

  (12) wurde, geworden

2 (1) fuhr   (2) aß

  (3) war   (4) schrieb

  (5) las

Kapitel 41 현재 시제와 과거 시제

p.178

1 (1) Wir hatten viel Zeit.

  (2) Er ging nach Hause.

  (3) Sie spielte Fußball.

  (4) Ich aß ein Brötchen.

  (5) Ihr trankt Kaffee.

  (6) Der Lehrer erklärte die Grammatik.

  (7) Sie schrieb einen Brief.

  (8) Wir sahen einen schönen Film.

2 (1) war   (2) fuhren

  (3) las   (4) lieft

---

  (5) spielten   (6) schriebst

  (7) hatte   (8) war

  (9) traf   (10) hörtet

3 Heute <u>ging</u> ich in den Supermarkt. Ich <u>kaufte</u> Gemüse und Obst. Danach <u>traf</u> ich meinen Freund. Wir <u>tranken</u> zusammen einen Kaffee. Dann <u>fuhren</u> wir nach Hause.

Kapitel 42 현재 완료 시제

p.182

1 (1) habe, gekauft

  (2) haben, gemacht

  (3) hast, gesehen

  (4) hat, gelernt, gegessen, hat

  (5) sind, gegangen, aufgeräumt, hat

  (6) habe, geschrieben, bestanden, habe

  (7) hat, gefunden

  (8) habt, getrunken

2 (1) Ich habe ein Buch gelesen.

  (2) Wir haben unsere Großeltern besucht.

  (3) Er hat Tennis gespielt.

  (4) Ihr habt Spaghetti gekocht.

  (5) Sie hat heute lange gearbeitet.

3 (1) bin   (2) hat

  (3) sind   (4) hast

  (5) ist   (6) habt

  (7) hat   (8) haben

  (9) sind   (10) habe

Kapitel 43 미래 시제

p.185

1 (1) Ich werde morgen zur Schule gehen.

  (2) Er wird seinen Vertrag unterschreiben.

  (3) Wir werden Formulare zum Ausfüllen brauchen.

  (4) Wegen des Fehlers wird sie ihre Kunden anrufen.

  (5) Markus wird in einem Jahr in Deutschland arbeiten.

2 (1) Peter wird sicher zu Hause bleiben.

(2) Er wird jetzt wohl zu Hause sein.

(3) Julia wird nächstes Jahr sicher in Deutschland sein.

(4) Mia wird bald eine neue Stelle / Arbeit finden.

(5) Ich werde nächsten Monat wohl / vielleicht mit meiner Frau in Spanien sein.

Kapitel 44 과거 완료 시제

p.188–189

1 (1) Als ich ankam, war er schon gegangen.

(2) Er war sehr müde, weil er den ganzen Tag gearbeitet hatte.

(3) Nachdem wir das Schloss besichtigt hatten, gingen wir ins Restaurant.

(4) Ich konnte den Film nicht sehen, weil ich meine Brille verloren hatte.

(5) Bevor sie nach Deutschland zog, hatte sie einen Deutschkurs besucht.

2 (1) Ich hatte das Buch schon zweimal gelesen.

(2) Wir waren nach der Schule ins Kino gegangen.

(3) Er hatte seiner Freundin in Australien einen Brief geschrieben.

(4) Du warst heute zu früh aufgestanden.

3 (1) Ich hatte ein Auto gekauft, bevor ich meinen Führerschein gemacht habe.

(2) Nachdem wir gegessen hatten, sind wir spazieren gegangen.

(3) Sie hat ein Haus gekauft, nachdem sie viel Geld gespart hatte.

(4) Er hatte nicht geschlafen, weil er viel Kaffee getrunken hatte.

4 (1) war, aufgestanden   (2) hatte, gefrühstückt

(3) vergessen, hatte   (4) geholt, hatte

Kapitel 45 미래 완료 시제

p.192

1 (1) wirst, gelesen, haben

(2) wird, bestanden, haben

(3) werden, gekauft, haben

(4) werdet, gefahren, sein

(5) wird, gesammelt, haben

2 (1) Er wird Spaghetti gekocht haben.

(2) Ich werde das Auto repariert habem.

(3) Sie wird ihr Studium abgeschlossen haben.

(4) Wir werden nach Berlin gefahren sein.

(5) Die Kinder werden die Hausaufgaben gemacht haben.

3 (1) Maria (Sie) wird ihre Hausaufgaben vergessen haben.

(2) Der Zug (Er) wird eine Verspätung gehabt haben.

(3) Tom (Er) wird beschäftigt gewesen sein.

(4) Die Schüler (Sie) werden nicht gelernt haben.

Kapitel 46 수동문

p.196–197

1 (1) Eine Pizza wird (von uns) bestellt.

(2) Die Einladungen werden (von meiner Kollegin) verschickt.

(3) In Deutschland wird viel Alkohol getrunken.

(4) Die Hausaufgaben werden (von den Schülern) jeden Tag gemacht.

2 (1) 능동 Hier darf man nicht essen.

수동 Hier darf nicht gegessen werden.

(2) 능동 Hier darf man nicht telefonieren.

수동 Hier darf nicht telefoniert werden.

(3) 능동 Hier darf man nicht laut sprechen.

수동 Hier darf nicht laut gesprochen werden.

3 (1) 능동 Anna liest das Buch.

수동 Das Buch wird von Anna gelesen.

(2) 능동 Maria schreibt einen Brief.

수동 Ein Brief wird von Maria geschrieben.

(3) 능동 Wir trennen den Müll.

수동태 과거 Der Müll wurde von uns getrennt.

수동태 현재 완료 Der Müll ist von uns getrennt worden.

Kapitel 47 lassen 동사

p.200

1 (1) lasse   (2) hat, lassen

   (3) ließen   (4) hat, lassen

   (5) ließ   (6) lasst

   (7) ließ

2 (1) Ich lasse mein Auto reparieren.

   (2) Sie lässt sich die Haare schneiden.

   (3) Wir lassen uns viele Hausaufgaben geben.

3 (1) lasse ich mich vom Arzt untersuchen

   (2) waschen unser Auto (selbst).

   (3) repariert sie ihr Fahrrad (selbst).

   (4) ließ die Schüler eine Stunde warten.

   (5) lässt mich seinen Computer benutzen

Kapitel 48 접속법 I식

p.204

1 (1) sei   (2) habe

   (3) beginne   (4) könne

   (5) wisse   (6) müssen / müssten

   (7) gewinne   (8) bleibe

2 (1) er sei faul und demotiviert.

   (2) sie habe keine Zeit.

   (3) die Studenten im Labor machen / machten große Fortschritte.

   (4) die Fußballmannschaft spiele sehr gut.

   (5) die Patientin fühle sich nun besser.

3 (1) hat → habe   (2) ist → sei

   (3) kann → könne   (4) soll → solle

Kapitel 49 접속법 II식

p.209-210

1 (1) läse   (2) möchte

   (3) könntest   (4) wäre, müsste

   (5) hätten   (6) kaufte

2 (1) Geld hätte   (2) gesund wäre

   (3) Zeit hätte   (4) ein Auto hätten

   (5) genug lernen würdest

3 (1) wäre ich nach Paris geflogen

   (2) genug gelernt hätte

   (3) das Museum besucht hätten

   (4) das Geld nicht verloren hätte

   (5) nicht so schnell gesprochen hättest

4 (1) An deiner Stelle würde ich früher schlafen gehen.

   (2) An Ihrer Stelle würde ich noch einmal nachfragen.

   (3) An seiner Stelle würde ich seine Eltern besuchen.

   (4) An ihrer Stelle wäre ich vorsichtig.

   (5) An eurer Stelle würde ich nicht so lange warten.

Lektion 13 문장

Kapitel 50 간접 의문문

p.214-215

1 (1) wann der Film beginnt

   (2) wo deine Eltern wohnen

   (3) wie alt deine Tochter ist

   (4) warum ich nicht gekommen bin

   (5) was ich gestern gemacht habe

   (6) welches Buch ich gerade lese

   (7) wer die Tür geöffnet hat

   (8) wie lange die Fahrt nach Seoul dauert.

2 (1) ob er heute kommt

   (2) wo er wohnt

   (3) wann wir Prüfungen haben

(4) wer das gemacht hat

(5) warum du so müde bist

(6) wie viel das Ticket kostet

(7) ob du morgen Zeit hast

(8) was er jetzt tut

3 (1) wohin sie fährt

(2) wann ich losfahre

(3) welches Hotel preiswert ist

(4) wer mit mir reist

4 (1) Kannst du mir dagen, ob sie Zeit hat?

(2) Könnten Sie mir sagen, wo ich kurz die Hände waschen können?

(3) Ich weiß nicht, wie viel das Ticket kostet.

(4) Wir möchten gern wissen, ob der Laden geöffnet hat.

(5) Weißt du, wie es funktioniert?

Kapitel 51 zu 부정문

Kapitel 51 zu 부정문

p.218

1 (1) mich anzurufen

(2) am Wochenende zu arbeiten

(3) nicht nach Deutschland, sondern nach Paris zu reisen

(4) das Fenster im Klassenzimmer zu schließen

2 (1) Er hat keine Lust, Kaffee zu trinken.

(2) Wir haben keine Lust, früh aufzustehen.

(3) Sie hatte keine Möglichkeit, das Problem zu lösen.

3 (1) Ich hoffe, dich bald wiedersehen zu können.

(2) Sie versucht, pünktlich zur Arbeit zu kommen.

(3) Ich finde es wichtig, regelmäßig Sport zu machen.

(4) Er plant, im Winter eine Reise nach Deutschland zu machen.

Kapitel 52 zu 부정문을 활용한 구문

p.222

1 (1) um mein Deutsch zu verbessern

(2) statt zu Hause zu bleiben

(3) um einzukaufen

(4) ohne mit uns zu sprechen

(5) um mehr darüber zu erfahren

2 (1) um den Zug nicht zu verpassen

(2) anstatt Kaffee zu trinken

(3) um nichts zu vergessen

(4) ohne es anzuprobieren

(5) anstatt gesundes Essen zu kochen

(6) ohne die Speisekarte gelesen zu haben

Lektion 14 | 상황별 표현

Kapitel 53 자기소개하기

p.227-228

1 예시 답안

(1) Ich heiße (이름).

(2) Ich komme aus (출신국가).

(3) Ich bin (나이) Jahre alt.

(4) Ja, ich habe eine Schwester/einen Bruder. 또는 Nein, ich habe keine Geschwister.

(5) Nein, ich bin nicht verheiratet. / Nein, ich bin ledig. / Ja, ich bin verheiratet.

(6) Ich wohne in (지역).

(7) Ich bin Student/in. 또는 Ich arbeite als (직업명).

(8) Meine Hobbys sind Lesen, Musik hören und Reisen.

(9) Ich spreche Koreanisch, Englisch und ein bisschen Deutsch.

(10) Ich lerne Deutsch, weil ich in Deutschland studieren möchte.

2 (1) Sie heißt Anna Schmidt und kommt aus
München in Deutschland. Sie ist 28 Jahre
alt und ledig. Sie hat Eltern und einen
Bruder. Jetzt wohnt sie in Berlin. Sie ist
Studentin und studiert Psychologie. In ihrer
Freizeit liest sie gern. Sie spricht Deutsch,
Englisch und Französisch.

(2) Das ist Thomas Rößler. Er kommt aus
Wien in Österreich und ist 45 Jahre alt. Er
ist verheiratet und hat zwei Kinder. Jetzt
wohnt er in Frankfurt. Er ist Arzt von Beruf.
In seiner Freizeit spielt er gern Tennis und
Golf. Er spricht Deutsch und Spanisch.

(3) Das ist Herta Klein. Sie kommt aus Basel in
der Schweiz und ist 72 Jahre alt.
Sie ist verheiratet und hat einen Ehemann
und zwei Kinder. Sie wohnt in Zürich.
Sie ist Hausfrau. In ihrer Freizeit arbeitet sie
gern im Garten und malt gern. Sie spricht
Deutsch und Französisch.

Kapitel **54** 시간 묻고 답하기

p.232

1 (1) Viertel nach sechs   (2) halb zwei
(3) Viertel nach neun   (4) Viertel vor elf

2 (1) um   (2) am
(3) Um   (4) um
(5) von, bis

3 (1) Ich habe um 15 Uhr ein Meeting mit
meinem Chef.
(2) Meine Mutter muss morgen um 8 Uhr zum
Arzt gehen.
(3) Mein Mann arbeitet von 9 bis 17 Uhr.
(4) Wollen wir uns zwischen 10 und 11 Uhr
treffen?

Kapitel **55** 날씨 묻고 답하기

p.236-237

1 (1) ist   (2) Wetter
(3) sind   (4) liegen bei

2 (1) Es ist kalt. / Mir ist kalt. / Ich friere.
(2) Es ist warm. / Mir ist warm.
(3) Es ist heiß. / Mir ist heiß.
(4) Es ist windig.
(5) Es ist sonnig.

3 (1) ⓑ   (2) ⓒ
(3) ⓑ

Kapitel **56** 만날 약속 정하기

p.241

1 (1) ⓐ   (2) ⓐ
2 (1) ⓐ   (2) ⓐ
(3) ⓐ

3 A Hallo, Maria! Hast du am Samstag Zeit?
Wollen wir uns treffen?
B Hallo Martin! Tut mir leid, aber es passt mir
nicht. Hast du am Sonntag Zeit?
A Ja, das passt! Wo wollen wir uns treffen?
B Wie wäre es, wenn wir uns im Café treffen?
A Ja, gute Idee! Um wie viel Uhr? (또는) Wann?
B Vielleicht um 15 Uhr?
A Perfekt! Ich freue mich! Bis dann!
B Bis Sonntag!

Kapitel **57** 안부 및 건강 상태 묻기

p.245

1 (1) ⓒ   (2) ⓔ
(3) ⓑ   (4) ⓐ
(5) ⓓ

2 Mir geht es sehr gut,
Ich habe eine Erkältung / Ich bin erkältet,
Ja, und ich habe auch Fieber

3 Arzt   Guten Tag! Wo haben Sie Schmerzen?
/ Was fehlt Ihnen?

Patient   Ich habe Bauchschmerzen und Fieber.
Ich bin auch sehr müde.

Arzt   Seit wann haben Sie die Schmerzen?

Patient   Seit zwei Tagen.

Arzt   Sie haben eine Erkältung. Trinken Sie
viel Tee. Gute Besserung!

Patient   Danke schön.

Kapitel 58   편지 쓰기

p.249-250

1 (1) Sehr geehrte Damen und Herren

(2) Sehr geehrter Herr Schmidt

(3) Sehr geehrte Frau Schmidt

(4) Lieber Johann

(5) Liebe Yuna

2 Grüßen, Grüße, Alles

3 (1) ⓓ   (2) ⓐ

(3) ⓒ   (4) ⓑ

(5) ⓖ   (6) ⓔ

(7) ⓕ   (8) ⓗ

4

> Liebe Anna,
>
> ich habe am fünfzehnten April (15.04)
> Geburtstag und möchte dich zu meiner
> Party einladen. Alle kommen um 17 Uhr zu
> mir nach Hause.
> Es gibt Kuchen und Getränke. Du brauchst
> keine Getränke mitzubringen.
> Ich würde mich sehr freuen, wenn du
> kommen könntest.
> Bitte sag mir Bescheid, ob du kommen
> kannst.
>
> Liebe Grüße
> Lilia

문법 색인 ②
독일어

MEMO

MEMO

내게는 특별한
독일어 문법을 부탁해

지은이 이혜진
펴낸이 정규도
펴낸곳 (주)다락원

초판 1쇄 인쇄 2026년 1월 2일
초판 1쇄 발행 2026년 1월 12일

편집장 이숙희
편집 한지희
디자인 윤지영, 윤현주
일러스트 SOUDAA
녹음 Jon Rosenthal, A-ra Kim, 유선일
감수 Katrin Maurer

다락원 경기도 파주시 문발로 211
내용 문의 : (02)736-2031 내선 420~426
구입 문의 : (02)736-2031 내선 250~252
Fax : (02)732-2037
출판등록 1977년 9월 16일 제406-2008-000007호

ISBN 978-89-277-3356-0 13750

http://www.darakwon.co.kr
다락원 홈페이지를 방문하시면 상세한 출판 정보와 함께
MP3 자료 등 다양한 어학 정보를 얻으실 수 있습니다.